内蒙古哲学社会科学规划项目（项目编号：2020NDB071）

阶层与地域

我国社会医疗保险制度的多元碎片化与整合研究

STRATUM AND REGION:
A STUDY ON THE MULTI-FRAGMENTATION AND INTEGRATION OF CHINA'S SOCIAL MEDICAL INSURANCE SYSTEM

宋 娟◎著

中国经济出版社
CHINA ECONOMIC PUBLISHING HOUSE
·北 京·

图书在版编目（CIP）数据

阶层与地域：我国社会医疗保险制度的多元碎片化与整合研究/宋娟著.—北京：中国经济出版社，2021.12（2023.8 重印）

ISBN 978-7-5136-6001-3

Ⅰ.①阶… Ⅱ.①宋… Ⅲ.①医疗保险-保险制度-研究-中国 Ⅳ.①F842.613

中国版本图书馆 CIP 数据核字（2019）第 295623 号

责任编辑　李若雯
责任印制　马小宾

出版发行　中国经济出版社
印 刷 者　北京建宏印刷有限公司
经 销 者　各地新华书店
开　　本　710mm×1000mm　1/16
印　　张　16
字　　数　248 千字
版　　次　2021 年 12 月第 1 版
印　　次　2023 年 8 月第 2 次
定　　价　78.00 元
广告经营许可证　京西工商广字第 8179 号

中国经济出版社 **网址** www.economyph.com **社址** 北京市东城区安定门外大街 58 号 **邮编** 100011

本版图书如存在印装质量问题，请与本社销售中心联系调换（联系电话：010-57512564）

中文摘要

ABSTRACT

在公平、共享的发展理念下，新时期整合碎片化的社会医疗保险制度将是我国医疗保障制度体系的发展重心之一。目前，围绕城乡居民基本医疗保险制度的整合工作我国已经进行了广泛的地方试点和政策探索。为保证政策的科学性与合理性，理论界和实务界应在试点之后适时对整合政策的效果进行分析评估以推动政策更加科学完善。本书从基本医疗保险制度的碎片化特征入手对医疗保险制度整合进行回顾和反思。综合采用实证研究法、比较研究法以及规范研究和经验研究等研究方法，围绕如何整合碎片化的基本医疗保险制度这一主题展开深入的理论分析和实证研究。

第一，全面而系统地阐释了医疗保险制度碎片化以及医疗保险制度整合（以下分别简称“医保碎片化”及“医保整合”）的概念和内涵。对比各国的社会医疗保险体系，根据结果是否公平，医保碎片化可分为结果公平的碎片化与结果不公平的碎片化，而结果不公平的碎片化是医保制度亟须整合的主要对象。同理，根据整合之后医疗保险制度结果是否公平，医保整合可分为形式整合与实质整合。在我国差异性社会的前提下，形式碎片而结果公平的“有差别的统一”模式或可成为首选。

第二，重点从参保机制、筹资机制、待遇给付机制等三个方面入手，系统界定了医疗保险制度公平性（以下简称“医保公平”）的内涵和要求，进一步明确了可操作性的医保公平的评判标准，并将医保公平作为医保整合的指导理念。

第三，创新性地提出了我国医疗保险体系具有的“阶层碎片化”与

“地域碎片化”的特征。在此基础上进一步提出了医保整合应达到的“去阶层碎片化”和“去地域碎片化”的政策目的，并将两者作为衡量医保整合政策效果的主要依据。此外，本书指出家庭内部碎片化是医保碎片化的微观体现，可尝试将“去家庭内部碎片化”作为医保整合的逻辑起点，医保整合应先从家庭内部的整合做起。

第四，重新梳理了时下的医保整合试点实践。以地方整合方案的类型学划分为起点，对四种主要整合方案进行对比研究。对照“去碎片化”以及医保公平两大医保整合的指导理念，指出部分整合方案存在着使制度走向“再碎片化”的隐患。“一制多档”以及以支付能力为基础的弹性参保选择机制是导致“再碎片化”的主要因素，也直接形成了收入水平与保障水平之间的正相关。

第五，围绕医保整合主题进行了比较研究，对典型的几个东亚国家及地区成熟的医疗保险制度进行了深入的研究。研究发现我国的城乡医保整合主要在于不同程度地打破参保机制的户籍壁垒和身份壁垒，而在筹资机制和待遇给付机制上仍存在结果不公平的碎片化。定额缴费下的筹资累退性以及不同收入阶层之间的待遇分级严重影响了我国医保制度的公平性，使制度愈加碎片化。

第六，反思我国的医保整合。整合不是单纯地给制度做减法，一元化的制度也并不是适合当下社会发展的最优选择。“有差别的统一”模式或可成为首选，即制度形式非一元化而制度结果公平的制度体系。

第七，回归制度理性，家庭整合应该具有超越城乡整合的意涵。作为最基本的社会单元，去除家庭内部碎片化是医保整合的起点。本书创新性地提出了通过“家庭参保”实现城镇职工医疗保险与城镇居民医疗保险制度整合的构想。改变以个体为单位的参保定位，家属依托职工“源参保人”实现连带参保，城市逐步建立起城镇家庭医疗保险。农村继续遵循以家庭为单位的参保原则，并逐渐向社会医疗保险转变，最终蜕变为农村家庭医疗保险。在中国达到高水平的城镇化率之前，两大制度将长期并行，但二元制度并不等同于不公平的二元碎片。医保整合要在二元制度体系中实现“有差别的统一”：以家庭为单位统一参保，参保机制上实现平等化，打破身份壁垒，流动人口或流动家庭可按就业地自由选择参保平台；筹资机制上逐步实现以家庭收入及家庭结构为基础的“量能缴费”；待遇给付机制上依托制度创新和财政补贴，逐步实现所有参保国民统一的、一体化保障待遇。

关键词：医保碎片化；医保整合；阶层碎片化；地域碎片化；再碎片化；家庭保险；量能缴费；有差别的统一

Abstract

Under the idea of fairness and sharing, medical insurance integration will be the focus of the development of China's medical insurance system in the new period. Medical insurance integration is the corresponding reform and adjustment under the guidance of the fairness and sustainable development of national social security. Currently, there are several local pilots and policy experimentations about the integration of urban and rural medical insurance system. In order to ensure such integration policies are scientific and rational, both academic and practical circles should rethink theira chievements and deficiencies and put forward rationalization proposals. In this book, the author tries, starting with its fragmentation, to rethink the integration policies for their improvement. By adopting the literature analysis method, comparative approaches and the normative research combined with the empirical research, there is a deep analysis about the key subjects from the dual perspectives of both theory and practice.

Firstly, around the theme of "Medical Insurance Fragmentation" and "Medical Insurance Integration", this book makes a comprehensive and systematic explanation of the concept and connotation. By comparing the medical insurance system in different country, we find that the "Medical Insurance Fragmentation" can be divided into two types—the fragmentation with the fair results and the fragmentation with the unfair results, according to whether the result is fair or not. In China, the fragmentation with the unfair results is the main object of "Medical

Insurance Integration". Samely, according to whether the result is fair or not, the "Medical Insurance Integration" also can be divided into the two types—formal integration and substantive integration. Under the national conditions of China, the "Differential Unity Mode" may be the best choice.

Secondly, there is a comprehensive and systematic definition on medical equity by focusing on the insurance mechanism, financing mechanism, as well as the payment mechanism. Meanwhile, this part clarifies the operational judging criteria about medical equity.

Thirdly, the writer intends to come up with the concept of "Stratum Fragmentation" and "Regional Fragmentation" innovatively. The book also explains the phenomenon and essence of the concepts. Furthermore, this book puts forward the policy objectives of "de-Stratum" and "de-Regional" integrations which should be achieved by the integration of medical insurance and be regarded as the standard for measuring the medical insurance integration policy. In addition, the article points out that the fragmentation in the family is the microscopic embodiment of "Medical Insurance Fragmentation". So, the "de-Fragmentation" based on the family unit will be the logical starting of the integration. Medical Insurance Integration should begin with the integration of the family.

Next, the book reexamines the local pilots of the medical insurance integration. Based on the typological division about integration scheme of local pilots, the book makes a comparative research among the four main integration schemes. Then it comes to a conclusion that there exists a hidden peril of "Refragmentation" in some pilots. The flexible insurance mechanism based on the paying capacity and the "Multiple levels in a single medical insurance system" is the main factors leading to "Refragmentation". They also lead directly to the correlation between income level and security level.

In the fifth place, there is an international comparison on the theme of medical insurance integration. The book makes a deep research on the relatively mature medical insurance systems in several East Asian countries and regions. The study shows that, in China, the integration of urban and rural medical insurance mainly pays more attention to breaking the household registration barriers and the identity ones in the insurance mechanism, while both the financing mechanism and the payment mechanism are still fragmented in many areas. The regressive nature under the quota payment and the differential treatments among groups of different incomes affect the fairness of China's medical insurance system seriously. Then they make the system fragmented much more.

After the five pieces of viewpoint mentioned above, the author reflects on the medical insurance integration. It does not simply mean cutting out the components of system. The unified system is not the best choice for our country. At present, the "Differential Unity Mode" should be abetter alternative, a system which is non-unified in form but unified in essence.

In the last, aparting from the political meaning and returning to the institutional rationality, family integration should have the implications beyond the urban and rural integration. As the basic social unit, the "de-Fragmentation" based on the family unit will be the logical starting of the integration. So, different from the urban and rural integration, the book also proposes a new system conception innovatively. It is "Family-Unit-Based Insurance" that establishes the family as the basic unit for medical insurance enrollment. Then, Urban Resident Basic Medical Insurance should be merged with Urban Employee Basic Medical Insurance through this initiative. Also, the Urban Family Medical Insurance will be built up. Differing from the individual enrollment, the family unit as basis of enrollment should be adopted whether in city or in countryside. The New Rural Cooperative Medical Insurance, while keeping the traditional family-orientated insurance enrollment method, should gradually change into the Rural Family Medical Insurance. Before China achieves a high level of urbanization, these two systems—the Urban Family Medical Insurance and the Rural Family Medical Insurance—will be parallel for a long term. Dualistic structure does not mean dualistic fragmentation. As to China's medical insurance integration policy, a better choice is the "Differential Unity Mode" —a mode which is non-unified in form but unified in essence. It includes the equal insurance mechanism which breaks the identity barriers. Then, floating population can choose freely the insured platform according to their domicile. Besides, the mode also includes the Ability-to-Pay Principle in financing mechanism and unified payment mechanism which means equal treatments to all insured nationals by institutional innovations and financial subsidies.

Keywords: Medical Insurance Fragmentation; Medical Insurance Integration; Stratum Fragmentation; Region Fragmentation; Refragmentation; Family-Unit-Based Insurance; The Ability-to-Pay Principle; The Differential Unity Mode

目录

CONTENTS

第1章 绪 论

1.1 问题的提出

医疗保障制度改革是世界各国社会福利体制改革的核心内容。我国社会医疗保险制度建设已走过30多年的历程。其间，医疗保险的主体制度基本建成，即面向城镇正规就业人员的城镇职工基本医疗保险制度、面向城镇未就业人员的城镇居民基本医疗保险制度，以及面向农业户籍人口的新型农村合作医疗制度。三项基本医疗保险制度平台实现了对国民的广泛覆盖，根据《2012 卫生统计摘要》，截至2011年底，三项基本医疗保险参保人数达到13亿人，覆盖面超过95.6%。随着制度层面上全民医保的初步达成，从覆盖范围角度评价医疗保险正在成为历史，研究重心转向制度质量，热点之一便是基本医疗保险制度的碎片化及整合问题。

“十三五”期间，整合碎片化的城乡基本医疗保险既是进一步完善医疗保险制度的重点内容，也是社会大众广泛关注的民生问题。党的十八大报告、十八届三中全会公报以及“十三五”规划纲要均提出要整合城乡居民基本医疗保险制度。2016年1月，国务院颁发了《关于整合城乡居民基本医疗保险制度的意见》，对城乡医保整合提出了总体要求和整体规划，并将制订整合方案和推进试点提上工作日程。探索真正适合我国的医保整合之路，既是一个理论问题，又是一个现实问题。其中理论问题需要学界深入探讨医保碎片化之实质与表象，把握医疗保险制度自身发展规律。本书即是针对理论问题所展开的规范性研究。

本书的写作是探索性的，是以医保碎片化作为理论起点和基点对我国医保整合实践进行的反思，重新深刻地审视和评价城乡医保整合的成效得失。医保整合是针对我国碎片化医保格局所进行的改革和调整。因此检验医保整合方案的科学合理性，关键在于对比整合前后的碎片化程度。实践中某些医保整合的政策定位和方案选择可能存在着使制度走向再碎片化的隐患。不同于一般意义上的城乡二元视角，本书把碎片化问题放到了更广泛的阶层视阈和地域视阈中进行深入的阐释。亟须整合的医保制度呈现多元的碎片化格局，城乡碎片只是其中一个方面。未来还有正式部门与非正式部门、正规就业与非正规就业、劳动人口与非劳动人口之间的医保公平问题有待解决，以及划地而治的地区福利问题也有待克服。此外，我国还存在着典型的家庭内部碎片化，家庭内部碎片化是医保碎片化在最基本的社会单元上的微观体现，实现家庭整合或可视作医保整合的起点。

为了更集中地说明问题，本书所指主要是社会基本医疗保险制度，不涉及医疗救助、大病保险和商业险。当然，由于内容的相关性，在写作过程中，可能会提及医疗保障体系和医疗卫生服务体系的一些内容。

1.1.1 研究背景

作为一种健康保障机制，医疗保险在各国的福利制度中占据重要的地位，是社会政策领域的一项重要议题。它通常和防病、治病联系在一起，旨在提高医疗卫生服务的可及性和公平性。与养老风险发生在特定年龄段不同，疾病风险发生的不确定性更大，任何人在任何生命时段上都有可能面临疾病风险。因此，医疗保险与每一位社会成员的日常生活息息相关，对于贫病之人来说尤为重要，能防止其陷入因病致贫或因贫困放弃医治的困境。世界上第一部社会保险法案不是关于养老保险而是疾病保险法，足见医疗保险的重要性。随着保险制度的逐步完善，社会医疗保险制度比较成熟的国家往往从疾病失能津贴（现金）和医疗服务供给（服务）两个维度上提供全面的医疗保障。不论从制度自身的复杂程度还是重要性来讲，医疗保险改革都是世界范围内的热点及难点问题。

20 世纪 90 年代中期以来，我国医疗保险制度历经了一个快速发展阶段。20 多年间，各项制度平台从无到有，从初步建立到走向完善，全民医保已具规模。适度普惠的基本医疗保险体系通过了社会和民众的检验，日益发挥其重要作用。全民医保建设在取得巨大成就的同时仍然存有问题和隐患。由于试点先行、地方主导，以及分阶段、分群体、循序渐进的制度建设思路，医疗保险制度在逐步走向全民覆盖的同时也埋下了碎片化的伏笔。回顾20世纪90年代后期，我们可以看到医疗保险制度在政策层面的“跃进”，中央政府出台了一系列政策文件，地方政府积极响应，探索试点。总体上看，各项医疗保险制度的出台和落实呈现先城市后农村、先职工后居民的发展趋势。城镇职工医保、居民医保和新农合三大制度平台虽然实现了医疗保险在制度层面上的普惠，但医疗保险的身份关联性却在职业和户籍两个维度上得到了不断的强化。加之受低统筹层次和地方财政主导等因素影响，医保碎片化的格局日渐形成。渐进式的改革方式使制度处于“地区分割”“多轨并行”“人群分化”的碎片化状态。阶层碎片化和地域碎片化成为我国医保碎片化的主要特征。

“十三五”期间，医疗保险发展的主要关键词是“公平、可持续”。这标志着医疗保险将从长期的试验探索状态逐渐走向成熟定型，其功能也将从单一的“风险分担”逐渐扩展为“解决健康及医疗服务利用的不平等问题”。随着制度层面上普惠全民目标的初步实现，从覆盖范围角度评价医疗保险正在成为历史，建设重心开始转向制度质量的全面提升。然而关于如何提升制度质量，如何促进公平和可持续，整合碎片化的医疗保险制度或可视作破题之举。碎片化不仅意味着保障权益的差异和不平等，还导致制度内部形成福利分层。福利分层对社会分层的形塑和固化使我国社会阶层之间的差异与对立愈加明显。时下，医保整合不仅是社会大众广泛关注的民生问题，更是我国政府面临的紧迫任务。党的十八大报告、十八届三中全会公报以及“十三五”规划纲要均提出要整合城乡居民基本医疗保险制度。2016年1月，国务院印发了《关于整合城乡居民基本医疗保险制度的意见》，对城乡医保整合提出了总体要求和整体规划，并将制订整合方案和推进试点提上工作日程。目前，地方医保整合试点已经进入全面推广阶段。截至2016年1月，我国已有9个省份39个地市完成了城乡基本医疗保险统筹工作，率先进行了医保整合的探索实践①，为全面推进医保整合积累了宝贵的经验，也给其他地区提供了良好的示范。

地方试点日新月异、如火如荼，既有个性化的自主创新，也有基于制度规律性的共同经验。然而囿于缺乏顶层设计，这种各自推行的整合工作却使医保碎片化的格局在某种程度上出现进一步扩大的趋势。一是“两档式”（或“多档式”）的整合方案导致阶层视角上的再碎片化；二是试点中“地方封闭”下的“本地人/外地人”区隔更强化了地域维度上的碎片化。整合之策陷入悖论，并人为增加了日后全面整合的难度。例如，被各地广泛采用的“多档制”整合模式，考虑到城乡居民的收入差异通常设置一制两档或一制三档，其中高缴费对应高水平待遇。在关注效率和形成参保激励的同时，整合后的城乡医保制度内部却出现至少两种不同水平的缴费与给付的对应关系，而且这种对应关系体现了收入水平与医疗保险给付水平之间的正相关，高收入者高待遇，从社会公平的角度看，不符合再分配意义上的公平。“多档制”整合方案下医保权益的城乡二元分化被城乡居民的多元收入分化所取代。整合并未从根本上消除“碎片化”，而是在经济指标上强化和扩大了身份差异。从医疗保险制度自身来讲，是用多元收入碎片化取代原有城乡二元碎片化，是用收入阶层分化取代二元户籍分化。由此可见，整合并没有终结碎片化，甚至在一定程度上还存在“再碎片化”的隐患，这是我国医保整合值得深刻反思之处。

此外，时下的医保整合究其本质是城乡户籍视角下的整合，重点在于消弭城乡差距，实质在于城乡统筹。从学理上看，我国医疗保险的碎片化绝非城乡二元碎片化一种表现形式，具体而言，宏观来看其是以地域为经、以阶层为纬的多元碎片化，微观来看则突出表现为家庭内部的碎片化。以碎片化为根源衍生出各种问题，如医疗保险权益的公平性问题、统筹层次低和异地就医难、地区福利分割和转移接续难、非正式部门的参保限制和低收入家庭的灾难性医疗支出等。在“健康中国”理念的指引下，公平、可及、便携、适用的医疗保险制度体系不仅为百姓所想所

① 赵为．医疗保险城乡统筹仍在路上——访中山大学社会保障与社会政策研究所彭宅文[J]．中国人力资源社会保障，2016（2）：37-38.

盼，也是制度发展完善的方向。工业化的发展、经济的持续增长为社会福利的发展提供了物质基础和发展契机。未来我国将建成本土化的“全民健保”体系，城乡医保整合是迈出的第一步，也是我国医保体系在经历了碎片化发展模式之后即将进行全面结构性调整的信号。医保整合对于我国的医保制度建设来讲将是一个非常重要的发展阶段，实现全面医保整合应该具有更宏大的阶层视阈和地域视阈。如何在充分尊重制度自身发展规律的前提下，结合我国的基本国情，探索一条行之有效的整合之路十分关键。

由于医疗问题的特殊性以及医疗保险制度设计的复杂性，整合将是一个非常庞大的系统工程。整合过程中可能遇到的各种问题和阻力迫切需要理论界对其进行理论研究和实证分析。医保碎片化有着深刻的历史根源，医保整合面临复杂的社会环境，如何设计科学合理的整合方案，使国民不论身份、地位、收入、地域等都可以获得公平的医疗保障，享受公平的医疗服务，既是一个实证问题，也是一个理论问题。然而，时下学界对这一领域的理论研究明显薄弱。医保整合工作缺乏明确的理论指导，整合目标不明、选择不清。也有学者发现各地在推进整合过程中逐渐出现了一些新的问题——整合路径扭曲、整合内容失范、地方整合试点陷入“再碎片化”悖论①。可见，时下医保整合理论上的研究更为迫切。为此，首先，本书需要从医保碎片化的表象及本质入手，从学理上明确阐释我国医保碎片化的共性与特性，明确整合的对象；其次，要系统梳理医保整合的内涵、方法和目的，明确整合的最终目标；再次，思辨医保整合过程中应该秉持的公平理念，明确衡量整合效果的依据；复次，思考我们是否可以通过对比俾斯麦模式和贝弗里奇模式，找出医疗保险制度的发展规律，以及我们是否可以从西方的社会福利与社会分层的互动关系理论中找到实现有效整合的启示等；最后，结合这些理论工具再反思整合实践，发现深层次的问题，提出更具价值的建议。

---

① 孙淑云．顶层设计城乡医保制度：自上而下有效实施整合［J］．中国农村观察，2015（3）：16-23.

1.1.2 研究意义

梳理世界各国医疗保障发展历史，发现大都经历了一个从制度碎片化走向整合的过程。只不过在整合过程中，各国的举措不同，导致了不同的整合结果。最成功的是英国，建立了以公民身份为识别、以国家财政为依托的单一制度（NHS）。而德国、法国、意大利在整合过程中受到“挫败”，至今仍然保留着碎片化的格局，成为饱受舆论诟病的焦点。同属东亚福利模式的日本在二元化的职域保险和地域保险体系内部实现“国民皆保险”，韩国则构建了全民统一的国民健康保险制度。我国的医保整合刚刚起步，前车之鉴，为实现整合目标，需要对我国的医保碎片化和整合问题进行全面、深入的理论及实证分析，把握医保自身发展规律，并在总结国内试点经验和借鉴国外经验的前提下做出科学决策。虽然目前学界围绕医保整合已经展开了广泛的理论研究与实证研究，但从阶层和地域两个维度上深入研究医保碎片化内涵并进一步反思和阐释医保整合实证的研究并不多见。此外，本书还采用国际比较的研究方法，深入挖掘典型国家及地区医保整合经验，进一步丰富我国医保整合的理论体系和实践思路的研究。因此，研究具有理论价值和实践应用价值。

1.1.3 研究内容和研究目标

本书拟针对医保碎片化及整合问题展开规范研究和实证分析。首先，从阶层、地域两个维度入手深入剖析医保碎片化现象，这种碎片化表现为差异性，实质为不公平性。从本质上看，我国医保碎片化是一种福利分层现象。碎片化导致了医疗福利领域的“阶层化社会公民权”和“地域化社会公民权”问题。其次，尝试分析医保碎片化的社会根源。碎片化的形成与公共政策的路径以及制度的社会、经济基础有关。再次，整合碎片化的制度关键是明确整合的目标，即实现医疗保险制度的公平性。这种制度公平性主要体现在参保机制、筹资机制、待遇给付机制等三个核心领域，并以此作为价值判断的依据，对医保整合实践进行理论反思。最后，在医疗保险公平性理念的指导下提出医保整合的改革思路。以“去阶层化”和“去地域化”为目标反思和检验医保整合方案，通过分析地方整合试点经验和对国际经验进行比较，最终提出完善医保整合的相关政策和建议。

理论是对实践最切实可行的回应和指导。我国正处于医保整合的重大变革时期，理论研究的不足将对实践产生极大的制约。医保整合政策设计是一项广泛涉及各项制度机制协同运作和相关技术支撑的系统工程。本研究力求丰富医保整合的理论支持。

1.2 文献综述

1.2.1 关于医疗保险碎片化的研究综述

在理论层面上，国内学界针对医疗保险碎片化的系统研究文献比较少。“碎片化”的概念原多见于针对社会保障体系或养老保险制度的研究文献中，用以表征制度被割裂的状态。事实上，医疗保险制度同样存在严重的碎片化问题。最早提及医疗保险碎片化的文献出现在2007年，源于这一年城镇居民基本医疗保险制度（以下简称“居民医保”）开始试点推广。与城镇职工基本医疗保险制度（以下简称“职工医保”）和新型农村合作医疗制度（以下简称“新农合”）一样，居民医保延续着针对特定人群设立专门制度的改革路径，虽然能在短时间内实现国民全面覆盖，却引发学界对制度碎片化的担忧。顾昕（2007）首次提出这种担忧：“职工医保、居民医保、农民工医保等，表面上多元并举，但由于缺乏高层次的政府主导，结果是陷入制度碎片化的局面。”① 之后理论界陆续出现了一些探讨医保碎片化的文章，学者们持续展开深入的研究。赵斌（2009）重点探讨了农民工医保制度的碎片化问题②。申曙光、侯小娟（2012）首次全面地界定了医保碎片化这种制度现象，即“城乡分割、地区分割、人群分割和管理分割”③，并提出医保整合的解决思路。邓大松、赵奕钧（2013）将

① 顾昕．防止制度碎片化［J］．中国社会保障，2007（5）：37.

② 赵斌．农民工医疗保险制度碎片化困境及其破解［J］．中国卫生政策研究，2009（11）：41-46.

③ 申曙光，侯小娟．我国社会医疗保险制度的“碎片化”与制度整合目标［J］．广东社会科学，2012（3）：19-25.

医保碎片化的表现归纳为“城乡差异、制度分割和管理体制分治”①。徐义海（2013）则通过选择地方个案对医保碎片化展开深入研究，指出现有制度既侵蚀公平，又影响效率②。同样以个案展开研究的还有叶蓓、蔡娟（2014），他们研究指出，虽然我国医保制度实现了全面覆盖，但是“制度在参保形式、筹资水平、偿付标准、统筹层次、经办服务等方面也存在较大差别，而且制度设计以户籍标准、就业标准和行业标准为基础……‘碎片化’的医疗保障制度在公平、效率、保障力度上受到广泛质疑”③。已有研究基本上都是从现状、危害和对策入手阐释“医保碎片化”这一问题。总体上看，医保碎片化的研究主题虽由来已久却仍然是医疗保险研究的“新生领域”。从研究广度上看，大多数文献围绕医保双轨制或城乡二元分割，或是从职工医保、居民医保及新农合三项制度之间的差异化展开研究。综观之，研究的成果集中表现为三项医保制度之间的差异④⑤（见表 1-1）。

表 1-1　三项医疗保险制度对比

项目	城镇职工基本医疗保险	城镇居民基本医疗保险	新型农村合作医疗制度
覆盖人群	城镇职工	城镇非职工居民	农村居民
筹资方式	单位和个人共同筹资	个人缴费为主，财政补贴为辅	财政补贴为主，个人缴费为辅
筹资模式	个人账户 + 统筹基金	统筹基金	统筹基金
保障期限	终身	当期	当期
保险性质	强制性、共济性	自愿性、共济性、福利性	自愿性、共济性、福利性
保障范围	门诊统筹（试点）+住院统筹	门诊统筹+住院统筹	门诊统筹+住院统筹
主管部门	人力资源社会保障部	人力资源社会保障部	卫计委

① 邓大松，赵奕钧．我国全民医保的构建逻辑与发展路径［J］．求索，2013（12）：242-244.

② 徐义海．我国基本医疗保障制度碎片化及其整合研究［J］．中国卫生经济，2013（3）：33-35.

③ 叶蓓，蔡娟．城乡医疗保障碎片化及解决思路——以武汉市为例［J］．中国卫生事业管理，2014（4）：248-251.

④ 刘俊，赵同松．医保三项制度如何实现衔接［J］．中国社会保障，2008（5）：76-77.

⑤ 花亚洲．医保制度“碎片化”探源及整合建议［J］．广西财经学院学报，2015（4）：33-37.

关于医保碎片化的弊端和危害，郑功成（2008）认为这种制度“碎片化”，固化了现有的城乡二元结构和现有的社会阶层结构①。张国英、吴少龙（2015）和张贵峰（2010）从重复参保的角度提出碎片化制度设计的缺陷，认为流动性强的人口更倾向于出现重复参保的问题②③。孙淑云（2015）指出“碎片化医保制度的不公平、不经济、不便捷、不可持续已广为社会诟病”④。岳林琳等（2016）指出碎片化的制度“正面临缺失公平公正的伦理价值的困境”⑤。张引、魏来（2010）从广域上的人力资源流动、统一劳动力市场的形成角度分析碎片化的负面影响⑥。此外，碎片化制度本身还存在“路径依赖”的问题，顾昕（2012）指出这种路径依赖甚至会影响其他社会民生工程的建设⑦。

部分研究还论及碎片化的根源，如：财税体制和户籍制度是造成碎片化的主要原因⑧；城乡二元结构、财政分权体制、城乡和地区间经济发展的差距以及社会阶层结构的特征都是影响碎片化的重要因素⑨；等等。此外，还有学者开始从公民权及社会公民权的角度深刻阐释碎片化的本质和根源⑩。

从总体上看，关于医保碎片化的研究结论主要是城乡二元碎片、制度三元碎片，以及郑秉文（2009）根据制度碎片之间的交叉叠加和相互涵盖

---

① 郑功成．中国社会保障30年［M］．北京：人民出版社，2008：134.

② 张国英，吴少龙．基本医疗保险重复参保：碎片化、理性选择与官僚行政——基于CLDS数据的实证研究［J］．甘肃行政学院学报，2015（3）：81-88.

③ 张贵峰．医保“碎片化”，“重复参保”难免［N］．广州日报，2010-09-08（002）.

④ 孙淑云．顶层设计城乡医保制度：自上而下有效实施整合［J］．中国农村观察，2015（3）：16-23.

⑤ 岳林琳，管理定，王小敏，等．基本医疗保障制度“碎片化”的伦理困境与出路［J］．中国卫生事业管理，2016（5）：350-355.

⑥ 张引，魏来．碎片化医保制度设计弊端与农民工医保模式路径选择［J］．社会保障研究，2010（5）：5-10.

⑦ 顾昕．走向全民健康保险：论中国医疗保障制度的转型［J］．中国行政管理，2012（8）：64-69.

⑧ 花亚洲．医保制度“碎片化”探源及整合建议［J］．广西财经学院学报，2015（4）：33-37.

⑨ 周婷．市场经济时代我国医疗保障制度的碎片化及其成因分析［J］．知识经济，2016（8）：12-15.

⑩ 施世骏．社会保障的地域化：中国社会公民权的空间政治转型［J］．台湾社会学，2009（18）：1-32.

提出的“大碎片套小碎片”[①]的多元碎片概念。但是从社会阶层角度提出我国医疗保险存在阶层碎片和福利分层的研究并不多见，综合地域福利界限的视角进行综合论述的文献更是凤毛麟角，而且现有研究并未论及农村内部的碎片化、城镇内部的碎片化、职工群体内部的碎片化、家庭内部的碎片化以及医保整合方案下可能形成的“再碎片化”问题。从研究深度上看，已有文献多为现象描述、经验分析，还没有将碎片化提升到概念化的层面，也没有结合医疗保险学的相关理论进行过学理思辨。现有研究尚未涉猎之处，为本书提供了研究空间。

1.2.2 关于医疗保险整合的研究综述

最早在学界开始使用的“医保整合”一词通常指向医保经办的整合[②③④⑤]以及医疗卫生资源的整合[⑥⑦]。随着理论界“医保碎片化”问题的提出，部分学者也开始从医疗保险制度本身探讨整合。

大部分文献是在城乡二元视角下进行医保整合的研究，所以在这部分文献里，医保整合有着与医保城乡统筹或城乡一体化相似的内涵。尤其伴随着成都、重庆医保城乡统筹的率先试点开展，以及国内其他地区的效仿试点开展，一时围绕医保城乡统筹的理论研究及实证研究如雨后春笋般涌现出来。党的十八大报告首次明确提出“整合城乡居民医疗保险制度”的发展目标，之后理论界对医保整合的研究进入了以城乡整合为主题的研究时期。由于新农合与居民医保在参保原则、筹资水平、待遇给付水平等制度框架上具有很大的相似性，基本上属于同质性的制度，所以总体上的研

---

① 郑秉文．中国社会保险“碎片化制度”危害与“碎片化冲动”探源［J］．社会保障研究，2009（1）：209-224.

② 邵红，毛树义．黑龙江省医保定点医院管理模式调查及管理整合思考［J］．中国医院管理，2006（9）：36.

③ 徐玮，王伟．建立城乡统筹医保制度　整合政府经办管理资源［N］．中国劳动保障报，2007-12-14.

④ 孟庆普．整合医保资源归卫生部门管理［N］．健康报，2008-03-10.

⑤ 王保真，徐宁，孙菊．统筹城乡医疗保障的实质及发展趋势［J］．中国卫生政策研究，2009（8）：32-35.

⑥ 王春花，周绍明．整合卫生资源　促“全民医保”［N］．湘声报，2007-11-02.

⑦ 张化本．资源整合　全民医保　包费到人［N］．光明日报，2007-05-17.

究结论是建议新农合制度与居民医保制度的整合，即“二保合一”，如何文炯等（2009）、吴伟平（2009）、朱俊生（2009）、王庆彬（2010）、仇雨临等（2011）、王保真（2011）等。理论界对“二保合一”的方案进行了深刻而全面的归纳评述，并提出了进一步完善的建议。但也有部分学者对新农合与居民医保的整合持不同意见。李珍（2013）认为，新农合与城镇居民医保的合并首先要面临的一个问题就是基于城乡居民的收入差距，筹资水平究竟就高还是就低，相应的保障水平又该如何确定。其次，城乡两项制度合并运行的结果不仅会产生农村补贴城市的逆向再分配效应，还会固化职工医保与合并后的城乡居民医保之间的二元结构；建议“应该在近期内保持城乡基本医疗保险制度的二元并行……变职工医保为强制性‘城镇基本医疗保险制度’”①，将职工医保和居民医保整合，工作人口缴费，一家老小受保护。当城镇化率真正达到70%以上时，城乡居民医保融合条件才成熟。赵东辉、汪早立（2013）从覆盖人群的特征角度论述了优先整合职工医保和居民医保的必要性②。王超群等（2015）则认为“将城镇居民和农民医保合并为同一医疗保险制度存在城乡居民内生的异质性、医疗卫生资源的上浮、逆向再分配的可能等严重问题和障碍”③。

总体上看，理论界关于医保整合基本上达成了“二保合一”的共识，只是观点分为两派。大部分学者主张优先进行新农合与居民医保的整合，小部分学者主张职工医保与居民医保的优先整合。

关于全民医保整合的目标和路径，学者内部同样存在不同观点。一部分学者主张统一的、一元化的制度是全民医保的政策选择。郑功成（2008）建议将一元化的制度模式作为全民医保的目标，但是要走一条渐进变革的道路，逐步从目前的三元分立制过渡到二元制，最终实现一元制④。申曙光、彭浩然（2009）也认同将“一元制”作为医保整合的目标

① 李珍．城乡医保整合思路不妨放宽些［N］．健康报，2013-04-27.

② 赵东辉，汪早立．我国基本医疗保障制度整合路径探析——从覆盖人群特征分析［J］．卫生经济研究，2013（5）：9-13.

③ 王超群，李珍，刘小青．中国医疗保险制度整合研究［J］．中州学刊，2015（10）：69-73.

④ 郑功成．中国社会保障改革与发展战略——理念、目标与行动方案［M］．北京：人民出版社，2008.

模式，只是要分地区区别对待，对于那些城乡经济差距小的地区可以探讨城乡医保合并，而对于那些城乡差异大的地区，短期内应重点考虑制度衔接，而非制度合并①。刘继同（2006）提出“一个制度多个标准”，即在全国一元化制度框架下，根据收入、行业、地区或城乡确定多个缴费档次②。王俊华、柏雪（2015）提出统一的“全民基本医疗保险”的概念，实现全体国民平等地获得基本医疗保险的权利③。

另一部分学者则对一元化的制度模式持审慎的学术态度。赵永生（2010）指出“全民医保并不代表仅仅依靠一种制度安排覆盖全体国民，这是不现实也是不可能的”④。党敏恺、吴忠（2009）提出城乡医疗保障制度采取“有差别的统一模式”更为合理⑤。孙淑云（2015）也提出“有差别的统一”⑥。孙永勇（2002）提出“综合性的普遍保险制度”⑦。李珍（2013）认为“在我国至少达到70%的城镇化率之前，可能要长期保持城乡二元化的制度设置，但是要不断地缩小两者之间的待遇差别”⑧。

关于医保整合的指导理念大部分学者主张公平，这也是对我国持续多年注重制度效率的补充。例如胡大洋（2011）强调“在制度整合过程中要注重两个公平——制度转轨公平和制度本身的公平”⑨。关于医保整合的公平性，学者们从不同的侧面给出了阐释，孙淑云（2015）认为医保整合要理性整合城乡不同收入阶层之间的筹资差异并且最终要实现保障待遇的公

---

① 申曙光，彭浩然．全民医保的实现路径——基于公平视角的思考［J］．中国人民大学学报，2009（2）：18-23.

② 刘继同．构建全民医疗保险制度须社会共识［J］．中国医疗前沿，2006（6）：12-16.

③ 王俊华，柏雪．全民基本医疗保险制度的可行性思考与路径构想［J］．苏州大学学报（哲学社会科学版），2015（5）：46-52.

④ 赵永生．日本医疗保障的特征及其借鉴［J］．中国医疗保险，2010（1）：60-63.

⑤ 党敏恺，吴忠．国外医疗保障城乡衔接模式借鉴研究［J］．内蒙古社会科学（汉文版），2009（11）：114-117.

⑥ 孙淑云．顶层设计城乡医保制度：自上而下有效实施整合［J］．中国农村观察，2015（3）：16-23.

⑦ 孙永勇．中国医疗社会保险改革面临的基本问题［J］．中国卫生经济，2002（11）：1-3.

⑧ 李珍．城乡医保整合思路不妨放宽些［N］．健康报，2013-04-27.

⑨ 胡大洋．全民医保：我们准备好了吗［J］．南京医科大学学报（社会科学版），2011（12）：427-430.

平性，去除医保制度的地区分割和身份关联①；熊先军（2016）指出有效的医保整合一方面应有利于人口的流动，促进城镇化的进程，另一方面要提高公共资源管理效能，通过降低重复参保减少公共财政资源的浪费②；高和荣、夏会琴（2013）认为整合的内在逻辑首先是要保证社会保障权益普遍而公正地享有③；朱俊生（2009）从目标角度界定医保整合最终要从不同制度之间保障水平的多重标准向单一标准转化，最终实现城市和农村的均等化保障等④。

学界对医保整合的研究全面而深刻，某些研究结论已经直接转化为政策试点。本书是对医保整合的反思，理论基点是医疗保险的多元阶层碎片化和地域碎片化。通过对比整合前后医保碎片化的情况，综合评估医保整合的利弊得失，并将针对医保整合方案提出新的完善思路和建议，以期尽快实现我国医疗保险的公平、普惠、方便适用和可持续。

1.3 研究方法与研究框架

1.3.1 研究方法

1.3.1.1 文献分析法

本书围绕研究主题，充分利用期刊资源和网络平台，查阅和研读了大量的资料和文献，主要包括：①专业领域的学术论文及学位论文；②人力资源社会保障部、国家医保局、卫生健康委、国家统计局等政府网站的相关文献与统计数据；③报刊资料上的相关资讯；④相关领域的学术著作；⑤与研究主题相关的国外文献；等等。

1.3.1.2 历史研究法

纵向把握医保制度发展脉络，梳理医保碎片化的根源和发展演变的历

---

① 孙淑云．顶层设计城乡医保制度：自上而下有效实施整合［J］．中国农村观察，2015（3）：16-23．

② 熊先军．整合城乡居民医保意在公平［J］．中国医疗保险，2016（10）：36．

③ 高和荣，夏会琴．去身份化和去地域化：中国社会保障制度的双重整合［J］．哈尔滨工业大学学报（社会科学版），2013（1）：40-44．

④ 朱俊生．“扩面”与“整合”并行：统筹城乡医疗保障制度的路径选择［J］．中国卫生政策研究，2009（12）：19-22．

程。突破城乡二元维度，以阶层维度分析历史制度中的碎片化表现，并从中发现碎片化的路径依赖和制度惯习。新时期医保整合不同程度地存在着碎片化的烙印。整合医保碎片化不仅要实现制度设计上的创新和突破，更要打破路径依赖的束缚和影响。

1.3.1.3 比较研究法

历史研究是比较研究中的一个典型方法。除历史研究之外，本书还有试点地区整合方案的比较以及国际视角下的医保整合政策比较。试点地区比较重点了解各种整合方案的成绩与不足，国际比较旨在深入研究典型国家和地区医保制度的整合设计与整合模式。以史为鉴、以他国为鉴，可知得失、可查利弊、可为时下不断扩大的医保整合试点提供大量的新思维和新思路，可做完善医保整合方案的有力依据。

1.3.1.4 规范研究与经验研究相结合

关于医保碎片化、医保整合以及医保公平的内涵界定，连同医保整合的优化建议，本书主要从学理出发进行了规范研究。重点分析“应该怎样”，包含价值判断，尤其对医保整合的阐释包含了合意性的分析。此外，在相关理论的指导下尝试对时下热议已久的医保碎片化和医保整合概念进行了界定，具有一定的理论上的创新性。

经验研究是近代社会科学的基本特征①。本书在规范研究的基础上围绕医保整合主题对各地方试点进行了全面、深入的经验研究，系统梳理了国内开展试点的几个典型城市的医保整合方案，重点从参保筹资和待遇给付两个方面详细收集了最新的数据，反映了最新的政策动向，全面提炼整合政策，对比整合数据，旨在回答试点实践“是什么”、实际情况“是什么”的问题，并将其与规范研究结论相对比，进而发现实践的不足，明确政策完善的方向。

1.3.1.5 数据分析法

利用《中国统计年鉴》《中国卫生统计年鉴》《世界卫生组织统计年鉴》以及世界银行报告等广泛收集数据，并通过人力资源社会保障部、国

① 李路路，朱斌，李才香．走向成熟的经验研究——写于《社会学研究》创刊三十周年[J]．社会学研究，2016（6）：25-48.

家医保局、卫生健康委、国家统计局的政府门户网站收集数据，适当应用这些原始数据进行二次分析，辅助进行问题描述和论证。

1.3.2　研究框架

围绕医保碎片化及整合的问题，本书展开了理论和实践两个层面上的深入研究。首先，以社会福利及社会政策领域的相关理论，特别是社会福利与社会分层的互动理论以及社会医疗保险的碎片化及一体化理论为基础，结合国内外研究成果以及我国的现行政策环境，对医保碎片化及医保整合进行了概念上的界定、内涵上的阐释以及政策历史路径上的梳理。其次，以此为依托，在医疗保险制公平性的理念指引下，对我国时下广泛开展的地方医保整合试点进行了回顾和反思。重点围绕参保机制、筹资机制以及待遇给付机制三个方面进行对比和评估，总结成绩、发现不足。再次，通过比较研究的方法以医保整合为中心深入分析几个主要的东亚国家和地区所实行的成熟的医疗保险制度，探寻医保整合的成功经验。最后，本书将提炼出宏观意义上的“去阶层碎片化”“去地域碎片化”，以及微观上的“家庭连带参保”、“量能缴费”、一体化待遇给付及“有差别的统一”等若干结论和创新点。本书具体研究框架见图 1-1。

1.4　创新之处与不足

本书的创新点主要体现在以下方面：

第一，对医保碎片化、医保整合以及医疗保险制度公平性做出了全面、深刻的概念界定，创新性地提出了阶层碎片化、地域碎片化以及家庭内部碎片化的概念。

第二，提出医保整合要从“去阶层碎片化”和“去地域碎片化”两个维度进行把握，而且两者也可以成为衡量我国医保整合实践成功与否、效果如何的标准。医保整合不是简单地对制度体系做减法，结果公平的实质整合比机械地追求制度一元化的形式整合更重要。

第三，阐释医疗保险制度的公平性，重点从参保机制、筹资机制和待遇给付机制入手对制度的公平性进行了合意性分析，并以此作为整合的指

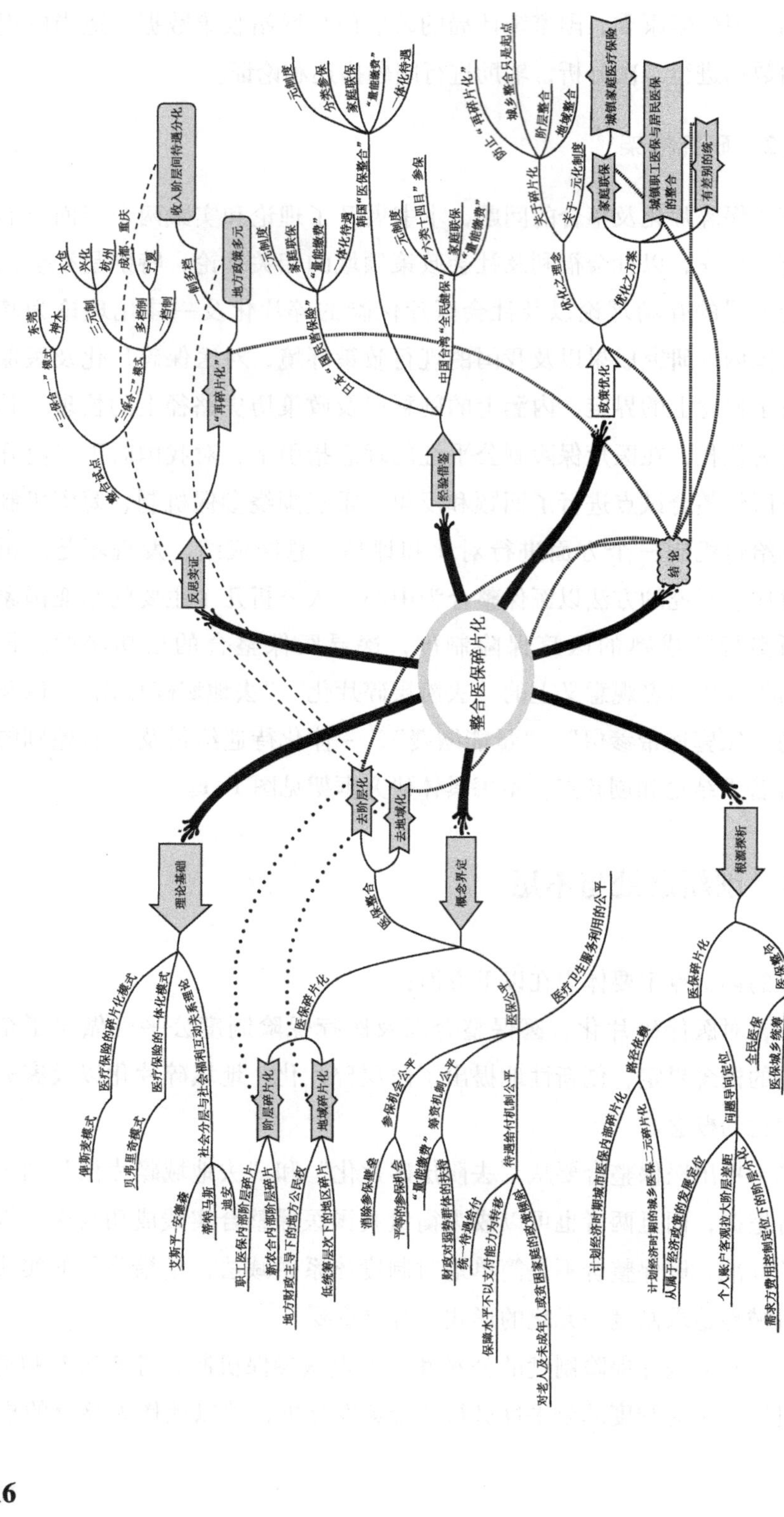
整合医保碎片化
理论基础
概念界定
根源探析
反思实证
经验借鉴
政策优化
结论
去阶层化
去地域化
"再碎片化"
地方政策多元
收入阶层间待遇分化
融合试点
"三保合一"模式
"三保合二"模式
东莞
神木
三元制
太仓
兴化
杭州
多档制
成都、重庆
宁夏
一档制
一制多档
日本"国民皆保险"
一元制度
家庭联保
"量能缴费"
一体化待遇
中国台湾"全民健保"
"六类十四目"参保
韩国"医保整合"
分类参保
优化之理念
优化之方案
关于碎片化
关于一元化制度
防止"再碎片化"
阶层整合
地域整合
城乡整合只是起点
城镇家庭医疗保险
城镇职工医保与居民医保的整合
有差别的统一
医疗保险的碎片化模式
医疗保险的一体化模式
社会分层与社会福利互动关系理论
俾斯麦模式
贝弗里奇模式
艾斯平-安德森
蒂特马斯
迪安
医保整合
医保碎片化
阶层碎片化
地域碎片化
职工医保内部阶层碎片
新农合内部阶层碎片
地方财政主导下的地方公民权
低统筹层次下的地区碎片
医保公平
医疗卫生服务利用的公平
参保机会公平
筹资机制公平
待遇给付机制公平
消除参保壁垒
平等的参保机会
财政对弱势群体的扶持
统一待遇给付
保障水平不以支付能力为转移
对老人及未成年人或贫困家庭的政策倾斜
路径依赖
问题导向定位
全民医保
医保城乡统筹
医保城乡一体化
计划经济时期城市医保内部碎片化
计划经济时期的城乡医保二元碎片化
从属于经济政策的发展定位
个人账户客观拉大阶层差距
需求方费用控制定位下的阶层分化

图1-1 研究框架示意图

导理念。

第四，反思了医保整合实践，从“去阶层碎片化”和“去地域碎片化”两个维度进行评估，发现我国城乡医保整合的试点方案存在阶层意义上以及地域层面上的“再碎片化”隐忧。

第五，围绕医保整合主题重点选取了几个典型的东亚国家和地区进行系统的比较研究。

第六，创新性地提出了突破城乡二元视角的医保整合方案，建议将去除家庭内部的医保碎片化作为实现医保全面整合的起点，并提出通过家庭联保实现职工医保与居民医保整合的政策构想，不论农村还是城市都将家庭作为基本参保单位，最终构建起城市医疗保险和农村医疗保险并行的“有差别的统一”模式。虽然形式有差别，但两者具有公平的参保机制、“量能缴费”筹资机制以及一体化待遇给付机制。

限于时间和篇幅，以及受限于研究能力，本书在以下方面还有待完善：首先，数据的收集和利用不足。一方面仍待广泛的宏观数据挖掘，另一方面待条件成熟时可开展地方试点的社会调查。通过更有力的定量分析和实证分析验证研究结论。其次，由于所掌握数据的匮乏，针对新整合方案的可行性论证还很不充分，有待在后续的研究中充实。

第2章 理论基础与概念界定

2.1 社会分层与社会福利的互动关系理论

2.1.1 国外的研究

社会福利与社会分层关系密切。社会福利的最初形式——济贫制度主要是针对工业化早期因圈地运动而失去土地的流民，最早的社会保险制度则是为团结产业工人阶层。可见，社会福利通常定位在某些特定的社会阶层。"社会分层的各种逻辑深深扎根于福利国家的构筑过程中。"① "上层阶级主要依赖财政福利；中产阶级依靠财政福利、职业福利和社会福利；下层阶级大多数只能依靠社会福利。"② "社会救助的初衷是关注社会弱势群体的风险应对。"③ 虽然可能带来社会污名化的效应，但是却有利于改善社会底层的处境。但也有学者指出，社会福利对特定社会阶层的瞄准机制，也有可能带来阶层固化，因此社会福利对社会分层的形成有着巨大的影响。正如哈特利·迪安（Hartley Dean）所说："既有的社会政策（福利）已经内化于社会，而且有时候它们既是解决问题的方法，又是社会问

---

① ［丹麦］考斯塔·艾斯平-安德森. 福利资本主义的三个世界［M］. 郑秉文，译. 北京：法律出版社，2003：86.

② ［英］理查德·蒂特马斯. 蒂特马斯社会政策十讲［M］. 江绍康，译. 长春：吉林出版集团有限责任公司，2011.

③ DIAMOND P A，ORSZAG P R. Saving social security［J］. The Journal of Economic Perspectives，2005，19（2）：11-32.

题的一部分。”[①] 这方面最具影响力的莫过于丹麦学者考斯塔·艾斯平-安德森（Gosta Esping-Andersen，2010）的研究。他认为福利对社会分层有影响，社会福利能够塑造阶级和社会秩序，不同模式的福利国家常常具有不同类型的社会分层和阶层之间的地位差异。根据社会分层上的差异，艾斯平-安德森进一步将福利国家划分为社会民主主义、自由主义与保守主义三种类型。其中，在保守主义福利国家（欧洲大陆的合作主义福利模式）中，法团主义和国家本位主义比较突出，由此形成了多元的等级和地位差异，例如德国和法国为公共部门雇员阶层提供了比较慷慨的福利，这种社会政策有意地塑造了某种阶级结构。奥地利也采取了类似的政策，结果在国家公务员与其国民之间，以及在工人与较高的“社会层级”之间形成了非常明显的地位屏障。而自由主义福利国家（盎格鲁-撒克逊福利体制）可能会导致依赖国家福利的弱势阶层（比如老残遗群体）与依赖市场保障的阶层（比如中产阶级）之间的二元分化；社会民主主义福利国家（斯堪的纳维亚福利模式）将普遍主义的享受资格与高福利待遇相结合，保护并塑造了国家的中产阶级，实现了广泛的社会团结，即使处于平均水平的工人在这种模式下也向上移动了。总之，在艾斯平-安德森看来，福利国家事实上也是一种分层体系，福利国家是塑造阶级与社会秩序的关键制度[②]。

除了社会福利对社会分层的形塑和固化之外，社会分层也会对社会福利制度的制定、出台和改革调整产生影响。工人阶级力量强大的国家更容易走向福利国家模式，而资产阶级力量强大的国家则更容易走向自由主义的社会政策（Gosta Esping-Andersen，1999）。阶级在福利国家的形成过程中发挥着重要的作用[③]，除典型的劳资冲突论之外，“中产阶级”[④] 和“官

---

① ［英］哈特利·迪安．社会政策学十讲［M］．岳经纶，温卓毅，庄文嘉，译．上海：格致出版社，2009.

② ［丹麦］考斯塔·艾斯平-安德森．福利资本主义的三个世界［M］．苗正民，滕玉英，译．北京：商务印书馆，2010：74.

③ GOUGH B I. The political economy of the welfare state［M］. London：Palgrave Macmillan，1980：233-239.

④ GOULD A. The salaried middle class in the corporatist welfare state［J］. Policy & Politics，1981，9（4）：401-418.

僚阶层"[①] 也会对一国福利制度的发展产生影响。

西方学者们的研究肯定了社会分层与社会福利之间的互动关系。受其研究结论影响，西方理论界开始更多地从社会分层的视角研究社会福利。自20世纪80年代开始，欧洲大陆普遍开始了关于"社会排斥"（social exclusion）的讨论，而美国则普遍使用"下层阶级"[②]（underclass）这一概念。这两个概念的共同点是它们开始关注长期失业者、单亲父母、长期接受救济者等弱势群体被社会主流群体所排斥，被推到社会边缘的过程。近年来，我国一些学者也开始关注社会保障政策可能带来的社会排斥的效应。这种效应使社会保障在缓解阶层矛盾的同时，有可能塑造一些新的被边缘化的阶层。

2.1.2 国内的研究

目前，国内学者也开始以社会分层理论为工具对社会保障和社会保险领域中的福利分层问题进行比较深入的研究和探索，尝试总结我国社会保障碎片化的本质，以及从社会分层视角找到政策完善的依据。

国外社会分层与社会福利的互动理论，让我们看到社会保障的另一面。在某些情境下，旨在弥合阶层差距、促进分配正义的社会保障政策也有可能给社会带来新的问题——福利分层，导致阶层差距的固化和加深，出现福利分层即宣告社会保障政策再分配功能的失效。董海军、郭云珍（2010）详细论述了我国社会保障体制中的福利分层。他们认为"我国的福利分层在宏观上表现为城乡之间的二元福利分层、城市之间的差序福利分层和同城中的部门分割福利分层，在微观上表现为不同阶层的差别福利分层、同一阶层的等级福利分层以及公务员的'超国民待遇'"[③]。

杨伟民（2005）从社会保险对社会分层的影响角度出发，重点阐释了

---

① HOLLIDAY I. Productivist welfare capitalism: Social policy in East Asia [J]. Political Studies, 2000, 48 (4): 706-723.

② [英] 哈特利·迪安. 社会政策学十讲 [M]. 岳经纶，温卓毅，庄文嘉，译. 上海：格致出版社，2009.

③ 董海军，郭云珍. 中国社会福利分层：一个多维结构视角的分析 [J]. 中共天津市委党校学报，2010，12 (1)：85-88.

"基本社会保险与其他社会分层指标一起推进社会阶层的分化"[①] 这一主要论点。并且在其影响下，我国城市居民内部形成了两个特殊的弱势群体：一是下岗失业人员；二是有工作但是工资低并且没有基本社会保险的底层人群。而解决之道在于调整社会保障政策，特别是从社会整合的角度"有必要用一些以公民身份为基础、普遍性的福利制度对我国现行的以基本社会保险和最低生活保障为主的社会政策予以补充"。

韩克庆（2008）从社会分层的角度提出了完善社会福利的几点建议[②]。他认为社会福利制度决定社会阶层结构并且是有序社会流动的制度基础，因此在社会分层的视角下，我国社会福利制度的建设目标应该是消除不平等，尤其是消除特权福利，而不是强化。此外，社会福利要充分考虑所覆盖对象的阶层特征，社会福利的制度设计要有弹性，不能成为阶层间社会流动的障碍。

杨立雄（2013）认为"中国的社会保障体系已深深打上了阶层的烙印"[③]，我国的某些社会保障政策并不是在缩小社会成员之间的社会地位差距和消除阶层分化，相反，它正在通过扩大阶层之间的福利差异而进一步拉大阶层差异。因此，改革的当务之急是以公平的社会公民权作为社会保障的前提。

汪华、汪润泉（2015）以养老保险为例，考察了社会保险制度对社会分层逻辑的延续[④]。我国的养老保险在参保原则和待遇给付水平两个方面都体现了与社会分层指标的高度耦合性。这样的养老金制度扩大了阶层之间的差距，而且成为社会不公平的制度根源。

宋宝安、李艳艳（2009）基于社会分层与社会福利的互动关系，进一步提出了可以将社会分层视作社会福利制度绩效评估的一个工具。即重点考察"引入社会福利变量之后社会阶层之间的差距是否缩小，并以缩小的

---

① 杨伟民．当前中国的社会保险在社会分层中的作用［J］．社会学研究，2005（5）：125-153.

② 韩克庆．社会安全网：中国的社会分层与社会福利建设［J］．社会科学研究，2008（5）：115-118.

③ 杨立雄．社会保障与社会分层［J］．中国社会保障，2013（4）：30.

④ 汪华，汪润泉．社会分层、制度分割与社会不平等——一项关于中国养老金制度的福利社会学研究［J］．学术界，2015（1）：47-60.

程度表征社会福利制度的绩效”①。

从总体上看，社会分层与社会保障的互动关系属于交叉学科领域。国内有许多社会学以及公共管理学领域的学者对其展开了规范的研究。围绕西方社会政策领域提出的社会分层与社会保障两者间的互动关系理论，国内学者通过本土化的研究，力求发现我国社会保障制度的发展规律和完善建议。不少学者分析论证了我国现行社会保障制度所存在的福利分层现象，并深入挖掘这种福利分层对社会分层产生的消极影响，认为在我国一些原本旨在促进再分配正义的社会保障政策可能会对社会分层产生形塑、固化和加深等负面影响。事实上，我国社会保障的碎片化问题与福利分层问题在内涵和本质上具有很大的相似性。可以尝试基于社会分层的视角研究碎片化问题，有关理论也可成为其理论依据。

2.2 医疗保险的碎片化与一体化理论

碎片化并不是中国社会保障发展过程中的特殊现象。国外最早可追溯到 1883 年德国俾斯麦模式的诞生。俾斯麦模式的主要特点就是碎片化，它与英国 1948 年开始实施的贝弗里奇模式是一组相对概念。贝弗里奇模式象征“一体化”的福利。下文重点围绕医疗保障领域对俾斯麦模式和贝弗里奇模式展开比较论述。

2.2.1 俾斯麦模式

从世界范围来看，俾斯麦模式是被各国效仿最多的医疗保障模式②。德国于俾斯麦时期（1883 年）在世界上最先建立医疗保险制度，俾斯麦模式也因此而得名。德国的社会医疗保险制度体系是俾斯麦模式的典型。1883 年之后欧洲大部分国家效仿德国的做法，建立起社会保险型的医疗保障制度，甚至英国也曾经向德国模式靠拢。1911 年英国就效仿德国建立起

---

① 宋宝安，李艳艳．论社会分层与社会福利制度的关系［J］．社会保障研究，2009（1）：35-42.

② 丁纯．德英两国医疗保障模式比较分析：俾斯麦模式和贝弗里奇模式［J］．财经论丛，2009（1）：22-27.

了社会保险性质的国民保险制度。早在20世纪20年代，贝弗里奇就提出要用“保险”来保障所有面对困境的人民，并把这一思想最终体现在著名的《贝弗里奇报告》中[①]。“俾斯麦模式在西欧大陆和中欧国家那里首先得到效仿，然后是亚洲和拉丁美洲一些国家。”[②] 直到1948年英国建立起第一个福利国家，向世界展示了一个新的普惠性的一体化的福利国家模式。也正因如此，二战后，欧洲国家大约都经历了一个社会保障从碎片化（俾斯麦模式）向一体化（贝弗里奇模式）转变的过程。在这一过程中，有的国家成功转型，构建起一体化的制度，如英国和北欧国家；也有的国家几经努力仍未能完全摆脱碎片化的制度模式，如德国、法国、意大利、西班牙等西欧和南欧国家。20世纪90年代以来，苏联解体后，德国俾斯麦模式的核心元素——社会保险原则开始在许多中欧国家和东欧国家那里产生重要的影响[③]。社会保险被广泛效仿的同时，俾斯麦模式的碎片化特征也在各国得到复制。甚至现在整个南美大陆的福利制度也都是碎片化[④]，如智利和阿根廷的制度。可见其影响深远。

进入21世纪，德国以及欧洲其他国家对医疗保险制度进行了以增强竞争和再商品化为指导理念的福利改革，这使制度与俾斯麦模式渐行渐远[⑤]。如2007年德国引入强制性全民医保，限制自愿医疗保险的选择，制度开始向以公民权为基础的福利制度转变[⑥]。只是德国碎片化的参保机制和管理机制并没有从根本上改变，于是也有学者指出俾斯麦模式和贝弗里奇模式的差异仍然存在，而且福利改革并没有使两种模式趋同，反而延续和固化

---

① 杨一帆．对德国社会保险制度与政策的回顾和评析［J］．保险研究，2010（7）：118-127.

② 托马斯·格林格尔，罗尔夫·施姆克，苏健．德国医疗保险体系的渐进式制度变迁——渐行渐远的“俾斯麦模式”［J］．江海学刊，2013（5）：31-36.

③ GERLINGER T, SCHMUCKER R. A long farewell to the Bismarck System: Incremental change in the German health insurance system [J]. German Policy Studies/Politikfeldanalyse, 2009, 5 (1): 3-20.

④ 郑秉文．扩大社保制度覆盖范围：国际经验与教训［J］．思想工作，2009（8）：18-20.

⑤ GERLINGER T, SCHMUCKER R. A long farewell to the Bismarck System: Incremental change in the German health insurance system [J]. German Policy Studies/Politikfeldanalyse, 2009, 5 (1): 3-20.

⑥ PALIER B. A long goodbye to Bismarck? The politics of welfare reform in continental Europe [M]. Amsterdam: Amsterdam University Press, 2010: 31.

了原有的差异[①]。

俾斯麦模式意味着以社会保险制度为平台构建医疗保障。其特征主要体现在：按地区和职业进行分类保险（医疗保险多轨制）以及管理经办。

首先，俾斯麦模式的碎片化主要体现在参保机制上。国家并未设置一元化的医疗保险制度，参保人往往根据地区或职业作为划分依据，加入不同的医疗保险制度项目或者不同的医疗保险基金组织。以德国为例，医疗保险实行双轨制，包括法定医疗保险（GKV）和私人医疗保险两大项目。前者覆盖了90%以上的德国人口，而收入高于一定水平（2005年的标准为3862欧元/月[②]）的雇员或者公务员群体、自营业者可以选择不参保或参保私人医疗保险。同样以职业和收入作为法定保险与自愿保险界限的还有荷兰（Franz Knieps，2005）。

其次，碎片化还体现在基金管理模式上。德国法定医保基金彼此分立，并没有形成全国统一或地方统一的基金池，也并没有全国统一的管理机构。在某些情况下，即使同一地区也存在多个医疗保险基金。德国法定医疗保险基金共分为七大类，分别是企业医疗保险公司（BKK）、普通地方医疗保险公司（AOK）、手工业医疗保险公司（IKK）和海事、矿业、农民医疗保险基金以及替代性保险公司（Ersatzkasse）。这些保险机构通常按照区域和职业进行划分，构成了一个碎片化的医保基金格局，分立设置是为了适应不同被保险人的需求[③]。最初，各保险基金都有固定的参保对象，但自从德国1992年颁布了《医疗保险结构改革法》，各保险基金之间逐渐增强了竞争性，参保人可以在基金之间进行选择。引入竞争之后，德国医疗保险公司的数量逐渐减少，从1992年的1800多家下降到2004年的280家（Ulrich Becker，2006），但并没有改变基金分立的碎片化格局。因为人们认为医保公司竞争的格局有利于提高法定医疗保险的效率和改善资

---

① HALL P A，THELEN K. Institutional change in varieties of capitalism [J]. Socio-Economic Review，2009，7（1）：7-34.

② KNIEPS F. The general situation and the existed problems of the medical insurance in Germany [J]. Social Security Studies，2005（1）：159-165.

③ BECKER U. The development of German statutory health insurance—background，content，results of reforms and current reform proposals [J]. Social Security Studies，2006（1）：40-52.

源配置。

尽管德国法定医疗保险实行碎片化的管理模式，但是并不意味着各个医疗保险基金碎片之间存在待遇不平等。德国法定医疗保险的待遇给付包括病假工资和医疗服务提供两个方面。事实上，所有的参保人及家属[①]都可以得到无差别的待遇给付。正因如此，德国医疗保险的碎片化参保和碎片化管理并没有导致福利分层或阶层分化，相反，这种分门别类地组织和整合社会群体的技术方法被视为将产业工人重新整合并使之稳定化的尝试[②]。德国医疗保险建立起了一个小范围的团结体，并且通过制度设计防止团结体之间的分裂（Ulrich Becker，2006）。俾斯麦模式被世界各国广泛效仿之后，衍生出了很多具有本土化特色的制度模式，例如，“有差别的统一模式”，典型代表是日本城乡分立、职业分立、地区分立的医疗保险制度体系；又如以法国为代表的“专门模式”，城乡人口被不同的医疗保险项目所覆盖。这些衍生模式都具有明显的碎片化特征，但有一点与德国的制度相同，那就是日本和法国的碎片化医保都实现了国民公平的无差别的待遇给付。

公平性还体现在俾斯麦模式具有很强的再分配效用。仍以德国制度为例，医疗保险资金主要来源为雇主和雇员的保险缴费，而非国家税收；参保方面实行家庭保险，非在职的配偶以及子女可以连带获得保障待遇，不需要额外缴费；除家属连带参保之外，德国法定医疗保险制度规定收入低于一定水平的贫困家庭免交保险费即可以获得保障待遇；在待遇给付上，所有的受保人获得平等的待遇，老人和未成年儿童甚至有更优越的待遇；等等。上述制度设计使德国社会医疗保险具有强大的再分配功能，突出体现在高收入者与低收入者之间的互助、支付保险费的职工与连带参保的家属之间的互助、青壮年受保人与老人及儿童之间的互助等方面。

家庭保险是德国社会医疗保险制度具有强大再分配效用的关键，但是其意义却不止于再分配功效。尽管德国按照社会保险原则构建医疗保障，但以家庭为单位进行参保却令其同贝弗里奇模式一样实现了公平与普

---

① 因为没有就业经历，所以家属没有病假工资。除此之外，待遇全部相同。

② DEFERT D. “Popular Life” and insurance technology in the foucault effect: Studies in gvernmental retionality [M]. London: Harvester Wheatsheaf, 1991: 211-233.

惠的全民医保。家庭保险旨在减轻参保人的家庭负担，被认为是法定医疗保险互助共济功能的核心内容以及家庭作为基本保障单位的保险理念的集中体现。家庭保险最初始于1911年的《帝国保险条例》。2005年根据最新的政策修订，“只要符合家庭参保投保人的条件，无论有多少家庭成员附随性参保，源投保人都只缴纳同样的保险费”①。确定家庭保险参保人的范围，需要满足亲缘关系、收入和年龄等条件。为了防止道德风险问题的发生，德国的家庭保险采取家庭参保后位原则、义务保险优位原则（娄宇，2011）。即若源参保人的家属符合作为义务参保人的条件，则需优先加入义务保险，履行缴费的责任。在待遇给付上参保人和家属享受同等的保障，获得同等的待遇。

德国俾斯麦模式的医疗保险已经有130年的发展历史，虽然其政策几经调整，但是它的基本结构至今保持不变（Ulrich Becker，2006）。我国自20世纪90年代开始的医保改革，大部分国内学者建议我国的医疗保障制度应该借鉴德国的模式。郑功成（2009）曾提出我国的社保建设应该“远学德国、近学日本”②。我国自20世纪90年代末开始的医疗保障制度改革也的确借鉴了德国社会保险模式的有益经验。基于当时特定的社会基础和经济发展水平，在经济从属性和问题导向性的制度建设路径下，我国的社会医疗保险制度也具有碎片化的特征，以城镇职工为起点逐步为不同群体建立起不同的制度，三大保险项目之间筹资各异、基金独立、待遇水平存在差距等。

2.2.2 贝弗里奇模式

19世纪末，俾斯麦模式从德国开始，席卷欧洲，并影响世界。俾斯麦模式具有明显的法团主义和碎片化特征。而一体化的社会福利计划直到二战之后才出现。100多年的历史中，欧洲的社会福利经历了从碎片化向一

① 娄宇．德国法定医疗保险中的家庭保险制度——兼与中国城镇居民基本医疗保险相关制度之结构性比较［J］．研究生法学，2011（1）：171-178.

② 郑功成．国际经验要借鉴，财政结构调整要向民生［EB/OL］．（2009-03-04）［2019-12-13］．http：//www.chinadaily.com.cn/zgzx/zb_zhenggongcheng/2009-03/04/content_7536629.htm.

体化的转变。从世界范围来看，贝弗里奇模式的诞生是对“碎片化”制度的第一次改革[①]。1942 年，《贝弗里奇报告》的发表影响了英国乃至西方世界社会保障制度的发展。1948 年，英国以此报告为蓝图构建起了世界上第一个福利国家，并率先完成了对碎片化制度的整合，建立了统一的国民保险制度和统一的国民健康服务体系。

英国曾经在 1911 年借鉴德国的俾斯麦模式广泛建立国民保险制度，其中疾病保障方面，主要向参保人提供现金待遇（病假工资）和附加待遇（医疗服务）。管理上也借鉴了德国的碎片化管理模式，分别“由财务独立、行政自治的批准社团管理”[②]。社团规模不等，小的不足 50 人，大的高达 300 万~400 万人[③]，当时的社团总数大约有 800 个。社团资金主要用来提供现金待遇，“附加待遇只能根据社团的财务状况而不是参保人的需要有选择地享受”[④]，基金的预算盈余才用来提供附加待遇。财务孤立导致社团之间的待遇各有差别。而且部分社团又设置了财务独立的分支机构，各分支机构单独核算，待遇水平也各不相同[⑤]。“在社团制度下，参保人缴纳相同的保费却享受不同的福利待遇，显然有失公平。”[⑥]除待遇不平等之外，社团参保还不便携。当参保人变更工作地点和居住地点时，社团对他们没有提供任何保障[⑦]。鉴于社团制度的种种弊端，贝弗里奇的建议是“摒弃社团制度”[⑧]。

首先，从宏观视角看，要构建全新的社会保险计划，贝弗里奇建议“全国建立统一的社会保险制度”[⑨]，交由新组建的社会保障部门统一管理。改变险种分立和分账管理，实行统一的综合社会保险制度，将应对养老、疾病、失业、工伤、生育等风险的保险项目合并为一项国民保险制度，实行统一的社会保险缴费，并合并为一个保险基金。分账管理意味着一个基金亏空的同时存在另一个基金盈余。因此，“为满足同一个参保群体各方面需求所建立起的社会保险基金应该是一个统一的共同基金”[①]。共同基金还要实现险种之间的调剂，进一步增强基金的抗风险能力。

---

① 郑秉文．机关事业单位养老金并轨改革：从“碎片化”到“大一统”［J］．中国人口科学，2015（1）：2-14．

②③④⑤⑥⑦⑧⑨ 劳动和社会保障部社会保险研究所．贝弗里奇报告——社会保险和相关服务［M］．北京：中国劳动社会保障出版社，2004．

其次，鉴于之前制度碎片化的不平等的待遇给付，贝弗里奇模式主推公平理念。“任何人不能仅仅因为就业更正规而享受更优惠的条件。”② “社会保险的公正主要体现在社会保险的（覆盖）广泛性和统一性。”③关于“统一性”，《贝弗里奇报告》在社会保险要符合的六项基本原则部分曾多次提及，例如“基本生活待遇水平统一、缴费率统一和行政管理职责的统一”④等。其中“待遇的统一意味着参保人所享受的养老、医疗、失业、伤残等福利待遇水平一致，和先前的收入多少无关”⑤。可见，其对制度统一性和公平性的强调。

最后，在医疗保险方面，《贝弗里奇报告》建议“实行全民健康保险”⑥，新的国民保险对所有的参保人实行统一的疾病现金待遇。此外，建议新制度将“医疗服务和现金待遇分开管理”⑦，建立由卫生部监管，覆盖全民，涵盖所有诊疗项目以及各种伤残的“综合性医疗服务体系”⑧（即后来的NHS）。将从国民保险中分离出来的医疗服务保障交由国家卫生服务体系负责，而国民保险主要提供疾病现金待遇。与社会保险的原则和制度属性不同，国家卫生服务体系更具福利性。“在任何情况下，只要需要，不需缴费即可以享受全方位的医疗服务。”⑨关信平（1993）指出“报告虽未能明确给出国民卫生服务体系的具体制度设计，但是其中有关全面的健康服务的建议成为战后英国国民卫生服务体系建立的指导原则”⑩。

《贝弗里奇报告》“首次明确提出了建立统一的社会福利制度的构想”⑪。得益于《贝弗里奇报告》的建议，英国顺利地实现了对曾经俾斯麦模式下碎片化制度的整合，成功地建立起了统一的福利国家制度，也在西方社会树立起了不同于俾斯麦模式的新模式——贝弗里奇模式，并被越来越多的国家所效仿。贝弗里奇模式的医疗保障的主要特征体现在：一元化的制度，统一的管理，社会保险模式与福利国家模式并存，疾病现金待遇与医疗服务保障分立，建立补供方的国民卫生服务体系。此外，有一点与俾斯麦模式相同，贝弗里奇模式也通过以家庭作为基本参保单位实现了国

---

①②③④⑤⑥⑦⑧⑨ 劳动和社会保障部社会保险研究所．贝弗里奇报告——社会保险和相关服务［M］．北京：中国劳动社会保障出版社，2004.

⑩⑪ 关信平．西方“福利国家之父”——贝弗里奇——兼论《贝弗里奇报告》的诞生和影响［J］．社会学研究，1993（6）：71-79.

民的普遍覆盖和待遇平等。

1946 年，英国通过了《国民保险法》，按照《贝弗里奇报告》的构想，建立了一个由多种津贴和补助金构成的综合社会保险制度——国民保险制度。与其他国家不同，英国的社会保险冠以“国民”的头衔，更凸显了其普惠全民的制度特色。社会保险的主要收入来源是国民保险税（National Insurance Contributions，NICs）。NICs 根据参保人的就业类型分为四类五项，主要是面向雇主、雇员和自雇人员进行征收。英国的国民保险税并不按照养老、疾病、失业等项目分别征收，而是按照综合费率统一征收。按照《贝弗里奇报告》的建议，国民保险基金打破项目界限，在全国形成一个基金池。除国民保险资金中的一部分将用于支持国民卫生服务体系外，其余资金主要提供七项保障待遇，其中养老待遇是主要部分，约占基金支出的 42%①（见表 2-1）。国民保险中疾病保险待遇主要提供现金津贴，即针对因疾病而导致的短期或长期失业而给予的病假工资。而医疗服务则通过国民卫生服务体系（NHS）获取。同德国一样，英国也实行家庭保险，家庭成员中未就业者无须缴费就可以连带参保并获得同源参保人一样的待遇。

表 2-1　2009—2010 年英国 7 类国民保险支出情况

保障类别	支出金额/亿英镑	占社保支出比例/%
1. 儿童家庭支出	341.15	18.11
2. 失业保障支出	48.53	2.58
3. 低收入人员支出	415.84	22.08
4. 老年人支出	784.11	41.64
5. 病残人支出	285.65	15.17
6. 丧失亲人支出	6.85	0.36
7. 其他支出	1.53	0.08
合计	1883.66	100.00

资料来源：2010 年 11 月英国财政研究所《英国福利体系调查报告》。

按照《贝弗里奇报告》的建议，英国将疾病津贴与医疗服务分立。除

① 中国商务部国际司．英国社会保障制度概述［EB/OL］.(2017-01-10)［2019-12-13］. http://gjs.mof.gov.cn/pindaoliebiao/cjgj/201304/t20130409_813504.html.

主要提供疾病津贴的综合性国民保险之外，英国的医疗保障体系还有一个重要的制度——保障医疗服务需求的国民医疗卫生服务体系。1946年，英国颁布了《国民健康服务法》（1948年6月实施），建立起了覆盖全民的国民卫生服务体系（NHS）。与国民保险体系中的社会保险原则不同，NHS不需要缴费。只要是英国的公民就可以获得负担得起的，甚至是免费的医疗服务。NHS根据每个人的医疗需求而不是支付能力来提供医疗服务，遵循医疗服务的按需分配的原则①，而如此慷慨的福利制度的首要问题就是它的资金来源。自1946年建立开始，英国的NHS主要由税收来支付，大约74%②的费用来自税收支付。由中央控制的NHS能够在全国范围内更加平等地分配医疗资源。但这并不意味着这一制度就没有问题，近年来“围绕着效率低下和开支巨大”③，英国国内对NHS展开了争论。为此，英国政府进行了多次改革和调整，整体方向是在医疗机构之间引入竞争和扩大患者的就医“选择权”，但政府明确要求各项改革均以不违背NHS的平等、普惠和免费原则为前提。

根据《贝弗里奇报告》的建议，英国彻底摒弃了基金的社团分立管理，取而代之的是集中统一的管理。医疗保障方面不论NHS还是国民保险，英国都实行统一的管理模式，其中NHS由卫生部门主管，国民保险由社会事务部主管。

除英国外，加拿大以及北欧的瑞典、芬兰、丹麦等国家的医疗保障都是贝弗里奇模式的代表。这些国家具有共同的特征：覆盖全体国民，免费提供医疗卫生服务；资金来源主要依托一般性税收；政府直接参与医疗卫生服务的提供、管理和分配（而非市场机制），医疗服务体系具有较高的计划性；等等。

历史上实行俾斯麦模式的欧洲国家也都不同程度地进行过整合碎片化的改革尝试。有些成功转型，有些受历史和社会经济等因素的影响而整合

① HAINES A. 为何力推英国NHS体系［J］. 中国医疗前沿，2006（11）：12.

② ALLSOP J，彭华民，孙安. 英国医疗卫生体系问题与医疗卫生政策改革研究［J］. 社会工作，2007（3）：5-8.

③ WILSON B，华亭. 英国国家医疗系统：完美的制度［J］. 世界博览，2012（18）：23.

失败，典型的如法国至今仍保持着高度碎片化制度①。时下，我国也开始进入社会保险的整合阶段，如何使碎片化的医疗保险制度走向更加公平和可持续的整合，对比医疗保障的俾斯麦模式和贝弗里奇模式，可以获取一定的理论依据和受到一些经验启发。

2.3　医疗保险制度的公平性

在公共服务领域，资源具有稀缺性，同时又与每个人的切身利益相关，应该如何分配才算公平呢？显然平均主义并不是公平的分配方法，既无法满足个体的个性化需求，又会导致不足和过量同时存在。医疗保障就是这样一个特殊的公益性领域。公共医疗保险计划是由政府主导的保障社会成员基本医疗需求、分散疾病风险的一项社会政策。对健康的重视使得这项政策与人们的日常生活关系密切。从公平维度讲，以税收为支撑，普惠全民的福利国家型医疗保障模式能够更加充分地保护弱势群体的医疗权益。而在社会保险型的医疗保障模式下，医疗保险待遇给付通常以参保缴费为前提。权利和义务对等的原则可能会使很多不具有缴费能力的贫困人群被排斥在保障之外。我国实行的是社会保险型医疗保障，制度在参保机会、筹资缴费和待遇给付上都存在严重的碎片化倾向。如何使碎片化的制度走向整合，实现公平性是关键。党的十八届三中全会提出我国医疗保险制度改革发展的新理念是“更加公平与可持续”。关于医疗保险制度公平性（以下简称“医保公平”）的话题再度成为学界和舆论热议的焦点。

2.3.1　医疗保险制度公平性研究进展的国际比较

社会医疗保险是一项政府行为，在政府尚未介入医疗服务领域之前，该领域完全按照市场机制运行，医疗资源的分配很大程度上依据个人的经济支付能力。高收入者获得更多的医疗服务；低收入者则更有可能在

---

① 郑秉文．法国高度“碎片化”的社保制度及对我国的启示［J］．天津社会保险，2008（3）：43-46.

疾病诊治面前止步。同时由于医患之间的信息不对称，患者群体处于弱势，由医生主导的道德风险现象时有发生。随着社会医疗保险制度的建立，在这个具有很强公益性的领域，各国政府开始以不同的方式介入。社会医疗保险改变了传统医患之间的双方关系，形成医保患三方关系。从本质上讲医疗保险是医疗费用的分担机制，它依据大数法则和疾病的射幸性，在社会成员之间建立一种保险契约，实现疾病风险的规避和医疗支付负担的分散。当然，医疗保险的功能不止于此，在完成了筹资和支付功能之后，人们把目光更多地放到制度的公平性上。作为社会保障的重要一部分，医疗保险也属于收入再分配的范畴，肩负促进健康公平和社会公正的天然使命。

目前世界上大约有145个国家和地区建立了医疗保险制度，这些制度分属于社会医疗保险型、国民卫生服务型、商业保险型和自我储蓄型四种不同的保险模式。也有学者根据丹麦学者艾斯平–安德森的分类方法将医疗保险分为自由主义模式、法团主义模式以及社会民主主义模式。另有戈登提出的分类方法[①]：四种模式分别为传统的疾病保险（德国、澳大利亚、法国）、国家健康保险（加拿大、瑞典）、国民卫生服务（英国、丹麦）以及混合型系统，既包含传统疾病保险，又有国家卫生服务（美国）。

通常认为，以英国为代表的国民卫生服务模式公平性最高。该模式以税收为主要融资方式，参保以国民身份为识别，医疗服务和药品的获取基本免费，具有很高的普惠性和公平性。因此，在这些国家医疗保险研究的关注点更多的是效率而非公平。相反，公平性在采取社会医疗保险模式的国家内部受到更多的关注。世界上大多数国家的医疗保障采用的是社会医疗保险模式。与国民卫生服务模式的普惠主义不同，社会医疗保险模式通常优先覆盖正规就业者，之后再逐渐覆盖其他国民。我国的基本医疗保险也属于这种情况，先覆盖城市就业者，后覆盖农民和未就业者。逐步扩大覆盖范围的改革路径使我国的制度呈现项目多元、制度分割的碎片化格局。由于不同程度地具有制度碎片化的特征，因此在实行社会医疗保险模

① 舍曼·富兰德，艾伦·C. 古德曼，迈伦·斯坦诺，等. 卫生经济学（第三版）[M]. 王健，孟庆跃，译. 北京：中国人民大学出版社，2004：569.

式的国家中医疗保险制度的公平性更多地受到关注。例如：德国法定医疗保险和私人医疗保险的双轨制；奥地利对不同的人群建立了不同的社会医疗保险项目；法国医疗保险根据经济/职业因素划分为一般制度、特殊制度、非农非领薪者制度以及农业互助制度四大类项目；等等。近代以来，这些国家内部也实行了不同程度的旨在降低碎片化程度、促进医保公平的整合改革。例如：1978 年意大利政府废除了社会医疗保险制度，转而实施“国民卫生服务制度”；德国自 1992 年颁布《医疗保险结构改革法》以来，通过引入竞争原则将依据行业和地域划分的医保机构的数量从 1800 多家降低到 2004 年的 280 多家；等等。

在东亚，同属社会医疗保险模式的韩国和日本也存在促进医保公平的议题。韩国 2000 年之后致力于促进医疗保险制度公平性的改革，将那些分别针对特定参保人的不同保险项目整合为统一的国家医疗保险计划，政府财政尤其强化对低收入人群的参保资助等。日本虽保持着职域和地域二元化的医疗保险制度，但其国内学界长期围绕“统一保险缴费引起的患者负担不公平；施行医疗给付总额管理、混合医疗以及保险免责制改革隐藏的不公平”① 等问题展开深入讨论。

实施自我储蓄型医疗保险模式的国家和地区比较少，主要有新加坡、马来西亚、印度尼西亚等，其中以新加坡最为典型。在新加坡，自我储蓄型的医疗保障收入再分配功能十分有限，本质上更加注重效率和“自助”。正因如此，随着新加坡中央公积金制度中健保制度的成熟，建设重心也逐渐开始关注到公平性。首先，新加坡健保制度经历了一个逐步扩大覆盖面的过程。1984 年开始在个人公积金账户中增设健保储蓄计划，个人账户开始增加了医保功能。最初健保计划主要以雇员为参保对象，覆盖范围有限。1992 年，作为补充又推出了专门针对自雇人员的健保储蓄计划。1993 年，政府出资建立健保基金，用于保障贫穷国民或无公积金账户国民的医疗需求。需要强调的是，新加坡的医保个人账户除了覆盖参保人之外还惠及其直系家属。目前，新加坡依托个人账户制度已经建立起了自有特色的

---

① 宋金文．日本医疗的公平与效率及其对中国的启示［C］//健康安全与保障——面对人类关注的健康问题学术会议论文或提要集，2006：156.

全民医保体系。而且除了覆盖面上的公平普惠之外，还在原本注重效率的个人账户制度中增加互助共济的功能，最典型者当属1990年在原健保储蓄计划的基础上增加健保双全计划以及1992年进一步增加的增值健保双全计划，提高待遇的同时使制度具有了一定的家庭内部的互济功能。

综上所述，从世界范围来看，不论采用何种医疗保障模式，制度的公平性都是一个备受关注的问题，并成为各国评价医保制度的重要指标。各国的医保发展史也是围绕着制度公平不断推进的历史。研究医保公平对于医疗保险整合具有非常重要的意义，可为我国医疗保险发展提供方向和指导。

2.3.2 国内医疗保险制度公平性研究进展

时下我国的医疗保险制度发展正步入历史转折期——从制度普惠走向制度整合。转变背后体现的是发展理念的调整——从形式上的普惠走向实质性的普惠、从形式上的公平走向实质性的公平。建设更加公平的医保制度已经成为主要发展诉求，只是关于医保整合的制度设计选择，甚至医保体系的整体搭建还存在争议。在这些争议的背后，本质上是关于医保公平的价值内核判定仍然存在分歧。社会科学研究不能回避价值判断。不同的研究者基于不同的立场、不同的价值理念以及不同的学科背景，对公平可能有不同的评判。公平是一个充满主观价值判断的研究领域。关于医疗保险制度的公平也是仁者见仁、智者见智。近年来我国社会发展目标从单纯追求经济增长和效率至上转向社会民生建设和注重公平，理论界和实务界对社会保障公平性的关注持续升温，一时各种观点纷呈。医保公平作为其中的重要一部分，同样也是百家争鸣。

关于医保公平的研究重点，早期学者们的研究主要围绕医疗卫生服务利用的公平或健康结果的公平，重点考察卫生服务的可及性、卫生资源的配置、健康状况的差异等，主要衡量指标有“自诊”比例、医疗人力及床位的人口及地理分布、两周患病未就诊比例、应住院未住院比例等。近年来，随着医保改革的深入，人们开始将公平的关注点转移到医疗保险政策本身。最初，比较多见的是专门围绕某一制度平台研究医保的公平性，谈及最多的是新农合。田庆丰等（2006）、胡金伟等（2008）、申曙光等（2009）、刘飞跃（2014）、吕传波（2010）围绕新农合的筹资、待遇给付与政府补贴等主要领域探讨制度设计存在的不公平性；还有学者如方丽霖等（2006）、任苒和金凤（2007）、王卫忠（2008）、李晓梅等（2008）从政策结果的角度分析了新农合对医疗卫生服务利用和医疗费用负担的影响。此外，还有部分学者专门关注城镇职工基本医疗保险的公平性（刘平等，2007；曾益，2012；王超群，2013；李珍、赵青，2014）或城镇居民基本医疗保险的公平性（官海静等，2013；徐伟等，2015；陆安静等，2015）。从对公平性研究的切入点上看，早期研究集中指向医保覆盖范围，认为覆盖面越广泛，公平性也就越高。近年来的研究开始转向医保制度质量，具体涉及参保、筹资、待遇给付、健康产出等诸多指标。同时，随着全民医保、医保城乡统筹、医保整合等目标的提出，学者们开始更多地对三大医保制度进行公平性对比。

关于医保公平的理念和原则，仇雨临、黄国武（2013）从"权利公平、机会公平、规则公平"① 三个角度阐述了医保公平；熊先军（2014）重点重申了医保结果公平的重要性，分析了什么是医保的结果公平以及判定方式②。另有学者从底线公平这一理念出发论述医保公平的概念和表现（王欢，2009；杨华，2012；景天魁，2013；刘飞跃，2014）。例如，杨华（2012）认为"健康公平和底线公平是研究医保公平的主流理论"③。也有学者提出了医疗保险的公平原则：一是垂直公平，二是水平公平。王晶（2008）认为"垂直公平就是不同收入水平的个人筹资标准应该不同；水平公平指不论劳动者的身份和地位，只要收入水平相同，医疗支付水平就应该相同"④。沈世勇、李全伦（2014）从医保基金收支角度结合公平概念中的起点公平、过程公平和结果公平分析了现行政策的不公平现状⑤。

关于医保公平的具体内容，林枫（2002）认为主要包含"参保公平、

---

① 仇雨临，黄国武．从三个公平的视角认识医疗保险城乡统筹［J］．中国卫生政策研究，2013（2）：4-7.

② 熊先军．如何理解医保制度的结果公平［J］．中国社会保障，2014（5）：84.

③ 杨华．我国基本医疗保险制度公平性的规范比较［J］．长春市委党校学报，2012（1）：59-62.

④ 王晶．中国农村医疗筹资公平性研究——基于全国八个农业县医疗筹资系统的实证研究［J］．社会学研究，2008（5）：160-185.

⑤ 沈世勇，李全伦．我国医保基金收支中的公平性分析：基于制度可持续的视角［J］．求实，2014（10）：58-64.

医疗服务提供公平性、医疗服务利用公平性、医疗保险筹资公平性和医疗费用负担公平性”[①]等。张太海等（2004）指出“医保公平包括社会公平性（即参保公平性）、医疗服务公平性、费用负担公平性、医疗可得性”[②]等内容。赵文龙等（2005）“从伦理学角度提出了医保公平可以从覆盖面、基金和健康水平提高三个方面进行评价”[③]。沈世勇、李全伦（2014）从医保基金收支两个环节探讨公平，认为“公平的制度在缴费环节上应基于能力进行缴费以实现起点公平，在待遇给付环节政府应履行‘期初承诺’，保证过程公平，并进一步提出了‘减负’和‘增付’的观点”[④]。

从总体上看，研究取得了突出的进展，从单纯关注医疗服务利用的公平到综合医疗保险的参保、筹资、待遇给付等多方面的公平；从围绕覆盖面转变为关注制度的综合质量提升。学界对医疗保险公平性研究的深入标志着公平、普惠的理念正逐步取代“效率至上”引领医保发展。

2.3.3 写在概念界定之前：避免“医疗公平”和“医保公平”的混淆

目前人们对医疗保险公平性的认识还存在误区。在一些医疗保险的专业文献中往往以“医疗公平”的概念取代“医保公平”，医疗不公平常常被视作医保不公平。事实上，两者在概念的内涵和外延上均有所不同。医疗服务获取上的不公平（以下简称“医疗不公平”）常常意指弱势群体所处的一种医疗服务可及性差以及获取基本医疗服务不充分的状态。而医疗保险的不公平则主要是指制度可能会对弱势群体提供低水平的保障或使其在参保时受到社会排斥，处于无保障状态。

对两者概念的模糊和混用可能导致某些似是而非的结论。例如，以下论断就是在混淆医疗公平与医保公平：“由于城镇职工或高收入人群拥有

① 林枫．谈谈社会医疗保险的几个基本问题［J］．卫生经济研究，2002（12）：15-17.

② 张太海，董炳光，申曙光，等．城镇职工基本医疗保险制度运行质量评价初论［J］．中国卫生事业管理，2004（7）：410-413.

③ 赵文龙，郑美雁，路小亮．对我国城镇职工基本医疗保险评价指标体系的研究［J］．中国医学伦理学，2005（2）：76-78.

④ 沈世勇，李全伦．我国医保基金收支中的公平性分析：基于制度可持续的视角［J］．求实，2014（10）：58-64.

更加完备的医疗保障，而农村居民或贫困人群的医保水平相对较低，因而使后者处于看病难、看病贵的境地。”按上述论断中的逻辑，为解决农村居民看病难、看病贵问题，其政策反应自然是增加和提高农村居民的医疗保障水平。但是你可能会发现，即使如此调整之后农民内部可能依然存在看病难、看病贵的问题。原因何在？农村居民医疗服务可及性差的原因不只是医疗保障水平低，还包括城乡之间、地域之间医疗卫生资源分布不均衡。即使城乡居民享受公平、统一的医疗保障待遇，偏远地区居民以及农村地区居民也无法获得同大城市居民一样的医疗服务，这是由于医疗资源配置的不均衡。优质医疗资源在农村地区的匮乏无形中增加了农村居民的就医成本。所以在转型期的中国社会，不少针对医疗服务不公平问题的根源探讨都将医疗保障“妖魔化”了。把“看病难”“看病贵”的问题全部归因到医疗保障制度上。事实上，实现理想上的病有所医需要多个条件——资金、时间、医生、医院、药品等。我国的基本医疗保险本质上是医疗费用分担机制和医疗服务融资机制。在实现病有所医目标中它肩负筹资和支付这一环节。医疗支付风险只是医疗风险中的一部分。而医生、医院和药品资源的配置则需要通过国家医疗卫生体制改革来干预，单纯依靠医保制度恐怕鞭长莫及。混淆医保公平和医疗公平，可能会让很多问题的原因和结果之间出现归属错误；归因错误也有可能进一步让许多怀有良好初衷的改革举措收效甚微。实现医疗公平是一个复杂庞大的系统工程，需要社会各方共同努力，就像我国医疗卫生体制改革所要求的“三医联动”“三改联动”那样。医疗改革的成功需要医疗保障体系、药品生产流通体系和医疗卫生服务体系三大系统之间的通力配合，彼此之间互相影响、互为运行环境。在这个系统工程里，医保公平只是其中一环。

综上，从学理上，医疗公平和医保公平是不同的概念。所谓医疗公平（medical justice），是“根据生命权的要求，按合理的或大家都能接受的道德原则给予每个人所应得到的医疗服务”①。而医疗保险的公平性主要体现在社会医疗保险各个政策环节上，涉及参保机制、筹资机制、待遇给付机制、管理经办机制等。公平的医疗保险制度有助于医疗公平目标的实

① 孙慕义．医学伦理学［M］．北京：高等教育出版社，2004：41.

现，但是实现医疗公平不能仅仅诉诸医疗保险机制，地区差异性和医疗资源配置是否均衡也将起到关键的决定性作用。

2.3.4 医疗保险公平性界定：再分配意义上的结果公平

通过对国内外学者研究成果的梳理阐释，结合伦理学中社会公平理论范式和社会医疗保险的专业属性，我们会发现，医疗保险的公平性可以从起点公平、过程公平以及结果公平三个环节进行界定，也可以从精算意义上的公平或收入再分配意义上的公平两个角度进行界定。理论基点不同，对医保公平的价值判断就会不同。

从重要性上讲，本书此处对医疗保险制度的公平性界定是后文分析医保碎片化和探讨医保整合的重要理论工具。概念界定之前，首先需要明确本书关于医保公平的价值取舍是基于我国目前公平、共享的发展理念以及宏观社会保障事业从精英主义向普惠主义的转变趋势。为此，结合制度外部发展大环境，首先要指出本书对医保公平界定主要是基于再分配意义上的公平，并十分看重结果公平。而且为提高医保公平理念的可操作性和可执行性，本书还进一步将医疗保险公平性理念落实到相应的医疗保险政策各层面上，得出医疗保险公平性的具体政策内涵。总之，所谓医疗保险制度的公平性，即所有社会成员不受户籍、身份、地域、民族、收入、社会地位、阶层等因素的影响，都具有平等地获得医疗保障的权利，发生疾病风险后不论何种收入情况都能够获得保障基本生存标准的医疗服务。政策公平的核心原则体现在按收入能力“量能缴费”以及不受收入能力影响的基本医疗服务的获取。另外还需强调，再分配意义上的医保公平并不排斥精算意义上的公平。在注重制度公平性的同时还要兼顾制度的可持续性。只是与以往单纯强调权利和义务相对等的效率原则及精英主义不同，再分配意义下的公平更加强调普惠以及对弱势群体的倾斜。

具体而言，医保公平的政策内涵主要涉及参保机会公平、筹资结果公平、待遇给付结果公平以及更广泛意义上的医疗卫生服务获取结果公平等四个方面。详见以下分析。

第一，确保国民具有平等的参保机会，不因户籍、就业、地域、民族、收入等因素而受到歧视和排斥。

第二，缴费环节实行“量能缴费”，筹资机制应具有累进性。基金筹集以参保人收入为基础按比例征收医疗保险费（税）。对于那些收入低于一定水平的国民，政府要给予财政扶持参保。

第三，公平的待遇给付。所有参保人在发生疾病风险时都能获得公平的待遇给付，并且保证每个参保人都能够根据疾病的需要获得相应的基本医疗服务。制度尤其要辅助弱势群体或低收入群体获得充分的医疗服务，淡化经济支付能力对医疗服务获取的绝对支配作用。秉持最不利者最大得利的原则，重点消除不同社会阶层之间的身份差异和不同地域之间的区域差异。

第四，广义上的医保公平还包括医疗卫生服务获取上的结果公平。一项公平的医疗保险制度应该保障所有参保人不论经济支付能力如何都能平等地获得充分的医疗服务。诚然，鉴于我国医疗卫生资源分布的不均衡，单纯依靠医疗保险制度恐怕无法保证所有人获得充分的或均等的医疗服务。因此，医疗服务获取结果上的公平性还涉及医疗资源配置的问题。为使其达到理想的公平性，除医疗保险的公平之外，还需要医疗卫生体制改革相配套，实现医疗资源在城乡之间、地域之间的公平配置。

长期以来，我国的医疗保险一直围绕着公平性进行着不同阶段的制度探索。与计划经济时期国家单位福利性质的劳保医疗不同，城镇职工基本医疗保险对制度公平性的界定强调权利和义务的对等性。在经历了一段效率主导下的精英主义发展模式后，关于制度是否公平的争议主要围绕制度覆盖面，覆盖面一度成为衡量医保公平性的主要指标。有限的覆盖面曾经使农民和城镇非就业者游离在保障之外，于是理论界普遍认同普惠的制度更公平。然而广覆盖只是医保公平的充分非必要条件。公平的医保制度一定是全面覆盖的，但是全面覆盖的医保制度却不一定公平，这涉及总量和结构的问题。时下，虽然我国已经实现了在制度层面上的广覆盖，但是不同医保项目、不同参保人群以及不同统筹区域实际运行的医保制度以及制度提供的医保待遇仍具有差异性。这种制度分化和差异化的状态，国内学界将其描述为“碎片化”。在更加公平和可持续的制度发展理念下，一时之间“城乡统筹”“城乡一体化”“全民医保”等提法纷纷出现，其中均隐含着医保整合的意涵。随着政府的决策推动、地方的先行试点以及学界的广泛关注，医保整合议题持续升温。为提高整合之策的科学性，我们需要重新反思医疗保险公平性的时代内涵。医保整合不是简单地对制度做减法，而是要在公平原则的规范下结合我国差异化社会的现实，走出一条适合我国国情、社情、民情的特色之路。在整合方式上，不是机械地一味追求制度“大一统”，也不是在困难面前无所作为，而是既要区分形式上的整合和实质上的整合，也要重点区分过程有差异的结果公平以及过程无差异的结果不公平。总之，基于再分配意义上的公平尤其是结果公平应该是我国医保整合的重要指导理念，整合碎片化的医保制度不能与这一理念相悖。

2.4 医疗保险碎片化

碎片化（fragmentation），又称“点截化”“孤立化”。本义为完整事物破碎成诸多零块，常常被用来描述事物四分五裂、没有集聚或多元化的状态。对碎片化的研究最早见于20世纪80年代的“后现代主义”研究文献中。21世纪后，“碎片化”的概念首先经由国内传播学领域的学者引入到学术研究中。之后学者们陆续开始将“碎片化”的内涵引申到社会科学的其他领域，如社会阶层碎片化、社会管理碎片化、公共服务碎片化等。2007年之后，学者们开始把“碎片化”的概念引入社会保障的研究领域，如社会保障碎片化①以及社会福利碎片化②的提法。最早把“碎片化”的概念引入医疗保险研究领域的是顾昕（2007）。因为这一年，我国出台了城镇居民基本医疗保险，制度碎片化的格局日渐清晰起来。之后，更多的学者开始关注医保碎片化问题。从总体上看，现有研究多集中于医保碎片化的表现、根源、负面效应及整合建议（叶蓓，2014；花亚洲，2015；申曙光，2012；张国英，2015；孙淑云，2015；徐义海，2013等），缺少对医保碎片化概念及本质的系统梳理和研判。

对于社会保险而言，做出碎片化的判断主要基于以下两个方面：第

---

① 郑秉文．中国社会保险“碎片化制度”危害与“碎片化冲动”探源［J］．社会保障研究，2009（1）：214-215.

② 毕天云．论普遍整合型社会福利体系［J］．探索与争鸣，2011（1）：51-54.

一，是否针对不同的人群建立不同的制度；第二，是否实行差异化的参保机制、筹资机制、待遇给付机制和管理经办机制。具体到医疗保险制度，所谓医疗保险制度的碎片化，即不论医疗保险是否已经普惠全民，医保制度体系都形成了被诸多要素分割、多个制度平行林立、制度之间封闭运行的状态，并且由此形成了差异化的缴费机制、待遇给付机制以及管理经办机制等现象。

碎片化并非我国社会保障制度所特有，相反，碎片化在许多国家的福利制度里都存在。在西方的福利研究语境下，俾斯麦模式和贝弗里奇模式即对应着福利的碎片化和一体化。二战后，英国率先构建起了以公民身份为参保识别标志的高度去商品化的国民保险制度，完成了对碎片化制度的整合。而传统的碎片化制度却在大部分西欧国家完整地保留，典型如德国、法国和意大利等法团主义福利模式的国家。在德国，法定医疗保险根据参保人的职业和地域不同划分为 200 多个基金公司，而且高收入的自营业者或公务员甚至可以退出法定医疗保险参加私人医疗保险。在前文的俾斯麦模式和贝弗里奇模式部分（第 2.2.1 节和第 2.2.2 节），我们已经详细地阐释了目前世界上大部分实行社会保险型医疗保障制度的国家都在某种程度上具有俾斯麦模式中的碎片化特征。如东亚地区的日本，其医疗保险制度体系也不同程度地具有碎片化的特征。日本医疗保险根据参保人群不同分为职域保险和地域保险，前者面向正式部门的雇员，后者面向包括农民和自营业者在内的非正式部门就业者。韩国医保在 2003 年整合之前也是由职场医疗保险和地区医疗保险组成。

2.4.1　碎片化的区分：结果是否公平

碎片化有多种表现形式，如多元化、非一体化、差异化等。只是碎片化本身并没有褒贬、对错、是非之分，它指向差异，但并不一定指向不公平。碎片化只是对制度状态的一种客观描述，而碎片化的制度是否公平才是结合了某些价值理念的主观判断，也是研究福利碎片化的关键所在。

值得关注的是，一些国家的医保制度设计虽然呈现碎片化、差异化特征，但保障结果却具有无差别的国民待遇。之所以采取碎片化的制度设计，可能是基于不同社会群体的内在差异性或是基于某些社会传统。如德国、日本和韩国虽然实行碎片化的医保制度，将不同人群纳入不同的医保基金，且基金之间独立运营，但是所有类型的受保人都可以获得全国统一的待遇，包括通过家庭联保的受保人的家属。例如，日本虽然是职域保险和地域保险二元化的医疗保险制度设计，但是所有类型的参保者都可以享受平等的制度支付比例（70%）。

以公平理论视之，碎片化通常直接表示为一种形式上的差异化，而实质上是否公平还要具体分析。公平通常包括机会公平、过程公平和结果公平。某些碎片化的医保制度设计虽然政策过程有差异，但是结果公平；而我国的医疗保险在政策过程中存在碎片化的同时，在结果上还有失公平。这种结果不公平的碎片化则是亟须整合的对象。可见，结果公平与否可以作为我们区分积极的碎片化与消极的碎片化两种类型的主要依据。其中积极的碎片化可以界定为基于社会群体天然的内在差异性而权衡做出的碎片化设计，旨在降低管理成本，最终兑现为公平的待遇给付；而消极的碎片化则是政策设计上存在形式上的差异，并且这种差异导致了不同群体医疗保障上的结果不公平。我国的医保碎片化从性质上即属于这种消极的碎片化。正因分配结果上的不公平，在公平理念主导下进行医保整合才十分必要且紧迫。

2.4.2 我国医保整合的紧迫性：结果不公平的碎片化

我国医保碎片化既指向制度的差异性，更指向制度的不公平性。碎片化的医保制度最终演绎成高低有别的国民医保待遇，简言之，“碎而无序”“碎而不公”。宏观来看医保碎片化集中表现为阶层碎片化和地域碎片化，微观层面则表现为参保机会、筹资水平、保障范围、待遇给付水平、管理经办等各有区别。从总体上看，医保碎片化呈现出“制度多样化、人群区隔化、管理分散化的特点”①。社会成员按照身份、职业、户籍被分割到不同的保险制度之中；不同保险制度之间待遇高低有别；不同收入阶层之间保障权益的获得有所差别，已然形成一个“差序格局”。社会成员受

① 邓大松，赵奕钧．我国全民医保的构建逻辑与发展路径［J］．求索，2013（12）：242-244.

身份、职业、收入等要素的影响获得高低不等的医保待遇，而低收入者、农村居民以及未就业者往往是保障水平较低的群体。医保碎片化已经成为制约制度公平性的主要因素。

本书认为，我国结果不公平的医保碎片化体现在阶层碎片化和地域碎片化两个方面。从阶层的角度分析，我国医疗保险制度体系已经不仅仅是城乡二元分割，而是多元阶层分化。城乡二元分割是医保阶层碎片化中的一个最传统、最典型的表现。计划经济时期就存在着城镇和农村居民之间的保障差异。随着我国社会分层逐渐走向复杂化，城乡差别之外还有着各社会阶层之间的差别。如果把医疗保险按照制度类型和制度回报率从高到低分为若干序列和若干等级的话，城镇就业者和非就业者就归属于不同的医保序列。垄断行业职工和普通行业职工也属于不同的医保等级。农民阶层内部的情况更为复杂：其一，可能同属一个医保序列，但分属不同等级，如半工半农在乡兼业的农民除新农合之外，由于兼职的工作经历可能获得就职企业所赋予的一些额外的医疗保障待遇；其二，有些情况下也可能既不属于同一序列，又不属于同一等级，如进城务工农民可能选择退出新农合加入职工医保。这些群体之间的医保分化已经跨越了传统的户籍界限，用阶层碎片化来定义更为准确。此外，医保阶层碎片化不仅体现在不同阶层之间，还体现在同一阶层内部，最典型者当属不同行业、不同所有制、不同企业职工之间的医保差异。

从地域的角度分析，地域碎片化叠加在阶层碎片化之上，使同一阶层或同一群体的医保权益又在地域层面上被打碎，大碎片套小碎片。囿于低统筹层次以及属地化管理的综合作用，同一医疗保险制度可能在不同的统筹区域之间实行不同的筹资、参保、待遇给付和管理经办机制。于是我们看到在户籍制度之外，受地方保护和地方政绩的影响，地域区隔正成为医保碎片化越来越强有力的推手。

阶层碎片化和地域碎片化叠加形成弱势群体的无保障状态或低保障状态。我国的医保碎片化是保障结果不公平的碎片化。越是贫困地区、贫困个人所获得的医疗保障越不充分，进而导致无法获得有效的、充足的医疗卫生服务。正如“哈特反比保健定律”——“获得良好医疗护理的可能性与它服务人群的需要程度呈反向变化趋势，即人们对卫生保健服务的要求越大，相同服务的质量就越差，服务也越不发达”①。我国的医疗保障资源和医疗服务资源不是流向最需要它们的贫困人群，而是更多地向发达地区的高收入人群倾斜。碎片化的医保制度最终固化了阶层差距和地域差距。

2.5 医疗保险制度整合

实现医疗保险制度整合，社会各界早有呼吁。

纵观我国医疗保险制度的发展历程，举凡“全民医保”“医保城乡一体化”“医保城乡统筹”等，都是与医保整合相关的提法。一时各种概念林立，交叉混用，概念之间相互重合涵盖，少有分歧和争论。混用虽不致谬误纰漏，但概念界定的模糊却显示学界对医保整合理论研究的不足，于医保整合的实践就会产生误导。这些与医保整合相近的研究范畴，事实上各有来源，各有侧重。概念之间，都是针对统一碎片化制度所给出的阐述和论证，不同之处只是体现在为顺应不同时期经济、社会发展趋势和政策发展需要而选择的不同侧重点。仔细梳理这一组概念，可以感知我国医保制度建设的历史推进过程和医保政策的嬗变逻辑。

2.5.1 概念回顾：全民医保、城乡统筹、城乡整合

2002 年，随着“和谐社会”的提出和经济体制改革的深化，我国的社会保障建设也从精英主义转向普惠主义。其中，医保制度建设的重心从城镇职工转向了农村居民和城镇非就业人员。这些变化集中体现为“全民医保”目标的提出。我国的医保建设开始进入以“扩面”为主的发展阶段，新农合、城镇居民基本医保在这一时期先后建立。随着制度层面上的全面覆盖逐步实现，制度建设的核心又开始从“普惠”转向“公平”。医保制度中的不公平集中体现为城乡差距、城镇内部就业者与非就业者的差距、正规就业者与非正规就业者的差距以及地域差距。其中消除城乡医保差距成为首先被选中的政策议题。2006 年成都率先开始了整合城乡医保试

① 胡苏云．中国农村人口医疗保障：穷人医疗干预视角的分析［J］．中国人口科学，2006(3)：30-37.

点，首选整合新农合与居民医保的管理体制。

2009 年我国开始了新一轮医改，其中就有关于医保整合的提法。回顾 2009 年新医改文件，除了首要强调医保全面覆盖城乡居民之外，还提出“要有效整合基本医疗保险经办资源”“探索建立城乡一体化的基本医疗保障管理制度”①。此时整合的侧重点在管理经办。2011 年作为“十二五”的开局之年，国务院办公厅明确提出要加快推进基本医疗保障“城乡统筹”的要求。时隔两年，我国政府在“整合管理经办”和“城乡一体化”的基础上提出了“医保城乡统筹”的发展目标。“十二五”期间我们在城乡统筹上取得了巨大的成绩。这“应当是改革开放以来我国城乡居民在医保制度中普遍受惠且受惠最多的时期”②。我们创造了世界上最大的全民医保覆盖网，对城镇居民医保和新农合的财政补贴标准逐年上升，待遇逐年提高。为进一步敦促经办整合，2013 年 3 月，国务院印发《关于实施〈国务院机构改革和职能转变方案〉任务分工的通知》，要求于当年 6 月底前完成“整合城镇职工基本医疗保险、城镇居民基本医疗保险、新型农村合作医疗三大医保的职责”③。然而，除了部分地区对整合经办机构进行了一些探索和尝试之外，并未形成全国层面的经办职能完全“整合”。

第一次明确提出“整合城乡居民基本医疗保险制度”是在党的十八大报告中。在此之前，政府对整合的提法重心一直在于整合经办资源。党的十八大对“全民医保”的发展思路做出了调整，从注重量的飞跃转变为注重质的提升。整合城乡医保成为“十三五”的开局首战。整合不是另起炉灶，而是在地方已探索的城乡统筹试点实践的基础上进行。与城乡统筹相比，城乡整合的目标更明确，政策指向更清晰。整合是在城乡全覆盖、城乡可衔接的基础上做出力度更大的“全民医保”举措，整合后医保政策将更加成熟完善、更加定型。

受党的十八大报告精神的感召，“十二五”收官前后，整合“碎片化”

---

① 参见《中共中央　国务院关于深化医药卫生体制改革的意见》（中发〔2009〕6 号）。

② 郑功成．理性促使医保制度走向成熟——中国医保发展历程及“十三五”战略［J］．中国医疗保险，2015（12）：9-13.

③ 参见《关于实施〈国务院机构改革和职能转变方案〉任务分工的通知》（国办发〔2013〕22 号）。

社会保障制度的顶层政策已经开始密集出台。党的十八届三中全会《中共中央关于全面深化改革若干重大问题的决定》提出“整合城乡居民医保和新农合”，实现城乡一体化发展。党的十八届五中全会通过的“十三五”规划建议提出“整合城乡居民医保政策和经办管理”，整合开始自上而下全面推进。直至2016年1月，国务院正式出台了《关于整合城乡居民基本医疗保险制度的意见》（以下简称《意见》）。至此，我国基本医疗保险制度架构从三项平台逐渐整合为两项平台，朝着“人人公平享有”的目标迈出了坚实一步。《意见》提出医保制度整合的总体规划，并对地方的整合方案列出了时间表。这一文件的颁发标志着“城乡医保整合”取代“城乡统筹”成为官方核心提法，体现我国终结基本医疗保险城乡二元分割的政策力度和决心，意味着我国围绕建设更加公平、更加可持续的医保制度开始步入了一个关键的发展时期。

通过梳理医保制度的发展历程，我们会发现与医保整合相关的概念始终贯穿其中。

“城乡统筹”的提法源于2002年党的十六大报告提出的“统筹城乡全面建成小康社会”。统筹城乡医疗保险成为统筹城乡经济社会发展的重要内容之一。城乡统筹的提出打破了传统的“就城市论城市”“就农村论农村”的桎梏，在发展战略上明确了实行工业反哺农业、城市支持农村，在医保政策上力求城乡全覆盖和缩小城乡差距。

“全民医保”被定义为“人人享有基本医疗保障”和公平的受益标准，是2005年国务院发展研究中心课题组发布“医改不成功”的报告之后出现的概念。“最早由原卫生部和国家发展改革委共同组建的卫生改革考察团从东欧取经归来，提出应建立以覆盖全民为目标的医疗保险制度。”① 但这一观点却引来诸多学者的广泛讨论。之后国务院发展研究中心课题组提出的“全民医保”的观点虽遭遇了一些质疑，却迅速成为众多国民期待的医保新政②。党的十七大报告明确了将“人人享有基本卫生服务”作为全面建设小康社会的重要目标之一。国家发展改革委亦印发《医药行

① 王世玲．产权改革慎　全民医保好——两部委卫生考察团东欧归来话医改［J］．医药产业资讯，2005（19）：34-35.

② 杨红燕．全民医保的国际经验及启示［J］．人口与经济，2008（5）：76-80.

业“十一五”发展指导意见》，坦承医疗保障体系覆盖面小，并提出全体居民享有基本医疗保障的目标，至此基本确立了我国全民医保的改革目标①。全民医保成为我国医保扩面时期的主要提法，并且在“十一五”期间取得突出的成绩。党的十八大报告对我国之前的医保建设工作做出了总结，认为党的十七大以来我们在医疗保障领域建设的重大成就之一就是全民医保的基本实现，并进一步将健全全民医保体系作为今后社会保障领域建设的主要任务。

医保城乡一体化的概念源于2008年党的十七届三中全会公报提出的“加快城乡一体化体制机制建设”，是城乡一体化目标在基本医疗保险领域的具体诠释。城乡一体化是发展经济学的研究范畴，是社会经济发展到一定阶段后对城乡二元经济社会提出的要求。为了顺应城乡一体化，医保政策也要有所调整。医保城乡一体化的主要诉求是：消除城乡差距、实现城乡融合，例如农民跨城乡、跨区域流动时或发生职业变更时医疗保险权的衔接问题；城镇化率提升以及新型城镇化发展形势下城乡医保的统筹发展问题；失地农民、进城务工人员以及在乡兼业农民的医保问题；等等。

医保整合的提法是以党的十八大报告所明确的“整合城乡基本医疗保险制度”为依据。党的十八届三中全会、十八届五中全会和“十三五”规划，对医保政策发展提出了新目标——“建立更加公平、更可持续的全民医保制度，使制度更加成熟、更加定型；不断提升保障的水平与质量，提升国人的满意度和各方面的认可度，让人民群众有更多的获得感，共享改革发展的成果”②。与以往的概念相比，医保整合给出了具体的行动方案——统一覆盖范围、统一筹资政策、统一保障待遇、统一医保目录、统一定点管理、统一基金管理。相形之下，医保整合的概念更具体、更全面，更加具有可操作性，当然也更加突出公平性。如果说城乡统筹、城乡一体化旨在构建全民医保的话，那么医保整合将要构建的是更公平和更可持续的全民医保。

简言之，“十一五”期间的关键词是“全民医保”，“十二五”期间的

① 陈鹏军．我国全民医保制度构建理论研究综述［J］．襄樊学院学报，2011（10）：54-59.

② 王东进．共享发展理念是全民医保之魂——学习十八届五中全会精神的体会与思考［J］．中国医疗保险，2016（1）：5-8.

关键词是“城乡统筹”，“十三五”期间的医保改革关键词就是“整合”。这些不同时期侧重使用的概念体现出政府对医保发展重心的转变，也体现了医保整合议题的嬗变逻辑和理论原点。我国医保政策的变迁经历了从发展与公平的分离到两者的统一、从问题导向下从属于经济政策的工具性配套措施的定位到目标导向下的自觉自发的制度质量提升、从被动的他性走向主动的自性的过程。梳理我国政府各个阶段医保制度建设的重心和理念的发展变化，通过历史回顾发现理念嬗变和政策演绎之中包含了相关概念的转变，最终形成了“医保整合”的概念。

2.5.2 医保整合的内涵界定

综合与医保整合相关的研究范畴及理论，本书试对医保整合概念界定如下：

第一，医保整合是与医保碎片化相对应的一个概念，整合是对不同医保项目碎片的整合，碎片化对整合提出了诉求。我国的医保整合体现为“去阶层碎片化”和“去地域碎片化”的双重整合，不仅要消除城乡差距，还要改变医保制度的身份关联性和就业关联性。打破医保的区域界限，不断提高统筹层次，弥合地区之间的医保福利差异，实现基本医疗保险制度的有机统一。整合后将会是更平等、更包容、更加可持续的医保体系。

第二，整合要以医疗保险公平性为指导理念，使医疗保险由一项就业者权利转变为一项国民基本权利。整合的过程也是践行医保公平这一价值理念的过程。整合后要实现全体国民更加公平的医保待遇。医保整合并非简单的制度合并，关键在于参保机制、筹资机制以及待遇给付机制等几个政策环节是否实现医保公平的意涵。此外，整合还意味着对弱势群体实行差异化的政策设计，要将政府财政更多用于制度的弱势群体。

第三，整合是一项系统工程。医保整合目标的实现不能就医保而论医保，需要在更广阔的社会视阈下，依靠其他政策环节的通力配合才能促成。一是医保整合除了实现制度功能的整合之外，还需要管理经办的职能整合和经办能力的提升。这种整合和提升体现在两个方面，首先要跨越不同部门之间的利益博弈，实现职能归属的统一；其次令经办机构增能，真正履行第三方购买者的积极职能。二是医保整合还要理顺央地之间的财权和事权划分。地方政府财权和事权的不统一将是推行医保整合的巨大阻力。三是医保整合政策效果的充分发挥还需要“三医联动”的促成，只有“三管齐下”才能实现共赢。

2.5.3 形式整合与实质整合的探讨

整合不是简单的制度合并或者制度统一，不是单纯地对制度碎片做减法，也不是一味地追求制度上的整齐划一。整合是综合考虑经济、社会、文化、历史等各方面的因素所做出的综合决策，力求医保制度的最优设计。整合不等于合并，整齐划一的制度并不意味着公平，关键还要看立足于本土化国情基础上的整合之策是否符合社会公正和医保公平。整合后的医保制度将是一个有机统一的整体。实质的整合远比形式的整合更重要，整合要讲求实效。

医保整合应该在我国差异化社会的背景下，以公平为基本价值理念，从纵向的阶层和横向的地域两个维度入手，通过科学合理的整合方案使碎片化的医保制度走向有机统一。关于医保整合的目标模式，目前学界还存在广泛的讨论：是实现贝弗里奇式的一体化制度体系，还是像俾斯麦模式那样，在充分尊重正式部门与非正式部门之间差异的基础上做出最小化的、积极的碎片化制度设计？是全民医疗福利，还是全民医疗保险？学术讨论自由而开放，学者们各有独到的见解。世界上没有哪两个国家的医保制度是完全相同的，各国都会在把握医保制度自身发展规律的基础上，结合国情、社情、民情而做出差异化的取舍。我国的社会差异化程度高。从前工业化到信息化社会，发达国家往往需要几个世纪走过的各个发展阶段，在中国可能同时并存于发展不平衡的东中西部各地。在一个人口超级大国实现公平、可持续的医保整合并非易事，更何况我国还具有城乡差距、地域差距、社会双层结构、老龄化、城镇化率低等一系列社会现实问题。医保整合一定要注意到参保群体内部天然存在的差异性。如何找到一个医保整合的最佳路径，还要考虑各方因素，谨慎决策。当然整合的结果一定要实现医保公平，尤其是保障结果公平。这是整合的关键所在，能否实现医保公平将作为评估医保整合成功与否的主要依据。

再次强调，医保整合不是简单地对制度做减法，整合是对医保制度适时进行的一次结构性调整。20 世纪 90 年代末，医保改革初期，打补丁式、分人群逐步建立医保制度的政策路径虽使制度迅速扩面，却让制度形成了严重的碎片化格局，基金的分立和制度的分割既不利于制度公平，也不利于制度效率，与公平和可持续的发展目标相悖。新时期，原有的三大医保制度如何整合，是优先进行城乡整合，还是在充分尊重城乡差别的前提下优先进行城镇职工医保与城镇居民医保的整合？是构建一元化的制度，还是在差异性社会的背景下做适度的取舍？答案应该更多地从医疗保险制度自身的发展规律上寻找。不论怎样，结果公平的实质整合比形式整合更重要。而具体采取何种整合方案，这是学界研究的热点，也是本书力求解答的问题。本书第 8 章笔者提出了医保整合的优化方案，以家庭参保取代传统的个人参保，重新梳理了我国的医疗保险体制，尤其是重新梳理了我国的城镇医疗保险体制，这是医保体系内部的一次结构性整合。制度体系非一元化但追求结果公平的整合模式也将是对我国医保整合命题的全新界定。

第3章　医疗保险的阶层碎片化

从新制度的初步建立到制度之间的统筹发展，我国医疗保险制度建设经历了近20年的快速发展历程，已经具备了较完善的制度基础。社会医疗保险取代传统的公费、劳保医疗，除了对国家和企业责任的重新定位之外，还体现出对福利身份制的反思。新农合与城镇居民基本医疗保险的建立标志着医保覆盖范围的扩大，福利资格向着社会公民权扩展。但是从侧面也反映出我国医保制度对城镇非职工群体和农村居民的长期排斥。虽然制度层面的全民医保已经实现，但是也不能据此就认为我国的医疗保险已经实现了公平。保障待遇的获得建立在缴费的基础上，不论职工医保还是政府财政补贴的新农合与居民医保，都存在社会排斥，排斥那些无法缴费参保的人群。而已参保群体则根据就业和户籍分别被纳入不同保障水平的制度，社会成员之间实际获得的医疗保障权存在差异。这种差异既体现在不同阶层之间，也体现在不同地域之间。这样的医保制度设计产生了碎片化的问题，并由此固化了社会分层。

学术界围绕医疗保险的城乡二元性、就业关联性、户籍关联性、身份关联性等相关概念展开了广泛的探讨。然而医疗保险不仅在城市和农村之间、职工和非职工之间存在公平性失衡的问题，从宏观纵向来看，医疗保险制度还存在着阶层碎片化的趋势。阶层碎片化既体现在阶层之间，又体现在阶层内部。传统的医疗保险城乡差异只是阶层差异中最典型的一个方面。

从学理上看，基本医疗保险是一项鲜明的、基础性的福利保障制度①。作为社会保险体系的重要部分，医疗保险具有两项基本功能：一是从属于再分配的范畴，天然地追求公平，旨在消弭收入差距；二是保障社会成员的基本医疗需求，实现病有所医。然而实践中医疗保险制度设计往往和社会分层机制相重合、相叠加。不同阶层社会成员的医疗保险权实现程度不同，高收入阶层获得高福利待遇。医疗保险同职业、权力、声望等社会因素一样成为划分阶层的依据之一，医疗保险成为塑造和固化阶层的新因子。英国学者格兰德的研究发现“从医疗、教育、住房等社会福利中受益最多的恰恰是社会的中产阶级而不是低收入者”②。据此，他认为某些社会政策的提供可能没有缩小社会差距，反而加剧了社会不平等。

3.1 阶层之间的医疗保险碎片化

后工业化社会，阶级概念日渐式微，人们的身份认同从阶级转向阶层。“阶层是基于某种社会关系的分化所形成的社会地位以及相应的利益群体”③，社会学研究中常以此描述社会分化和社会矛盾的程度。“阶层的核心内容是社会资源和机会在不同社会群体中的分配方式或配置方式的差异。”④区分阶层的标准是多元的，如收入、职业、教育、权力、声望等政治、经济和社会因素。单一标准无法准确地反映出阶层的真实定位，实证研究中通常采用的是结合权力、收入和职业的综合标准。关于阶层划分，代表观点主要有陆学艺的十阶层说、郑杭生的七阶层说、李路路的六阶层说，以及李强的四大利益群体说等。其中，陆学艺“以职业分类为基础，以组织资源、经济资源和文化资源的占有状况为标准，将当代中国社会划分为十个社会阶层：国家与社会管理者阶层、经理人员阶层、私营企业主阶层、专业技术人员阶

---

① 邓大松，赵奕钧．我国全民医保的构建逻辑与发展路径［J］．求索，2013（12）：242-244.

② 汪华，汪润泉．社会分层，制度分割与社会不平等——一项关于中国养老金制度的福利社会学研究［J］．学术界，2015（1）：47-60.

③ 李路路．社会结构阶层化和利益关系市场化——中国社会管理面临的新挑战［J］．社会学研究，2012（2）：1-19.

④ 兰敏．当下中国社会阶层结构及阶层弥合政策分析［D］．成都：四川社会科学院研究生院，2014：7.

层、办事人员阶层、个体工商户阶层、商业服务人员阶层、产业工人阶层、农业劳动者阶层、城乡无业失业半失业者阶层”①。

从各个阶层的医疗保险待遇给付水平来看，位次越高的阶层获得的保障水平越高，社会底层获得的保障水平较低。例如，排在社会顶层的国家与社会管理者阶层大多享受公费医疗待遇；而相当一部分底层阶层如城乡无业失业半失业者阶层属于无保障或低保障群体。据统计，我国三项医疗保险合计覆盖超13亿人口，覆盖率已达95%以上。但也有数据显示，三大医疗保险制度全国重复参保率目前在10%左右，约有超过1亿人重复参保②。去除重复参保数字，目前约有1.7亿人无有效医保。这部分无医保人群大部分处在社会底层，如农民工、非正规就业人群、下岗失业者或城乡低收入者等。

对于已经被纳入医保的群体来讲，仅以三大制度划分的主要参保人群——城镇职工、城镇居民和农村居民为例，三者之间在筹资和待遇给付上存在显著的差距。“2010—2012年，新农合和居民医保财政补贴占筹资的平均比重分别高达71.7%和78.5%。尽管如此，这两项制度的筹资水平仍远低于职工医保。2012年，新农合和居民医保人均筹资分别为308.5元和322.9元，而职工医保同年人均筹资达到2288.7元。筹资水平的差距所带来的待遇给付水平的差距也十分显著。第四次全国卫生服务调查结果显示，职工医保住院实际补偿比为63.2%，居民医保实际补偿比为49.3%，新农合实际补偿比最低，仅为33.7%。”③ 可见，城乡之间、正规就业与非正规就业之间存在着医保碎片。

如果按照职业把参保人群划分为不同的社会阶层，进一步细化研究其中的医保差异，情况更加复杂。表3-1以待遇给付为依据给出了社会各阶层的医疗保险权利排序。参考有关政府文件和医保制度现状，通过综合对比社会各阶层的医疗保险整体情况，以待遇给付水平为衡量指标将城乡各阶层的医疗保险权利由高到低分为A～F六个等级（F为无保障），例如C等代表职工医保待遇。根据2003年《关于城镇灵活就业人员参加基本医

---

① 陆学艺．当代中国社会十大阶层分析［J］．学习与实践，2002（3）：55-63.

② 李唐宁．全国医保重复参保人数超一亿［N］．经济参考报，2014-08-15（003）．

③ 李亚青．社会医疗保险财政补贴增长及可持续性研究——以医保制度整合为背景［J］．公共管理学报，2015（1）：70-83.

疗保险的指导意见》，自营业者、个体工商户作为非单位就业人员可到医保经办部门以个人身份参保。从各地的实践来看，所参保的制度总体上参照职工医保，但由于没有雇主的缴费，也不设个人账户，单一的社会统筹账户设置意味着整体待遇比正式职工略低，因此表 3-1 中非正规就业者参加职工医保的医疗保险权利等级为 C^- 和 D。其中 C^- 即 C 等偏差，意味着即使以个人身份参加职工医保，待遇比正式职工低。而 D 则意味着非正规就业者也可以自愿选择加入城镇居民医保，保障水平比职工医保更低一等。除此之外，农民工虽被纳入职工医保，但是待遇也只有职工的 60%（世界银行，2010）①，所以，农民工参加职工医保的保障水平也定义为 C^-。

表 3-1　医疗保险权利的阶层分化

户籍	阶层①（以职业为划分依据）	基本医疗保险参保项目	待遇给付水平
城市	公务员阶层	公费医疗/城镇职工基本医疗保险+公务员补助	A
	事业单位工作人员阶层	公费医疗/城镇职工基本医疗保险+参公待遇	B
	产业工人阶层	城镇职工基本医疗保险	C
	非正规就业者阶层	职工医保/城镇居民基本医疗保险	C^-/D
	城市无业失业半失业者阶层	无保障/城镇居民基本医疗保险	F/D
农村	农业劳动者阶层	新农合	E
	农村管理者阶层	新农合	E
	农村半工半农阶层	城镇职工基本医疗保险/新农合	C/E
	农民工阶层	新农合/职工医保/居民医保	E/C^-/D
	农村贫困阶层	新农合	E

① 此处的社会阶层划分是以陆学艺提出的按职业划分的十阶层为理论基础，并结合医疗保险政策的具体运行做了适当调整。

可见，城市内部和农村内部都存在着医疗保险的再分层。虽同属城镇职工医保的参保人，但公务员、事业单位工作人员、产业工人和非正规就

① 参见世界银行发布的《中国卫生政策报告系列三：中国通向综合的医疗保险体系之路》。

业者四大群体却体现为四个层级的医保待遇。非正规就业者和农民工虽然在政策上能够被纳入职工医保，但实际纳保率仍不理想，勉强被纳入者其保障待遇也与正式职工有区别。在农村，统一的新农合制度下也出现了多元分化，尤其体现在由农民向产业工人转变的群体上。农民工以及在乡兼业的半农半工群体更有可能被纳入较高水平的医保制度。当然由于强流动性，这些群体也是最容易出现重复参保的群体。

综上，传统的城乡二元视角已经不能完全概括医保碎片化的格局，仅从制度平台三元视角也不能全面把握医保制度内部所形成的巨大分化和差异。

3.2　阶层内部的医疗保险碎片化

除阶层之间的差异之外，还有阶层内部的差异。随着我国经济社会转型深度的提升和广度的拓宽，各阶层内部都发生了分化和重组。现以产业工人阶层和农民阶层为例论述阶层内部的医保碎片化。

3.2.1　产业工人阶层内部的医保碎片化

改革开放以来，伴随着社会主义市场经济体制的转型，我国的社会分层经历了前所未有的复杂分化。新中国成立后长期存在的两个阶级、一个阶层的社会结构发生改变（即工人阶级、农民阶级和知识分子阶层）。工人阶级内部从以产业工人、知识分子、管理干部三阶层为主，逐渐向“多阶层”演变。例如，以职业地位为标志可将工人阶层内部进一步细化为“公务员阶层、公有制企业经营管理者阶层、专业技术人员阶层、企业工人阶层、城镇失业下岗职工阶层”[①]。“根据从事劳动的性质分为以脑力劳动为主的知识分子职工阶层、专业技术人员和企业经营管理者阶层以及以体力劳动为主的普通工人阶层。”[②] 另外，还有学者在职业、收入和权力之外加入了行业因素和地域因素，于是“在传统的工人阶层划分中又增加了垄断行业职工阶层、不

① 高爱娣．中国工人运动史［M］．北京：中国劳动社会保障出版社，2008：222-223.

② 柳可白，王玫，阎春芝．当代工人阶级地位与作用［M］．北京：中国工人出版社，2007：17-18.

同区域工人阶层和一线产业工人阶层（即蓝领工人）”[①]。工人阶层内部各群体之间存在医保碎片化。职工医保是建立时间最长、影响最广、运行最成熟的制度，也因此成为居民医保及新农合的“示范”和“标准”。然而职工医保在参保机制、筹资负担和待遇给付、实际保障效果方面都存在职工内部的分化。

第一，从参保机会上看，虽然名义上所有的城镇职工都应该被纳入保障范围，但实际上还有相当数量的应参保职工未参保。职工参保与否与就业部门的所有制类型相关。虽然制度文件规定职工医保应覆盖城镇所有类型的用人单位，但事实上国有企业和三资企业职工获得基本医疗保险的可能性远远高于集体企业的职工，而个体和私营企业职工又低于集体企业[②]。此外，在岗职工和下岗失业职工在医保形式上存在差别，后者常常因为失去工作而失去医疗保险，一部分人群沦为自费医疗群体，一部分人群成为居民医保的参保对象。同时，同一企业内部，不同用工方式的劳动者之间存在参保机会的不公平。改革开放后，企业灵活地采取了多种多样的用工方式，如合同工、临时工、短期工、季节工等。企业中的灵活就业者、劳务派遣工和正规就业职工之间在医疗保险的参保机会和待遇水平上存在差异。与正规就业职工参加职工医保不同，企业灵活用工通常是企业漏保或拒保的主要人群。2014 年全国城镇就业人员约 3.93 亿人，其中城镇单位就业人员约 2.79 亿人[③]，同期城镇职工医保参保人数约为 2.83 亿人，其中在职职工约 2.10 亿人[④]。通过对比计算可知，城镇单位就业的在职职工中大约只有 75%被纳入职工医保，仍有 25%的职工属于应参保而未参保的人群。尽管职工医保要求强制参加，自从 1998 年建制也始终强调“扩面”，但制度全覆盖不等于人员全覆盖，这一制度仍属于“优势”职工的主要福利。另外，还应该关注到近年来的“职转居”现象。所谓“职转居”，即原本参加职工医保的人群出于某种特定原因而选择退出职工医保、参加居民医保的情况。通常多发于两种情

① 包志国．社会转型期我国工人阶级内部阶层分化解析［J］．内蒙古农业大学学报（社会科学版），2012（6）：215-217.

② 杨伟民．当前中国的社会保险在社会分层中的作用［J］．社会学研究，2005（5）：125-153.

③ 参见《中国统计年鉴（2015）》。

④ 参见《2014 年度人力资源和社会保障事业发展统计公报》。

境：一是以个人身份参加职工医保、无稳定用工关系的城镇灵活就业人员，在权衡职工医保和居民医保两项制度的缴费负担、政府财政扶持和制度回报率之后主动决定退出职工医保，转向居民医保；二是困难企业、濒临破产企业或某些中小微型企业为节省用工成本而人为地“漏保”，使本企业职工不得不被动转向居民医保。“职转居”更进一步体现出城镇职工内部医保制度归属的分化和城镇职工参保机会的不平等。

第二，从医保缴费环节上看，参保职工和单位以工资为基数，按照固定的比例缴纳医疗保险费。虽然从表面上看，城镇职工医保的名义缴费率对所有参保职工都是 2%，然而实际缴费率却相去甚远。从理论上看，名义筹资负担率=职工年筹资额/职工年收入，而实际筹资负担率=职工年筹资额/（职工年收入－职工年消费性支出）。依据《中国统计年鉴（2015）》数据，可计算不同行业职工的实际缴费率，具体见表 3-2。

表 3-2　按行业划分城镇单位就业人员医保实际筹资负担率（2014 年）

城镇单位就业人员行业划分	年均工资/元	年均消费支出/元	缴费绝对数/元	实际筹资负担率/%
农林牧渔业	28356	19968	567. 12	6. 8
住宿和餐饮业	37264	19968	745. 28	4. 3
居民服务、修理和其他服务业	41882	19968	837. 64	3. 8
建筑业	45804	19968	916. 08	3. 5
制造业	51369	19968	1027. 38	3. 3
教育业	56580	19968	1131. 60	3. 1
交通运输、仓储和邮政业	63416	19968	1268. 32	2. 9
电力、热力、燃气及水的生产和供应业	73339	19968	1466. 78	2. 7
金融业	108273	19968	2165. 46	2. 5

资料来源:《中国统计年鉴（2015）》。

表 3-2 根据工资收入由高到低筛选出 9 个典型行业，查阅《中国统计年鉴（2015）》选取 9 个行业职工 2014 年的平均工资，消费支出数据选取的统计指标为城镇居民年平均消费支出。首先以各行业的工资为基数按照 2%的职工个人缴费比例计算出各行业城镇职工医保年缴费绝对数，然后再代入实际筹资负担率公式计算得出 9 组行业职工的实际筹资负担率。对比发

现，虽然高收入行业职工的医保缴费绝对数额较高，但低收入行业职工的实际缴费负担率远高于高收入行业，出现了高收入职工医保实际缴费负担率比低收入职工还低的倒挂现象。城镇职工医保的实际缴费率具有累退性，对低收入者的冲击比对高收入者的冲击大得多，内含不公平。而且近年来，居民收入构成发生变化，除工资收入外，还有股份、租金、红利等资产性收入。低收入群体的工资所得占总收入的比重远高于中高收入阶层。单纯以工资收入为基数的筹资办法使低收入群体承担了更重的缴费负担。新农合和居民医保的定额缴费办法中也存在类似的累退性问题。此外，我国职工医保的缴费办法除了规定以工资性收入为缴费基数外，还规定了缴费的上限和下限。当参保人月工资超过上一年度社会平均工资的60%又低于300%的，按照实际工资作为缴费基数；而参保人月工资在上一年度社会平均工资300%以上的，只按照上一年度社会平均工资的300%计算；参保人月工资在上一年度社会平均工资60%以下的，没有社会保险费缴费减免，仍按照上一年度社会平均工资的60%计算。这种缴费上限和下限的规定，进一步扩大了高收入和低收入人群之间的缴费负担不公平。

第三，从待遇给付上看，职工内部不同群体实际获得保障待遇不公平。首先，虽然同属城镇职工基本医疗保险制度的参保人，但是实际的基金支付形式存在差异，导致不平等的保障水平（见表3-3）。

表3-3　城镇职工基本医疗保险基金支付形式差异

目标人群	支付形式	保费水平	参保方式
所有机构正式就业的在职与退休员工	统一的社会统筹与个人医疗储蓄账户	个人工资8%（职工2%，单位6%）	强制
财务困难企业在职职工和退休职工、灵活就业人员	独立的社会统筹账户	地区平均工资，4%	强制，但由于缺乏控制和主动性，实施很困难
农民工	低水平社会统筹账户	地区平均工资，2%~4%	强制，但由于缺乏主动性，实施困难

资料来源：世界银行．中国卫生政策报告系列三：中国通向综合的医疗保险体系之路[R]．2010。

根据2003年劳动和社会保障部印发的《关于城镇灵活就业人员参加基本医疗保险的指导意见》，非正规就业者可以个人身份加入城镇职工基本医疗保险。另根据 2009 年人力资源社会保障部印发的《流动就业人员基本医疗保障关系转移接续暂行办法》，鼓励在城镇稳定就业的农民工参加职工基本医保，并针对农民工就业的流动性做出了转移接续的规定。目前，被纳入职工医保的人群日渐多元化，覆盖范围愈广，但是在一体化的制度下面向不同职工的基金支付形式也出现了多元分化，并导致待遇上的等级差别。非正规就业者和农民工参保通常不设置个人账户，更甚者面向农民工群体通常只设置低水平的社会统筹账户。根据世界银行的数据，“截至 2006 年底，共有 1.787 亿人参加职工医保，其中 1.396 亿人同时拥有社会统筹账户与个人账户；1550 万人只有社会统筹账户，另 2360 万农民工只拥有低水平的社会统筹账户”①。

其次，即使是正规部门就业的参保职工，其内部的待遇也是高低不等，现以个人账户为例试做分析。根据我国职工医保制度设计，个人缴费（约占工资的 2%）全部划入个人账户，单位缴费（约占工资的 6%）的 30%划入个人账户，最终形成的个人账户资金占医疗保险总基金的比重高达 47.5%（统筹基金占 52.5%）。而且由于我国实行按年龄段调整个人账户的划入比例，对于高年龄段的职工，企业缴费部分的个人账户划入比例更高，个人账户占基金总额的比例甚至超过了 50%。在医保统账结合模式中资金向个人账户倾斜，意味着制度功能更重个人积累、轻统筹互济，无形中也强化了个人收入与医保待遇水平的正相关。从绝对数来看，高工资者缴费总额高，划入个人账户部分数额高，从单位获得的补贴也比较高，低收入者反之。个人账户资金额度高低有别直接指向有等级差距的门诊待遇。高收入者高待遇、低收入者低保障，出现反向补贴。目前，不同行业间工资收入差距越来越大，“占全国职工人数不到 8%的垄断行业从业人员的工资及工资外收入总额约相当于当年全国职工工资总额的 55%，20 个行业类别收入差距平均接近 5 倍，有的行业甚至是 10 倍。而且仍有继续扩大之势”②。垄断行业职工、管理阶层等高工资群体往往在医保个人账户中存在大额结余，而低收入职工的医保个人账户却明显捉襟见肘，常常出

---

① 参见世界银行发布的《中国卫生政策报告系列三：中国通向综合的医疗保障体系之路》。
② 杨文伟．转型期中国社会阶层固化探究［D］．北京：中共中央党校，2014：2.

现支空，进而只能在门诊阶段自费医疗。

第四，从实际保障效果上看，工人阶层内部在医保资源的获取及医疗服务的可及性上差异很大。起付线、封顶线和报销比例设置事实上形成一个统筹基金的“费用门槛”，对所有参保人实行统一的“门槛费”导致贫困职工对医保基金的利用往往不足。高收入人群更可能会选择三级医院就诊，而低收入人群则倾向于寻求社区和初级医疗机构中收费较低的服务①。垄断行业、国有大中型企业职工实际享受的医疗保障更充分，医疗服务水平更高。低收入职工由于自付能力有限在面临报销门槛时可能无法获得充分的基本医疗服务。贫困职工则更倾向于在住院医疗前止步，更多地利用药店或选择自我医疗以节省医疗开支，即使就医也会较多地利用社区医疗机构或初级医疗机构，因为这里的报销比例更高、起付线更低。因此贫困职工中出于经济原因生病放弃住院和放弃诊治的比例比较高。职工医保也会出现逆向再分配效应。

综上，在现有的医保制度下，职工内部低收入人群的医保制度待遇给付低，实际医疗负担重。从再分配意义上讲，职工内部医保碎片化的分配结果显然不公平。

3.2.2 农民阶层内部的医保碎片化

农民阶层内部同样存在医保待遇分化的现象。时下，“农民已经由一个以农业为本缺少层次变化的‘整体性阶级’逐渐分化为‘不同的阶层’”②。如陆学艺（1989）提出以职业、使用生产资料的方式以及对所使用生产资料的权力为标准将改革开放以来的农民划分为八个阶层，即“农业劳动者、农民工、雇工、农民知识分子、个体劳动者和个体工商户、私营企业主、乡镇企业管理者、农村管理者等”③。也有学者根据产权、职业、社区等要素将农民分为三个阶层系列：“其一，产权阶层系列包括家

① 参见世界银行发布的《中国卫生政策报告系列三：中国通向综合的医疗保险体系之路》。

② 严振书．转型期中国农民阶层分化问题研究述评［J］．河北青年管理干部学院学报，2012（2）：35-38.

③ 陆学艺．重新认识农民问题——十年来中国农民的变化［J］．社会学研究，1989（6）：1-14.

庭承包劳动者、乡镇企业集体劳动者、个体劳动者、私营企业主、受雇民工等阶层；其二，职业阶层系列包括农业劳动者、非农业劳动者、兼业型劳动者等阶层；其三，社区阶层系列包括城市农村劳动者阶层、小城镇农村劳动者阶层和乡村劳动者阶层。”①

传统自耕农和农民工可能获得不同的医疗保障待遇。由于就业的流动性，新农合对农民工群体的适用性差。各地针对农民工的医保问题提出了不同的解决办法，概括来讲主要有三种选择：第一，加入户籍所在地的新农合，而在就业输入地处于自费医疗的状态；第二，加入输入地的职工医保，享受同等待遇，如上海、成都；第三，加入专门的农民工医疗保险，如北京、深圳。三种方式下形成的农民工医保碎片化程度非常严重，各用工地所开展的针对农民工的医保政策不统一，各行其政。如北京农民工医疗保险只保障住院，而深圳既保障住院又保障门诊②。各地制度千差万别，使得一些流动人口，特别是从农村到城市的流动人口，成为利益受损群体。农民工在流动过程中承担了“医保便携性损失”，这使本属于弱势群体的阶层又背上了制度碎片化的成本。此外，自耕农与半工半农阶层以及在乡兼业阶层可能享有不同的保障待遇，后者由于非农产业就业因而有更多的机会获得高水平的职工医保待遇。

目前还有一些群体是特殊的多种医保制度的重复参保者，主要多发于流动人口内部。据统计，2013 年我国流动人口重复参加基本医疗保险率为 10.9%③，其中农村户籍的流动人口重复参保率较高。这源于新农合在户籍地“以家庭为单位”的准强制参保造成重复缴费和重复财政补贴。农民工除了在户籍地参加新农合之外，大多选择参加了就业输入地的职工医保、居民医保或农民工医疗保险。此外，进入城镇就学的一部分农村学生在参加新农合之余还会选择在学校参加居民医保等。

综上，阶层碎片化是社会分层状态在医疗保障中的进一步体现，是典

① 卢福营．转型时期的大陆农民分化——以浙江四个村为典型案例分析［J］．中国社会科学季刊（香港），2000（春季卷）：1-13.

② 林娣．宏观视角下农民工医疗保障制度研究［D］．上海：复旦大学，2012：106.

③ 刘冬梅，王晖，龚双燕，等．中国流动人口重复参加基本医疗保险现状及影响因素［J］．中国公共卫生，2016（1）：62-65.

型的福利分层，它标志着医保制度的再分配功能的“失灵”和“低效”。改革开放以来，“适度普惠”的医疗保障建设取得了显著的制度效果。从总体上看，各项福利指标都有所改进，但是某些弱势群体的脆弱性却增加了。国务院发展研究中心与世界卫生组织合作的研究报告——《中国医疗卫生体制改革》指出，20多年来我国医疗保障制度在精英主义和效率至上理念的主导下已经变成“富人的俱乐部”，公平性堪忧。政府医疗保障资源的供给具有阶层选择性，尤其自20世纪90年代中期以后的医疗保险改革，整体上偏向城市和高收入群体。医疗保险参保平台选择与户籍和职业类型相挂钩；待遇给付水平与职工在职期间的收入水平正相关。医疗保险制度通过政策规则实现保障资源在不同社会群体之间分配的同时，根植于医疗保险政策内部的社会分层因素导致医疗保险的阶层碎片化，许多保障待遇的获得比以往更多地依赖收入、职业和社会地位。农民工、流动人口、非正规就业者及困难企业职工从最初的无保障状态到目前被排斥在主流保障体制之外的状态，都在说明阶层不平等加剧了。

3.3 家庭内部的医疗保险碎片化

除前文所述及的阶层之间的碎片化以及阶层内部的碎片化，我们还应该注意到医保阶层碎片化的一个微观体现——家庭内部的医保碎片化现象。我国的医保制度设计缺乏从家庭视角的通盘考虑。在医保碎片化的大格局下，个人本位的参保方式使碎片化渗透至家庭。家庭成员间“医疗不同保，待遇不同等”的情况比比皆是。城镇家庭中正规就业的职工通常参加职工医保，非正规就业者只能选择以个体身份加入职工医保或者加入城镇居民基本医保，而未就业的老人和孩子只能加入城镇居民医保或者处于无保障状态。家庭成员因被纳入不同的保障项目进而获得不同水平的医保待遇。而农村家庭中流动就业或在乡兼业的家庭成员更有可能获得高水平的职工医保或居民医保，与完全务农的家庭成员所具有的新农合待遇形成对比。

家庭是最基本的社会单元，家庭内部的医保碎片是医保阶层碎片化最直观的微观体现。“家庭碎片化”主要带来两个方面的副作用：一方面，待遇之间的差距往往成为道德风险的源头。例如，家人共用职工医保个人账户的问题，（在强化实名制管理之前存在）家人挤占职工社会统筹账户的现象，以及家庭成员侵占城镇居民基本医保门诊统筹基金等道德风险现象。通常是低待遇给付的制度参保人侵蚀高待遇给付的制度参保人的个人账户基金、门诊统筹基金或住院统筹基金。另一方面，还存在由于职工家庭医疗赡养责任重以及家庭成员保障不足而极有可能发生的灾难性医疗支出的问题。相对职工个人而言，职工家庭抵御医疗风险能力弱。以往以个人的视角衡量医保绩效要优于家庭视角，也容易使人忽视家庭福利总量的问题。对于全部家庭成员来讲，即使实现了全面覆盖，家庭成员都有保障，但是待遇给付存在差别。“一老一小”易患病人群往往保障不足，职工医保优于城镇居民基本医保与新农合。而家庭中保障待遇低的“一老一小”却恰恰是患病概率较高的群体。对于大部分家庭来说，“一老一小”生病之后由于其医保待遇给付水平低，患病家庭还要自付相当一笔费用，家庭的医疗负担可谓不轻。国际上常用“灾难性医疗支出”作为对家庭进行额外医疗救助的标准。世界卫生组织给出了灾难性医疗支出的判别方法：当个人现金医疗卫生支出总额超过家庭非食品消费支出的40%时即成为灾难性医疗支出。这意味着即使有一定的积蓄，大额医疗支出也有可能让一个家庭陷入贫困。按照WHO的标准测算，2011年我国城镇居民平均家庭灾难性医疗支出标准为11083.42元，农村居民平均家庭灾难性医疗支出标准为4855.93元[①]。《柳叶刀》公布的一项调查显示，“2011年中国灾难性医疗支出的发生比例为12.9%，约有1.73亿中国人因大病陷入经济困境”[②]。因为医疗费用由家庭承担而非个人，所以医疗支付风险冲击的对象是家庭而不是个人。个人本位的参保方式嵌入家庭这一基本的社会单元中，尤其是嵌入我国儒家传统的家庭伦理文化中显露弊端。如何实现家庭内部的去碎片化？家庭本位的参保方式是否可作为一种制度选择？医保阶层整合可先从家庭内部的整合开始。家庭参保不仅有利于实现家庭内部的“去阶层化”，而且有助于规避道德风险以及提升整个家庭的抗风险能力。

---

① 朱铭来，宋占军．大病保险对家庭灾难性医疗支出的风险分散机制分析［J］．中国卫生政策研究，2012（12）：4-7.

② 陶剑虹．生命无法承受之重［J］．今日药学，2012（9）：3.

第 4 章　医疗保险的地域碎片化

4.1　基层财政主导下的"地方公民权"

我国是一个区域发展不平衡的国家。东中西部之间、省域之间经济和社会发展差异巨大。改革开放后，区域差距曾经在 20 世纪 80 年代短暂地缩小。我国在区域发展上推行非均衡发展战略，尤其是东部沿海地区率先进行对外开放战略和社会主义市场经济的试点，拉开了东部沿海地区与内陆地区之间的经济发展差距，区域差距呈不断扩大之势。

表 4-1 选取了人均 GDP 指标进行地区之间的对比。人均 GDP 是反映人均经济总量的指标，能够比较充分地反映区域差异。目前，东部地区的人均 GDP 大约是西部地区的两倍。经济差距是东中西部差距的主导。2010 年，地方财政收入共计 40613 亿元，其中东部地区财政收入占总收入的 56.6%，几乎一半以上的地方财政收入都来自东部。西部地区仅占 19.4%，中部占 15.7%，东北部占 8.3%。近年来，国家陆续实施的西部大开发、中部崛起以及东北老工业基地振兴等区域经济发展战略体现了中央政府努力消除区域经济差异的决心。但是由于受到资源禀赋等天然差异的影响，短时间内区域差异很难消除。

表 4-1　东西部经济发展差异

年份	全国人均 GDP/元	东部人均 GDP/元	西部人均 GDP/元	全国基尼系数①
1980	464	818	370	0. 200②
1990	1654	2308	1138	0. 380
2000	7902	10768	4606	0. 412
2003	9101	16919	6306	0. 479
2008	22698	40539	16782	0. 491
2010	29992	46354	22476	0. 481
2014	46629	71764	38798	0. 462

资料来源：国家统计局网站，根据历年《中国统计年鉴》整理。

① 参见国家统计局公布数据。

② 胡鞍钢．中国：推动公平的经济增长·序［M］．北京：清华大学出版社，2004：6.

除经济差距外，区域之间在社会发展各方面都存在差距。1998 年联合国开发计划署的《联合国开发民生发展报告》就曾经指出：通过对比人类发展指数（HDI）这一指标，可以发现在中国最贫穷的和最富有的省份之间所存在的差距已经近乎时下西方发达国家与最贫穷国家之间的差距。而且，区域间基本公共服务的区域发展极不均衡，基本医疗保险便是其中之一。

表 4-2　东中西部和东北部城镇化水平差异　（%）

年份	全国城镇化率	江苏（东部）	河南（中部）	陕西（西部）	吉林（东北部）
2006	44. 34	51. 90	32. 47	39. 12	52. 97
2007	45. 89	53. 20	34. 34	40. 62	53. 16
2008	46. 99	54. 30	36. 03	42. 10	53. 21
2009	48. 34	55. 60	37. 70	43. 50	53. 32
2010	49. 95	60. 58	38. 50	45. 76	53. 35
2011	51. 27	61. 90	40. 57	47. 30	53. 40
2012	52. 57	63. 00	42. 43	50. 02	53. 70
2013	53. 73	64. 11	43. 80	51. 31	54. 20
2014	54. 77	65. 21	45. 20	52. 57	54. 81

资料来源:《中国统计年鉴（2015）》。

从宏观横向来看，基本医保制度存在地域碎片化的问题。地域碎片化体现在东中西部区域之间，也体现在区域内部甚至同一省域下，基本医疗保险的实现程度也存在差异。在区域经济差异的影响下地方财政水平各异。地方财政是公民医疗保险权利实现程度的主要影响因素。虽然在中央政府的顶层设计下，各地搭建统一的制度平台，但是并不能消除由经济落后、财政资源短缺而造成的社会成员实际获得医疗保障的不平等。相对而言，中西部地区的医疗保险事业地方财政支持力度小，制度待遇水平低，居民负担重。而东部发达地区由于具有足够强大的财政实力往往更能够惠及户籍内的城乡居民，这些地区的医保建设全国领先。以医保整合为例，近年来东部各省城镇化率水平提升速度快（见表4-2）。户籍制度的松动，结合雄厚的地方财政，东部地区医保城乡一体化的探索起步早、程度高。例如江苏省早在2005年就开始在全省范围内发展社会保障城乡一体化，逐渐取消“居民/农民”的身份差异。又如2008年，广东东莞通过强化财政扶持，建立了全市统一的社会基本医疗保险制度，所有常住人口（包括户籍外）全部覆盖，所有缴费参保的对象都可以获得统一的医保待遇。东莞率先在全国实现了“三保合一”。基于地方财政实力的多元化政策试点和制度创新，东部发达地区的医保整合呈现了许多新态势，体现了医保制度发展的方向，成为全国的示范和楷模，但同时也使发达地区和落后地区之间的医保差异越来越大。基于地方财力的探索让“本地人/外地人”的医疗福利区隔愈加明显，优越的医保待遇只限于属地内的参保居民，先进的发展理念局限在特定的行政区域内。除了形成地域福利分割之外，跨统筹地的医保转移接续往往比理论上困难得多。“便携性的损失”成为理论界研究的热词，用以表征外来务工群体在户籍地和就业地之间流动时医保转换的权益损失。

我们可以逐渐观察到，基金统筹“地区之内不同福利制度进行融合，而地区之间的福利制度却日益歧异”①。尤其伴随着中央放权让利的行政性改革和地方“分灶吃饭”的财政体制改革，各地落实医保政策也表现出竞争性，医保被打上了地方保护主义的烙印。受1994年分税制改革的影

① 施世竣．社会保障的地域化：中国社会公民权的空间政治转型［J］．台湾社会学，2009（18）：1-32.

响，财权上移，事权下压。据测算，“中国公共支出的 70%发生在地方政府（省、市、县和乡镇），其中 55%以上的公共支出又发生在市、县和乡镇等基层政府”①。基层财政越来越多地承担了发展地区社会保障的职能。我国医保地域碎片化顺着行政区划的脉络，一路延伸到基层。市级或县级政府的行政区划成为医保政策和医保待遇划分的主要界限，存在阶层碎片化的医保制度再一次被地域因素割裂成一个个小碎片。时下，随着城乡一体化进程的推进，户籍界限已逐渐失去对个人医疗保障资源获得的绝对性支配作用。而地区界限，特别是“本地人/外地人”② 的区隔日渐突出，甚至形成了一种“地方性公民权”③。于是，“本地/外地”正成为医疗福利的边界。对于医疗保险来讲，“诸侯割据”式的地区性福利正在兴起。这种“割据”，既体现在东中西部区域之间，也体现在区域内部，甚至省域内部。

4.2　地方统筹下的地域碎片化

统筹层次低在地域碎片化中既是最典型的一个问题，又是导致地域碎片化的首要原因之一。“目前中国共有上千项医疗保险基金在独立运营，医疗保险基金之间缺乏相互关联是医保体系的一项重大缺陷。”④ 基本医疗保险统筹层次是指基金共济、风险分散以及提供保障的程度和范围。目前我国基本医疗保险基金统筹层次较低，名为社会统筹，实为地区统筹。关于基本医保的统筹层次有文件可追溯。

1998 年，《国务院关于建立城镇职工基本医疗保险制度的决定》规定，“基本医疗保险原则上以地级以上行政区（包括地、市、州、盟）为统筹单位，也可以县（市）为统筹单位，北京、天津、上海 3 个直辖市原

---

① 蔡红英．中国地方政府间财政关系研究［M］．北京：中国财政经济出版社，2007：1.

② 施世竣．社会保障的地域化：中国社会公民权的空间政治转型［J］．台湾社会学，2009（18）：1-32.

③ SMART A，SMART J. Local citizenship：Welfare reform urban/rural status，and exclusion in China［J］. Environment and Planning，2001，33（10）：1853-1869.

④ 参见世界银行发布的《中国卫生政策报告系列三：中国通向综合的医疗保障体系之路》。

则上在全市范围内实行统筹"[①]。根据这一政策文件，基本医疗保险的统筹层次初始定位在地市级，条件不具备的地方可以进一步降低统筹层次到县级。从历史角度看，这一初始决策旨在权衡我国当时差异化的地区发展现实以及减少实施医疗保险制度改革初期的阻力，具有合理性。为响应文件号召，全国大部分省份都结合本地实际，按照属地化管理的原则，以省级行政区域划分为界限，采取市级或县级统筹。鉴于职工医保的成功示范，之后的新农合和城镇居民基本医保都沿用和借鉴了这一统筹定位。2003年，《关于建立新型农村合作医疗制度的意见》规定，新农合以县（市）为统筹单位，个别条件不成熟的落后地区，起步阶段也可采取乡（镇）统筹，再逐步向县（市）统筹过渡[②]。2007年，《国务院关于开展城镇居民基本医疗保险试点的指导意见》规定，城镇居民基本医疗保险在统筹层次上参照城镇职工基本医保制度的有关规定执行。

长期来看，基本医疗保险制度的县、市级统筹，使医保筹资和待遇给付都与地方经济发展水平相关。落后地区财政实力有限、居民缴费能力低，医保基金规模小、结余少。统筹地为了保证医保制度的可持续性，只能结合基金能力制定给付政策，设置与当地经济发展水平相挂钩的医疗保险起付线、封顶线和报销比例，因此就出现了各统筹地区之间的政策碎片化。这使医保制度在有失公平的同时，给参保人的异地就医和制度转移接续造成了很大的操作困难。

低统筹层次限制了医疗保险的基金池范围，既不利于发挥互助共济功能，又不利于资金安全，限制了待遇水平的提高。随着基本医保体系的成熟和完善，拓展统筹层次进入政府和学界的研究视野。《中华人民共和国社会保险法》和我国深化新医改一系列文件都明确提出提高医保统筹层次的具体要求——在逐步实现市级统筹的基础上实现省级统筹。发展至今，省级统筹仅限于北京、天津、上海、重庆四个直辖市。大部分地区仍以地级市或县级市为主要的统筹区域，其中经济较发达的实行市级统

① 参见《国务院关于建立城镇职工基本医疗保险制度的决定》（国发〔1998〕44号）。

② 参见《国务院办公厅转发卫生部等部门关于建立新型农村合作医疗制度意见的通知》（国办发〔2003〕3号）。

筹，落后地区大多实行县级统筹，甚至在一些农村地区新农合还停留在乡（镇）级统筹的层面上。从统筹层次看，新农合制度与其说是一项社会保险，不如说更像是自我封闭、自给自足的“小农经济”保险①。

通过中央层面的文件追踪，我们发现，自 20 世纪 90 年代后期开始，国家在改革基本医疗保险制度之初就将其统筹层次定位在县、市级，这是基本医疗保险基金统筹层次始终维持在低水平的直接原因。县、市统筹虽然给制度的实施带来了便利，使统筹地政府权责明确、责任清晰，推行各项基本医保制度的动力强、责任重、积极性高，但是这种条块分割的统筹层次与医疗保险的大数法则相悖，与社会化原则相悖。统筹层次低导致医保基金运行风险高、医保待遇低的同时，地区财政差异带来的医保待遇差异深化了制度的不公平。低统筹层次弱化了医疗保险制度地区间的收入再分配功能，而且与我国地区公共服务均等化的发展目标不符。

总体上看，统筹层次低既损害制度公平又损害制度效率。

其一，不公平体现在各统筹地之间的医保待遇差异大。由于我国地区间经济发展和财政收入水平不均衡，各地方政府用于社会保障的财政支出存在较大差异，同时由于缺乏中央政府层面有效的转移支付体制，地区之间缴费负担差距和待遇给付水平差距得不到有效的消除。

其二，低效体现在不利于实现医保基金的使用最大化，存在结构性的缺口。各地财政实力不同、参保人员的年龄构成不同、户籍内人口的老龄化程度不同，导致医疗基金的收支规模不同。而低统筹层次使地区之间的制度封闭运行，难以实现统筹调剂，发达地区医保基金常有结余，落后地区则多伴有赤字。

此外，统筹层次低使基本医保制度表现出对流动人口的极大不适应性。试点先行原则下，一些经济条件好、人口压力大的地区率先开始了医疗保险制度创新。这些新的探索对于制度完善来说是十分必要的途径和工作方法。但是由于各地政策的千差万别，一些流动人口，特别是从农村到城市的流动人口，成为利益受损群体。基本医保的地域碎片化使农民工在

---

① 贾军．“统筹范围”对养老保险制度建设的影响［J］．中国社会保障，2002（12）：18-19.

流动过程中承担了医保“便携性的损失”，这使本属于弱势群体的阶层又背上了制度碎片化的成本。

近年来，我国流动人口的规模日渐壮大，据统计，我国流动人口由2000年的1.21亿人增加到2014年的2.53亿人，年均增长率约5.41%。其中，长三角地区和珠三角地区构成了流动人口的两大核心集聚地①。面对人口压力，农民工输入大省积极探索能够突破流动人口身份尴尬的医保制度设计。上海作为经济发达的城市之一，农民工医保的尝试也走在前列。自2002年开始，上海就提出《上海市外来从业人员综合保险暂行办法》，综合保险包括工伤、住院医疗和老年补贴等三项保险待遇②。一时间，上海综合保险在长三角区域内独树一帜。直至2010年综合保险被将外来务工人员直接纳入城镇职工基本医保的新政策所取代。同样采取综合保险模式的还有成都。2003年，成都推出《非城镇户籍从业人员综合保险暂行办法》。然而与上海的制度设计又不同，成都市住院医疗保险由商业保险公司运作。而且，“成都在综合社会保险制度的技术设计方面，如缴费周期、综合社会保险与基本保险的衔接等更为灵活，更具操作性”③。

珠三角地区则进行了另一番个性化的制度架构改革。从2003年起深圳在全市范围内探索包含流动人口在内的全民医保制度。“深圳市居民可以参加四种类型的医疗保险，即综合医疗保险、住院医疗保险、农民工医疗保险和少年儿童住院及大病门诊医疗保险。其中农民工参加农民工医疗保险的同时也被鼓励参加综合医疗保险和住院医疗保险。”④

除长三角和珠三角地区外，其他地区也进行了个性化的政策探索。重庆市⑤自2006年开始实施农民工大病医疗保险制度。2009年开始将新农合

---

① 樊士德，路秋菊，董宏伟，等．长三角地区流动人口医疗保险政策研究［J］．人口学刊，2016（1）：35-48.

② 李孜，杨洁敏．我国城市流动人口医疗保障模式比较研究——以上海、成都、北京、深圳为例［J］．人口研究，2009（3）：99-106.

③ 孙方．上海、成都、北京、深圳四地农民工医疗保险制度比较［J］．中国社会保障，2006（10）：43-45.

④ 王健，郑娟，王朋，等．中国的迁移与健康：解决流动人口医疗卫生服务政策目标与现实的差距［J］．公共行政评论，2014（4）：29-45.

⑤ 杜毅．统筹城乡视角下农民工医疗保险实践的考察——基于重庆市1600位农民工的调查［J］．哈尔滨商业大学学报（社会科学版），2014（2）：18-24.

与城市居民基本医疗保险合并为城乡居民合作医疗保险。2012 年重庆市政府办公厅印发《关于农民工大病医疗保险和城镇职工基本医疗保险并轨有关问题的通知》，取消农民工大病医疗保险制度，将参加原农民工大病医疗保险的人员全部并入城镇职工医疗保险。同样采取此类纳入型模式的还有北京以及浙江和江苏的部分城市，只是在实施细节上各地仍存在差异，如北京市是将农民工纳入城镇居民基本医疗保险体系而非城镇职工基本医疗保险体系。

可见，各统筹地区内部的医保制度各有千秋，划地而治。可以想象，当一名外来务工人员离开户籍所在地，在长三角、珠三角或其他城市之间流动就业时，所涉及的基本医保关系转移接续是何等的庞杂与难行。

综上，地域碎片化下社会成员的户籍地或工作生活地成为可获得医疗福利水平的主要决定因素。地域碎片化带来的差距形成了制度区隔，妨碍了各类基本医疗保险的转移和接续，使医疗保险制度对我国大规模人口流动的适应能力不足。统筹层次低，医保转移接续难，出现便携性的损失，进而不利于劳动力的自由流动，或是让流动人口承担了额外的制度成本。这种因流动而出现利益受损的现象在农民工群体中更为明显。这些群体或是属于医保夹心层，事实处于医保的空白状态；或是为了自身利益最大化而成为重复参保者（在户籍所在地和就业地双重参保），通过机会主义和道德风险的选择为自身的疾病风险寻求一丝更为切实的保障，“独善其身”的同时却给整个医保体系带来损失，不利于医保的可持续性发展。如果说阶层碎片化意味着医保制度在缩小阶层间福利差距的功能失效，那么地域碎片化则意味着医保制度对缩小地区间福利差距的贡献不足。阶层碎片化、地域碎片化是现阶段我国医保碎片化的两大特征，未来应该努力构建起一个基于社会公民权而不是基于阶层或地域因素的医保制度。

第 5 章　医疗保险碎片化根源探析

目前，我国基本医疗保险呈横向地域碎片化和纵向阶层碎片化相结合的多元碎片化格局。关于医保碎片化的原因，已有文献多从城乡二元和制度三元的角度分析，结论主要围绕着中国二元户籍制度和城乡社会经济差距。本书通过系统研判，从根源入手，展开多角度分析，认为这种多元碎片化格局有其深刻的历史根源、政策根源与社会根源。下文将逐一进行深入分析。

5.1　碎片化的路径依赖和制度惯习

根据制度学派的路径依赖理论，过去的选择，即使是一个随机的变动都有可能决定现在所处的状态和未来的走向，换言之，制度的发展是一个线性过程，“历史是至关重要的”。在社会科学领域，人们常常用路径依赖来解释制度的延续性以及历史旧制对现行制度的干扰。尤其是旧制度理念的传承和旧制度结构的影响，构成制度选择和演化过程中不可忽视的初始条件。同时，在自我强化机制下路径依赖有可能导致制度锁定，或者导致制度演化过程中长期的堑壕，此时制度变迁出现“惯性”或“内卷”。为实现路径突破，除了行为主体的主观意志之外，关键还在于掌握驱动路径依赖的各种社会机制。

新中国成立以来，我国所推行的医疗保险制度具有一定的碎片化惯习。建于 20 世纪 50 年代的劳保医疗、公费医疗及合作医疗埋下了针对不同人群分别设置不同制度的伏笔，成为我国基本医疗保险制度碎片化的逻辑起点。医保碎片化是一个历时性的发展过程。为打破医疗保险碎片化，我们也需要从历史入手，探索导致碎片化的自我强化机制。

5.1.1 计划经济时期的城市医保及内部碎片

1951年原政务院颁布了《中华人民共和国劳动保险条例》（1953年修正），劳保医疗制度自此确立。制度的保障对象是国有企业职工及其供养的直系亲属和离退休人员，集体企业或小规模企业可参照执行。“劳动保险的各项费用，全部由实行劳动保险的企业行政方面或资方负担，其中一部分由企业行政方面或资方直接支付，另一部分由企业行政方面或资方缴纳劳动保险金，交工会组织办理。”[①]劳保医疗基金由企业工会负责管理。劳保医疗与当时的企业办社会相结合，为职工及家属提供了几乎免费的医疗福利。企业职工因公负伤应在该企业医疗所、医院或特约医院免费治疗；非因公负伤的，在该企业医疗所、医院、特约医院或特约中西医师处医治时所需诊疗费、药费、住院费、住院膳食费及普通药费也全部由企业负担。此外“职员供养的直系亲属患病时，可在该企业医疗所、医院、特约医院或特约中西医师处免费诊治，手术费及普通药费由企业行政方面或资方负担一半”[②]。可见，劳保医疗还是一项惠及职工家属的医疗福利制度。

虽然本质上是一项单位福利，但是劳保医疗设立之初曾存在一定规模的社会统筹基金。在企业每月缴纳的劳动保险费中按照一定比例提取部分资金存于中华全国总工会相应的账户中，作为劳动保险总基金。“文革”期间整个工会系统几乎瘫痪，劳保医疗社会统筹基金停止提取。“文革”后，劳保医疗恢复运作，但也逐渐演变成为纯粹意义上的封闭运行的企业内部保险，国家不再向企业征收调剂金。劳保医疗真正蜕变为企业保障。企业间因所有制类型、行业归属、职工年龄构成、经济效益好坏等不同形成保障能力差异，进而使其为职工及家属兑现的保障待遇高低不等。相对而言，国有大中型企业职工及家属往往能够获得最好的待遇，一些中小规模企业、街道集体企业由于资金有限，医保待遇水平偏低；城镇非正规就

①② 参见《中华人民共和国劳动保险条例》（1953年）。

业者则无法享受劳保医疗。曾有调研数据显示，1991 年湖北省只有 36.8%的乡镇企业职工具有和国营企业职工相接近的劳保医疗待遇①。20 世纪 80 年代末，河南省一些微利企业对劳保医疗开支难以承受，“特别是那些实行承包经营的商业、饮食业、服务业等，更为困难”②。尤其到了 90 年代末，结合我国医疗领域市场化改革，医疗费用上涨势态严重。“困难企业普遍感到职工医疗保险难以为继，企业福利基金成倍超支，连年挂账，职工的医药费无法保障，出现拖欠职工医疗费的情况。”③ 与之相对应的是大型国企的优越待遇，例如，20 世纪 90 年代，“浙江省龙游县‘亚伦公司’内部规定医疗费越高个人负担越少，超过 3 万元以上的全部由企业报销，甚至比机关的公费医疗还要优越几倍”④。此外，外资企业、合资企业和私人企业根据企业自身情况灵活制定和选择职工医保办法，使城市职工医保进一步碎片化。例如 1992 年，苏州市“三资”企业对职工医疗大体有两种管理方式：“一是参照劳保医疗制度，制定本企业职工医疗保障办法，全额报销医疗费或职工自付 10%~20%的医疗费；二是直接将医疗费纳入职工工资，职工的一切医疗费用均由个人支付。”⑤ 参保机制上的灵活性使很多非国有制企业职工在“企业的权衡下”无法获得劳保医疗待遇。另外，随着劳保医疗费用开支逐年上涨和入不敷出，我国开始了劳保医疗的调整改革。80 年代职工医疗费支出占企业劳保费用总额的比重多的为 70%~80%，少的仅为 50%左右。由于企业间医疗负担存在差异，各企业都自主进行了特色化的探索。据统计，“焦作市调查的 118 个企业中，自行改革劳保医疗制度的企业有 103 个，占 83.3%。这些企业实施改革的具

① 曾凡富，陈继国，赵传启，等. 87 家乡镇企业劳保医疗状况分析 [J]. 湖北省卫生职工医学院学报，1991（2）：47-49.

② 谢友雪，李秀生，李家骥，等. 关于国营企业劳保医疗制度改革的几个问题 [J]. 中国劳动科学，1988（11）：10-13.

③ 黄孟岳，孙裕增. 试论劳保医疗体制改革的现状、问题和对策 [J]. 浙江社会科学，1994（5）：64-67.

④ 杜世源. 一位县长的医保改革观——必须因地制宜稳步推进 [J]. 中国社会保障，2000（6）：38-39.

⑤ 周寿祺，杨焕乐. 改革职工医疗保障制度刻不容缓——苏州市公费、劳保医疗制度的调查报告 [J]. 中国卫生事业管理，1994（7）：347-349.

体内容各不相同”①。可见，城市职工内部虽然是劳保医疗单一制度在运行，却因单位内部封闭运作和自行调整而产生了差异化的政策结果。劳保医疗内部出现碎片化和分层化。

回顾整个计划经济时期的城市职工医保，只有在新中国成立之初短暂地实行了全国范围内统一的职工医保福利，之后长期是一种各自为政的“单位福利”，这种“企业碎片化”现象甚至延续到改革开放后的很长时期，直至 1998 年全国城镇职工基本医疗保险制度的建立。然而由于低统筹层次以及优先为城镇正规就业职工提供保障的制度设计，新制度虽然终结了“企业碎片化”，却延续了碎片化的制度惯性，蜕变为阶层碎片化和地域碎片化。

除了职工劳保医疗之外，我国还在城市推行了另一项医疗保障制度——面向机关及事业单位工作人员的公费医疗。1952 年，原政务院颁布了《关于全国各级人民政府、党派、团体及所属事业单位的国家工作人员实行公费医疗预防的指示》，随后又批转了卫生部制定的《国家工作人员公费医疗预防实施办法》，建立了公费医疗制度。公费医疗主要是对机关事业单位工作人员实行免费医疗，并对其供养的亲属实行补助的一项医疗福利。公费医疗所需开支在卫生部管理的“公费医疗经费”一项下列支。起初，公费医疗保险项目和待遇标准与劳保医疗基本相同，只是两者的管理体制、经费来源和开支范围有所不同，但是随着制度的演变，两者之间的待遇差距越来越大，并逐渐演变为医疗福利双轨制。公费医疗经费来自国家财政预算。经费开支标准由国家根据职工对医药方面的实际需要和国家财力以及医药卫生事业所能提供的资源，确定每人每年享受公费医疗待遇的预算定额，将经费拨交地方财政管理使用，实际超支部分由地方财政补贴。公费医疗由国家与地方财政包揽职工的医疗费用，为职工健康提供高水平的保障。改革开放以来，公费医疗的局限性日益显现，“医疗双轨制”“超国民待遇”等一系列热词体现出舆论和学界对公费医疗公平性的思考。中科院 2007 年的一份调查报告称，“我国政府投入的医疗支出中

---

① 谢友雪，李秀生，李家骥，等．关于国营企业劳保医疗制度改革的几个问题［J］．中国劳动科学，1988（11）：10-13.

80%是为850万以党政干部为主的群体服务"①。

综上，从整体上看，公费、劳保医疗均属于国家提供的福利性的保障制度安排，这套体系被称为"国家—单位"保障。企业承担了医疗保障的职责，单位保障模式下各个企业建设成为一个个"迷你的福利国家"。由于缺乏社会统筹，各企业之间医保待遇千差万别。而机关事业单位的公费医疗又凸显了政企之间的差别。在这两项制度下，计划经济时期我国城市居民的医疗保障也形成了一个"高低有序、内外有别"的"差序格局"。

5.1.2 计划经济时期的农村医保及城乡二元碎片

计划经济时期国家优先在城市建立起了公费医疗和劳保医疗。而政府财政在农村地区的医疗保障中长期缺位，医疗保障更多地依附于集体、土地和家庭。为了应对农村缺医少药、疾病流行和就医难的问题，农民创造性地将生产合作化的思想运用到了医疗领域，开拓了依托农业生产合作社的集体医疗保障模式。

1955年，山西省高平县米山乡建立起全国第一个卫生保健站，开始了合作医疗模式的探索。之后，卫生部肯定了米山乡的经验，并在全国进行推广。合作医疗由社员群众和合作社共同筹集资金，各地在推广过程中结合集体经济的规模个性化地探索出了"合医不合药""合药不合医"等不同保障模式。社员看病的药费由生产大队全部或按照一定比例报销。依托"赤脚医生""赤脚护士"以及廉价的中医药技术，结合当时的爱国卫生运动，合作医疗取得了巨大的成功。20世纪70年代末，农村合作医疗在顶峰时期曾覆盖全国90%以上的行政村。

与城市公费、劳保医疗的"立法先行"不同，农村合作医疗是地方"试点先行"。由地方农村创新探索的合作医疗在1955年就开始出现，之后合作医疗的快速推广和发展虽然离不开国家的政治动员和行政推动，但是真正以合作医疗为核心关键词的政策规范性文件直到1979年才出现②。

---

① 高迪．浅谈公费医疗改革——从历史沿革、存在问题和引发的讨论热点分析［J］．学理论，2015（25）：93-94.

② 1979年12月，卫生部、农业部和财政部等联合下发了《农村合作医疗章程（试行草案）》。

可见合作医疗最初基本上属于农民内部的自发组建。与公费、劳保医疗主要依靠国家财政和企业扶持不同，合作医疗发展所需资金主要来自公社合作基金和公社成员的缴费，政府并没有给予合作医疗以任何形式的财政支援。对于农村医疗保障事业的发展，政府财政存在着长期的责任缺失。1978 年实施家庭联产承包责任制之后，失去唯一的集体经济资金支柱的合作医疗在全国范围内瞬时瓦解便是最有力的例证。1985 年全国合作医疗覆盖率迅速降低至 5%，此后失去集体医疗保障的农村居民开始了漫长的自费医疗状态，传统的家庭保障和土地保障重新成为农民疾病风险的承载主体。增长缓慢的收入水平和迅速膨胀的医疗费用构成了鲜明的对比，这种对比形成了农民自费医疗的高支付风险。这种风险也是越来越多的农民出现因病致贫、因贫致病的直接诱因。

诚然，长期以来农业扶持工业的发展战略使农民承受了沉重的隐性负担，对农业资金的抽取和对农民利益的侵蚀不仅体现在经济领域，也体现在社会福利领域。受此制约，农村各项社会保障事业发展均表现出滞后性和不稳定性。新中国成立后国家将社会保障制度建设的重点放在城市，农村居民一直未获得应有的保障，只能依靠集体经济获得有限的生活保障和合作医疗，并主要以自助和家庭供养的方式获得养老保障。而医疗保障方面，随着合作医疗日渐式微，仅有的从集体经济那里获得的有限的福利待遇也消失殆尽。

从总体上看，计划经济时期的医疗保障政策是基于户籍和社会身份建立的碎片化制度体系，不仅有城乡分野，城市内部也因职业和身份不同而存在差异。医疗保险待遇与户籍、身份、就业相关联。城市和农村运行两种不同的体系。对比而言，城市居民比农村居民更具医疗保障的特权。城市长期运行的是国家财政和企业支撑的福利性医疗保障，农村则运行着一种依托集体经济的以初级医疗卫生服务为主的医疗服务保障体系。农村不仅得不到来自政府财政的福利支持，还要以农村经济扶持工业发展，以牺牲农业、农村、农民的利益推动城市工业化、现代化。实际上城市产业工人的优越福利离不开农业和农民的贡献。这种社会政策领域明显的“城市本位”和“工业优先”的价值取舍使当时的医疗保险制度与其说是一项社会福利，不如说是一种“政策安排”和“政治动员”。

除了城乡二元碎片之外，还有城市内部的多元碎片。随着“在政府部门、国有企事业单位实行定编定岗，在编的成员属于体制内的人，他们能够享有体制内较好的福利，而在体制外的合同工、临聘人员往往被排斥在体制福利之外”①。政企之间，公务员往往比国有企业职工（及职工家属）更容易获得特别的优待。而企业之间，企业封闭保障使碎片化沉淀到了“单位”，不同企业的待遇参差不齐，甚至更细化为企业内部由于职工的用工方式不同而面临不同的医保待遇。依据艾斯平-安德森在福利模式划分理论中的阐释，“有些部门享有特权，有些部门没有特权，有些部门则完全被排除在福利体系之外……这是一个真正‘俾斯麦式’的体系”②。也正如许多国内学者描述的那样，计划经济时期我国的医疗保险特征表现为“碎片化”，改革开放后，顺应市场化导向的医保改革，不仅没有改变这种状况，反而愈加支离破碎。

5.2 医疗保险改革：问题导向下步步推进的碎片化

基于前文的分析，计划经济时期的公费医疗、劳保医疗以及合作医疗从本质上看是附属于国家经济政策的安排，是以“低工资、高福利”并且“重城市、轻农村”的方式扶持国家工业化建设。改革开放以后，尤其是进入20世纪90年代后期，城镇职工基本医疗保险的建立虽然实现了统账结合模式的制度创新以及统筹层次上的突破，但“改革定位仍是深化国有企业改革的配套工程，改革最根本的原因仍然是传统（医保）制度不能适应市场经济体制的需要”③。综观我国改革前后的城乡医疗保障制度建设，均是立足于当时的经济发展问题所做出的被动反应。回顾改革历程，医疗保障在服从并服务于经济政策的定位下亦步亦趋，整个医保制度的政策推新过程也是一个在“问题导向”下的碎片化过程。

---

① 包先康．我国社会政策碎片化与民生困境［J］．安徽师范大学学报（人文社会科学版），2016（4）：515-522.

② 托尼·赛奇，周凤华．中国社会福利政策迈向社会公民权［J］．华中师范大学学报（人文社会科学版），2012（4）：24-31.

③ 郑功成，王延中，孙炳耀，等．中国医改何去何从——写在医改话题讨论之后［J］．中国社会保险，1998（12）：10-13.

所谓“问题导向”，即在经济政策统率社会政策的发展潮流下，医保制度被视为应急性的政策工具。被动应对改革过程中由利益重组所导致的各种社会问题，缺乏对医保制度自身规律的研习和把握。“其政策构想和实践都具有明显的局限性和防御性”①，过度注重其短时效应，忽视长期发展规划。简言之，在“问题导向”下，医保政策不仅被视作经济政策的附属，还蜕变成为“头痛医头、脚痛医脚”的应急性或短期工具。医保发展路径上的“问题导向”始于改革开放初期。它或是服务于工业化的目标，或是延续经济领域的“效率优先”，或是复制初次分配领域的差距，抑或是停留在对旧有问题的参数调整上，缺乏对制度自身的考虑并与兼顾公平和效率的目标渐行渐远。严重的“问题导向”使医疗保险制度建设迷失了自己的制度定位，可谓“不识不知，行之而不知其道”②。医保改革过程也演变成为一个走向分割、不断碎片化的过程。

5.2.1　问题导向之一：从属于经济政策的发展定位

新中国成立后，社会保障价值理念服从于计划经济政策目标和高度平等的政治意识形态。公费医疗、劳保医疗这种“国家—单位”模式，为稳定社会、恢复发展经济，乃至为举全国之力发展工业化提供保障，取得了突出的成绩。然而却客观上导致了医疗保险制度体系在城乡之间的二元性以及在城镇内部的就业关联性。医疗保障在同一阶层内部或同一组织内部通常是高度的“平均主义”，而在阶层之间却出现了差异化。此外，这种医疗保险模式还在财务机制以及待遇给付机制方面存在缺陷。简言之，职工既不需要缴费，也几乎不需要为医疗就诊行为分担太大的成本。随着制度的推行，这些忽视制度自身发展规律与发展逻辑的政策漏洞演化成各种问题，并且愈演愈烈。例如，患者过度医疗需求、医疗机构人员工作效率低下，以及企业封闭统筹使中小企业不堪重负、不同企业内部职工待遇不均，等等，一时各种问题丛生。对此，理论界和实务界虽有关注，但决策层更多建议的是对制度做参数调整和增

---

① 岳经纶，斯坦·林根，陈泳欣．中国正在建立怎样的福利国家［J］．中国公共政策评论，2013（7）：1-20.

② 孙中山．建国方略［M］．北京：中华书局，2011.

量改革，各地区也多是探索政策技术手段的创新，如医疗费单位包干管理或职工自付一定医药费，而理论界也缺乏从医疗保险制度自身发展规律视角展开的研究。通过文献回顾，我们会发现20世纪80年代学界研究多为聚焦企业如何更好地控制医疗费用而展开的实证研究及地方经验推广，少有从医保制度价值理念、规律和逻辑层面入手阐释问题根源的研究。不论政府的政策调整还是学者们的学术讨论均有着明显的“头痛医头、脚痛医脚”的工具性和被动性定位。因为未及制度问题的根本，所以收效甚微。直到90年代以后，国有企业深化改革才开启传统医保的结构性改革之路，同时也进一步验证了医疗保险从属于经济政策的传统定位。

改革开放之后，“效率优先、兼顾公平”成为经济政策的发展理念，社会保障制度被定义为市场经济的五大支柱之一。于是社会保障发展理念也与经济发展理念趋同，“效率优先、兼顾公平”也顺理成章地成为社会保障改革的价值指导。近二十年来，伴随经济体制转型，我国的医疗保险制度也步入快速发展时期，只是从覆盖面的角度看，制度发展最初却是在做减法。正如Sarah Cook（2002）所指出的，“中国的渐进改革过程，对许多社会群体而言，是一个走向更多的‘无保障’（insecurity）的过程”①。20世纪90年代的医保改革使职工家属失去保障，农村居民更是长期以来在无保障状态徘徊。若干年后，新农合和城镇居民基本医保纷纷建立，也从侧面印证了这些群体曾经长期处于医保空白状态。细数过往，1998年，城镇职工基本医疗保险的建立，目的之一是帮助国有企业改变曾经“企业办社会，大而全、小而全”的面貌，顺利实现医疗保险从原有的单位保障向真正意义上的社会保险的转型。改革也使拥有城镇户籍的正式部门的正规就业者成为优先获得社会医疗保险的群体。2003年，新农合出台，终结了8亿农村居民合作医疗瓦解以来自费医疗的高风险状态。2007年，城镇居民基本医保开始实施，曾经与职工一同在劳保医疗下受益的“家属们”，结束了十多年的无医保状态，被一项新的制度所覆盖，同样被纳入制度的还

---

① COOK S. From rice bowl to safety net: Insecurity and social protection during China's transition [J]. Development Policy Review, 2002, 20 (5): 615-635.

有数量庞大的非正规就业者。至此，全民医保在制度层面上搭建完成，然而相伴生的阶层碎片化格局也在前文所述的“问题导向”下逐步形成。医保碎片化成为今天深化医保改革所不得不面对的一个历史问题。

长期以来，我们对社会保障的认识定位在“可以对经济发展和社会稳定做出突出贡献的制度”。社会保障没有相对独立的政策定位，而是服务于经济政策、从属于经济政策，一切以促进经济增长为目的，“使其成为经济转型和发展服务的推动剂和稳定剂”①。这种对社会保障制度所持有的工具性价值观使各项保障制度在构建的过程中既忽视了制度自身的发展规律，又阻碍了制度公平理念的实现。医保制度也受到了这种工具性定位的影响。由于制度认知的局限性，结合医保改革的外部环境，一直以来医保的费用分担功能和卫生筹资功能被过分地扩大，却淡化了它作为社会保障制度、从属于收入再分配的本质。各界对医保制度公平性的评判很大程度上聚焦在权利和义务相对等的原则上，忽视了宏观视角下的公平。于是参保人筹资缴费和待遇给付对等的原则被一次又一次地强化。个人账户、起付线、封顶线、报销比例等一系列被强化的需方费用控制机制使高收入者获得保障权益更多，低收入者越发处于不利的地位。十分明显，工具性定位下的医保制度正在与“最不利者最大得利”以及“平等获得促进健康的‘可行能力’”等公平原则渐行渐远。“改革初期，中国经济改革处在全赢状态（win-win game），社会各阶层都能从改革中受益。”② 近年来，随着经济发展进入新常态，曾经被经济高速增长所掩盖的问题开始凸显。2012年，党的十八大报告指出公平正义是中国特色社会主义的内在要求。共享发展、民生、公平等关键词的提出，表明我国开始实现社会保障从经济政策向社会政策的范式转变。医保制度建设理念也逐渐从效率至上向公平回归。医保改革从着眼于短期目标和短时效应转变为注重可持续性的长期规划。人们开始从根本上反思从属于经济政策的工具性定位的弊端，曾经在“问题导向”下形成的制度碎片也要从疏离孤立走向融合。

综上，我国的医保制度建设从历史上看具有明显的碎片化路径依赖和

---

① 姚俊．社会政策的学术分析维度与研究策略——基于本土化的视角［J］．学海，2011（6）：87-91.

② 岳经纶．社会政策视野下的中国民生问题［J］．社会保障研究，2008（1）：1-11.

制度惯习，“问题导向”是这种路径依赖的强化机制，从属于经济政策的工具性定位是碎片化路径锁定的助因。为实现改革和发展上的新突破，需要打破医保碎片化的路径依赖，探索医保整合。

5.2.2 问题导向之二:设置个人账户，拉大阶层差距

1998年我国开始实施“统账结合”的基本医疗保险模式，主要覆盖城镇企业职工。对于中国的社会保险制度改革而言，个人账户是一个新事物。关于个人账户，最早可追溯的中央政府文件是1993年11月中共十四届三中全会通过的《关于建立社会主义市场经济体制若干问题的决定》。文件明确提出“城镇职工养老和医疗保险金由单位和个人共同负担，实行社会统筹和个人账户相结合”。为什么中国在深化经济体制改革时期同步进行的社会保险改革选择建立个人账户制度，而且不仅1997年新的职工养老保险设置个人账户，1998年紧随其后的职工医保也选择了统账结合模式？综合各方面，主要有以下三个因素促成了个人账户这一政策抉择：

第一，新制度的建立最先要考虑的是旧制度的若干问题和积患。彼时，公费医疗、劳保医疗的控费问题使医疗保险社会化成为主要发展方向。减轻企业负担、增加对职工的约束力、控制不断攀升的医疗开支成为新的职工医保首先要解决的关键问题。诚然，这也与深化国有企业改革的方向不谋而合。计划经济时期公费医疗、劳保医疗的做法既与社会保险的原则相悖，又与市场经济的理念相悖，自然已不再顺应新时期经济体制改革的需要。那么，接下来就是找到如何解决上述问题的办法。当时医保改革的整体思路是从传统的“国家—单位”保障演变成为真正意义上的社会保险。改革的核心与根本是改变企业包办，强调职工个人责任，再结合公费医疗、劳保医疗制度下主要由职工的道德风险所导致的医疗费用膨胀问题，改革的主要方向就越发明朗起来，即明确个人的参保缴费责任以及强调医疗支出中个人的费用成本意识。个人账户制度设计是实现此项制度功能的良好制度依托，诚然个人账户的经验并非产生于地方的试点探索，而是来自国际社会的成功实践。

第二，国际社会的影响。计划经济时期，我国学习了苏联的社保模式。20世纪90年代后，我国全面启动与社会主义市场经济体制相适应的

社会保障制度改革。同时期，受新自由主义的影响，国际社会中围绕社会保障私有化改革浪潮的讨论正盛。新加坡个人公积金账户制度以及智利等南美国家养老金个人账户制度的成功实践成为各国热议和研究的典型。尤其新加坡以个人账户为依托的健保储蓄计划的成功，坚定了我国采纳医保个人储蓄账户的信心。

第三，职工养老保险个人账户的成功示范。1991 年我国开始了养老保险个人账户制度的探索。同年 6 月，国务院印发《关于企业职工养老保险制度改革的决定》，文件中首次提及“职工个人账户”，这标志着养老保险个人账户的萌芽。同期，诸多国际机构的研究人员尤其是世界银行、国际社会保障协会以及国际劳工组织的专家，纷纷建言中国的养老保险制度可以尝试设置个人账户。可以说养老保险“统账结合”模式的建立对医疗保险改革产生了很大的影响。

综上，医保“统账结合”模式的选择既考虑了国内因素，又考虑了国际社会的影响，以及受到其他国家成功发展经验的感召。医疗保险个人账户的设置是在综合借鉴德国社会保险模式和新加坡强制储蓄模式的基础上，结合我国的养老保险“统账结合”模式的成功实践所做出的政策创新。设立医保个人账户最初是为了应对传统劳保医保制度下职工过度消耗医疗需求和缺乏成本意识等问题，旨在强化个人责任，约束不合理的就医行为。其主要功能定位在强化医疗服务需求方（参保人）的费用控制，同时还兼具个人为应对年老风险而进行的医疗基金积累，简言之，即费用控制功能和基金积累功能。

从学理上看，新的制度设计要应对旧制度的问题这一点是毫无疑问的。但个人账户的设置虽然能够应对原有的问题，但却不一定是最科学或最合理的制度设计。从本质上讲，注重个人积累的个人账户缺乏互济性，与社会保险的互助互济、风险分担等原则相悖。制度属性上的差别使个人账户与社会医疗保险的契合度还有待深入探讨。也正因如此，我们看到通过近二十年的实践，个人账户在部分解决了旧制度问题的同时又带来了新问题。当然任何一项改革都有可能带来一定的过渡期、振荡期，关键要看这些问题是属于社会震荡，还是属于制度本身不合理所带来的后续引致问题。有些新问题的出现可能是一种改革过渡期的体现，随着制度运行趋于稳定，问题自然消弭；而有些问题则意味着制度设计本身的缺陷，必须通过制度创新和调整才能规避。个人账户即属于后者。围绕个人账户所产生的一系列问题的根源在于我们对医疗保险个人账户这一制度设计的本质缺乏全面而深刻的辨析及把握。进而言之，个人账户背后主要彰显私有化和积累性，这些制度特性在养老保险中用于突出效率性以及应对老龄化将大有裨益，只是移植到医疗保险制度中则不尽然。世界上构建医疗保险个人储蓄账户的国家并不多见。新加坡的个人公积金制度是为数不多的成功个案之一，或仅视作一个人口规模较小的国家的特例。

我国职工医保个人账户在实际运行中存在的问题主要体现在以下方面：

首先，积累功能有限。个人账户的设立更多的是看中了积累功能。从理论上讲，个人账户制度通过强制性的参保缴费和按比例划入具有很强的资金积累性，同时通过限定个人账户在门诊阶段的“专人专用”，不仅强化了这种积累性，同时还具有很强的费用控制作用。然而积累性更多是源于养老保险个人账户积累功能的良好示范，费用控制也是对需方医疗行为的简单判断。事实情况却往往正相反，很多职工尤其是低收入职工的个人账户往往入不敷出，甚至不足以支付参保职工本人的门诊支出。诚然，养老保险和医疗保险是本质不同的两个险种。养老风险是在特定的年龄上发生的，而医疗风险是在任何生命时段上都有可能发生的。综观生命周期中的劳动年龄段，养老保险个人账户大约有30年的积累时限，养老个人账户的支付具有延时性，而医疗个人账户的支付是现时性的。由于疾病风险的不确定性，参保人在任何生命时段上都有可能支取个人账户。一个无法经年累月持续积累的个人账户如何发挥积累功能呢？对于那些中低收入职工，没有充足积累的个人账户常常使其在门诊阶段面临自费医疗的状态。除保障参保个人门诊阶段医疗需求的作用十分有限之外，个人账户还成为无保障或低保障家庭成员占用的对象。名义上为参保职工个人的个人医疗储蓄账户，实际上保障着全家人的药品支出。个人账户演变为“家庭账户”。对于低收入职工，本已捉襟见肘的个人账户更容易在家人的“合力”下“支空”。

关于积累功能有限，我们还需要关注这样一个问题：虽然从微观角度看，大部分中低收入职工或身体状况较差的参保者个人账户往往入不敷出，但是从宏观上来讲，我国个人账户的累计结余额却逐年上涨，这其中更多的是高收入人群。所以个人账户制度下出现了一部分人资金短缺和一部分人资金闲置并存的现象。总体上看，不足和闲置并行，结余和浪费并存。据统计，“2013 年全国城镇职工医保个人账户结余 3323 亿元，2014 年更达 4000 亿元左右”①。个人账户基金大量沉淀。账户有结余者“能用则用”，浪费现象和道德风险严重；账户不足者则“捉襟见肘”，账户支空之后的自费医疗又进一步加重了低收入者的医疗负担。实践中我们经常会看到这样的现象：一方面，老年人、低收入者或慢性病患者的个人账户资金不够用；另一方面，围绕医保个人账户的异化事件层出不穷，如利用个人账户购买保健品、生活必需品，甚者套取账户现金。问题背后，个人账户的互济性、积累性和约束性以及制度效率被逐个质疑。不禁让人反思，改革初期所赋予的个人账户的各种预期功能是否合理？如果合理，那是什么影响了预期效果的实现？我们应该继续个人账户模式，还是转以其他制度设计。除积累功能十分有限外，医保个人账户控制医疗费用的作用也很有限。个人账户主要从需求方的角度控制医疗费用，而研究发现，医疗费用的膨胀更多的是由供给方所引起，主要源于供给方所诱导的过度需求。而从制度逻辑上看，个人账户对供给方几乎起不到任何费用控制的作用。

其次，我国医保个人账户不具有社会互济的作用。以私有性和积累性为主要特征的个人账户，在资金的注入上主要来源于企业和个人的缴费，通常以职工工资为基数按比例缴费。这就决定了个人账户的划入额与职工个人的工资水平正相关。高工资者个人账户划入额和累计结余相对较高，可用于门诊和药品保障的资金额度大，获得的制度回报率高。而低收入者的账户资金则通常“捉襟见肘”。个人账户不存在参保人之间的互助共济，低收入者在这个过程中不会得到转移支付，因此个人账户最先支空的往往是低收入者。这也寓示着低收入者在门诊阶段的保障往往不足，有悖于医疗保险的结果公平。

最后，目前我国职工基本医疗保险的个人账户资金所占比例过高，进一步弱化了制度的互济性，并且在公平与效率的天平上更加向效率一侧倾

① 参见人力资源社会保障部《2013 年度人力资源和社会保障事业发展统计公报》。

斜。按照我国相关制度文件的规定，职工医保缴费通常为个人缴纳工资收入的2%，单位缴纳工资收入的6%。其中，个人筹资部分全部划入医保个人储蓄账户，单位筹资部分的30%划入医保个人储蓄账户。总体来看，约占个人工资的3.8%划入了医保个人账户，其余4.2%划入社会统筹基金。我国医保个人储蓄账户的资金约占全部医疗保险基金的47.5%，社会统筹基金只占52.5%。对比而言，职工养老保险个人账户资金也只占到全部养老保险基金总额的28.6%。如果说社会统筹部分注重公平，个人账户部分强调效率的话，那么我国职工医疗保险比职工养老保险更加强调效率。

综上，鉴于以上问题的存在，职工医保个人账户的设置事实上拉大了职工之间的医保差距，尤其使职工内部不同收入阶层、不同行业以及不同企业的人员之间在门诊阶段以及在对药品的保障中待遇相去甚远。医保个人账户的规模与职工工资正相关，其背后隐含的恰恰是门诊阶段医疗保障水平与职工工资收入的正相关。贫困职工在药品和门诊阶段常面临保障不足。个人账户的设置一定程度上助长了基本医疗保险的阶层碎片化。在诸多负面效用下，学者们也开始探讨和研究是否应该取缔医保个人账户，改为门诊统筹。

5.2.3 问题导向之三：需方费用控制定位下的阶层分化

改革开放之后，公费医疗、劳保医疗面临主要的问题是医疗费用的膨胀以及由此带来的政府财政和企业支付的压力。一时医疗卫生支出攀升，“全国职工医疗费用仅从1978—1997年，就增长了28倍。由27亿元增长到774亿元，年递增约19%。而同期财政只增长6.6倍，年递增约11%”[①]。在增长速度上，医疗费用已经超过了财政。同时“据有关部门调查分析，不合理的医疗费用支出约占全部医疗费用的20%~30%。出现许多过度医疗现象，如‘一人劳保、全家吃药’‘泡病号’，等等”[②]。由于两项医保制度都属于国家福利性的制度安排而非真正意义上的社会保险，参保职工不需要履行缴费的义务，从而缺乏费用成本意识。在医疗机

①② 潘善棠．我国城镇职工医疗保险制度改革［EB/OL］.（2001-03-21）［2019-12-13］. http://www.people.com.cn/GB/jinji/34/167/20010321/422440.html.

构真正开展适当引入市场竞争机制的改革之前，医疗费用的不合理增长很大程度上源于医疗需求方的道德风险问题。

回顾 20 世纪八九十年代的医保研究文献，基本上围绕着企业如何约束职工的就医行为、如何节省有限的医疗经费等主题展开。同时期的政府决策基本上也是围绕着如何约束需求方而展开各种参数调整或政策微调。虽然收效甚微，但是这种改革思路却延续下来。20 世纪 90 年代后期，城镇职工医保进行结构性改革时，仍然延续对需求方成本意识和费用控制的强化，如提高职工缴费比例、取消职工家属联保的做法，改变职工近乎免费的医疗支付状态，设置起付线、封顶线、共付比例等。参保者成为费用控制机制瞄准的主要对象。之后，医疗费用上涨之态得到缓解，但好景不长。尤其随着我国在医疗服务领域适当引入市场竞争机制改革并持续推进以后，进入 21 世纪，2000 年之后国家医疗卫生费用继续走高，而且还伴随着老百姓的“看病难、看病贵”，低收入群体的医疗服务可及性差、医保待遇不公平等问题。最后直至 2005 年国务院提出我国多年来的医改基本上是不成功的论断，医改第一阶段宣告结束。我们也应该反思，在需求方受到了严格的制度约束之后为什么还会出现医疗费用的难以抑制呢？

可以说计划经济时期不合理的医疗费用上涨的确主要是由需求方的道德风险所引致，但这种判断是基于当时公费医疗、劳保医疗制度以及特定的制度环境。随着职工医保制度的建立，以及不断推进的医疗服务领域市场化改革，原有的制度以及制度环境均已发生变化。时过境迁，需求方不再是主导因素，供给方的道德风险日益突出，供给方诱导下的过度医疗问题频出。从学理上，根据卫生经济学的观点，医疗服务的供给方才是控制医疗费用的核心，根据世界上大部分国家的统计数据，医疗费用上涨中约有 70%来自供给方，单纯控制需求方并不能带来医疗费用的大幅下降。而 1998 年，我国新的职工医保却恰恰将费用控制的重心放在了需求方一侧。

另一个问题，对于导致医疗费用上涨的源头——医疗服务的供给方，政府又是如何监管的呢？医疗服务领域引入市场机制之后，政府放权，医院成为差额拨款的事业单位，允许医院在医疗服务和药品销售中提取收入，即“业务收入”。改革使医院摆脱了计划管制时期的低效运作，具有了市场化运营的活力，然而也开启了医疗机构对收入和利润的追逐。部分医疗机构的公益性在消退，盈利性日渐增长。“业务收入占医疗机构收入的比重越来越高，近年来甚至高达90%。”① 此时，参保患者在就医的过程中极有可能面临“供给方诱导的过度需求”。改革后的医保制度设置了针对需求方的强费用约束机制，而针对供给方的则几乎为空白，费用支付方式沿用按服务项目分类付费（一种后付制），世界各国的医疗保险制度实践证明这种典型的后付制弱化了对医疗机构道德风险行为的有效监控。在医保制度费用控制机制缺乏强有力的供给方约束的同时，医保机构也没有真正充当起第三方购买者的角色。患者不论参保与否均是独立的医疗服务购买者，医疗保险经办机构并没有形成实际意义上的集团购买者，谈判机制和协议购买职能长期缺位。

回首改革之初，需求方控制的定位虽不置可否，但过于强调需求方控制而忽略供给方控制则有失偏颇。Yip 和 Hsiao（1997）研究指出“这种只向需求方费用控制一边倒的制度设计不仅对于控制医疗费用而言收效甚微”②，而且以设置和提高自付额以及自付比例的方式对需求方做出的费用约束机制还可能导致低收入的参保患者因为有限的支付能力而获得较低的医保制度回报率。在统一的起付线、封顶线和自付比例面前，低收入者更可能因无法承担自付费用而放弃住院治疗，高收入者则可能获得更多的医保偿付，最后形成“低收入者补贴高收入者”的现象。这样，不仅导致逆向再分配效应，而且由于医保不公平进一步扩大了阶层差距。总之，通过强化需求方控制以抑制医疗卫生费用膨胀的举措成效有限且意义不大。

客观评价，医疗保险改革从公费医疗、劳保医疗中吸取经验和教训，防范旧制度曾经出现的问题并以此作为制度改革的重点，毋庸置疑，具有其合理性的一面。但是一味地从问题出发，忽略了制度自身的发展规律和制度各方利益的综合平衡，将会影响制度的可持续发展。实践证明，单纯通过强化约束医疗需求方的道德风险问题以保证基金财务可持续性的政策取舍并不可行。

医疗保险是社会政策的一部分，社会政策应该是社会问题导向的，目

---

① 顾昕．从“养供方”到“补需方”“补供方”[N]．社会科学报，2009-05-28.

② YIP W C, HSIAO W C. Medical savings accounts: lessons from China [J]. Health Affairs, 1997 (16): 244-251.

的就是要解决经济发展所不能自发解决的问题，保护经济发展过程中的利益受损者和弱势群体。但是我国医疗保险改革过程中的“问题导向”则与之不同。一是从属性。它从属于经济政策，缺乏主体性，发展缓慢且处于弱势地位。经济政策注重发展、讲求效率，社会政策则应该更加注重公平，而我国医保政策在改革初期却更倾向于效率性。二是被动性。医疗保险作为一门理论以及一项制度，我们忽视了其自身的发展规律和发展趋势。例如从学理上讲，供给方是医疗费用上涨的主要原因，如果我们的制度设计在改革最初就对此有所防范、有所规避的话，医疗费用的不合理增长就会防患于未然。三是工具性、短视性。针对经济体制改革过程中的问题做出政策响应，针对不同的人群建立不同的医疗保险制度，虽然短时间内解决了问题，但是却为制度的碎片化埋下了伏笔。

综上，医疗保险制度的发展应该摆脱这种“问题导向”下的被动性、工具性、短视性和从属性定位，明确制度的主动性、自发性、长期可持续视角以及主体地位。医保制度需要综合定位和全盘考虑，既要解决现实问题，又要实现长远发展。

第 6 章 对医疗保险制度整合现状的探讨

鉴于对医保碎片化各种负面影响的深刻认识，社会各界包括决策层、理论界、实务界乃至社会大众，对医保整合达成了共识。2016 年 1 月，《国务院关于整合城乡居民基本医疗保险制度的意见》（以下简称《意见》）出台，三项基本医疗保险制度开始在新文件的思路下向制度整合迈进。截至 2016 年 6 月，已经有 12 个地区明确整合城乡医保并进行了先行试点和前期探索。其中河北、湖北、内蒙古 3 个地区率先响应文件号召出台了整合方案，其余 9 个地区在《意见》印发前已经开始创新性探索医保城乡统筹，包括“十八大以前进行城乡居民医保整合的天津、浙江、广东、重庆、青海、宁夏、新疆生产建设兵团；以及十八大以后 2015 年底以前进行整合的山东和上海”①。凡是业已先行试点城乡统筹的地区都在“统筹旧政”的基础上，依据“整合新策”继续推开。此外，还有源源不断的新增试点地区陆续加入医保整合的潮流中来。新旧试点城市在总体思路上一脉相承，后发地区整合目标更明确、政策取舍更清晰、制度革新更彻底。现就各地试点情况试做分析梳理，通过阐述“应然”的政策设计与“实然”的政策结果之间的耦合程度，对比不同整合模式的政策效果和福利效应，总结经验、理论反思并进一步指导实践。其意义不再赘述。

① 杨燕绥．由人社部门统一管理城乡居民医保是经过实践检验的正确选择［J］．中国医疗保险，2016（9）：30．

6.1　医保整合的多元模式

从《意见》可看出，中央政府的政策立意在于明确原则和指导方向，而将政策设计和落实的主动权交给了地方。文件主要对医保城乡整合给出了清晰的目标、原则以及指导性的方案框架，但具体的制度设计要由地方来抉择。中央政府给出了目标推进的时间表，“各省（区、市）要于2016 年 6 月底前对整合城乡居民医保工作做出规划和部署，各统筹地区要于 2016 年 12 月底前出台具体实施方案”①。时下，中央政府层面统一的顶层设计方案仍需等待。

事实上，各地在中央明确提出“医保整合”之前，已经广泛进行了医保城乡统筹和城乡一体化②的先行试点。2008 年，卫生部在全国新农合工作会议上提出进行新农合与城镇居民基本医疗保险相衔接（时称“两制并轨”）试点，首次参与试点的有 10 个地区，分别是山西省晋中市榆次区、临汾市襄汾县，江苏省镇江市、常熟市，浙江省嘉兴市，重庆市江北区、九龙坡区、合川区，云南省开远市，青海省海东市③。由于中央对地方政策创新的鼓励以及自行试点的极大空间，在综合多种因素的影响下，地方试点方案呈现千姿百态，一时各种模式林立，例如，成都和重庆的一制多档模式，神木全民免费医疗保险模式，东莞“三保合一”模式，嘉兴城乡居民合作医疗保险模式，太仓、兴化的三元模式，以及昆山、镇江、三明的一制一档模式，等等④。基于类型学的角度，归纳梳理不同的试点方案，化繁为简，学界的结论主要有“三种类型划分观”⑤⑥ 和“两种类型

---

① 参见《国务院关于整合城乡居民基本医疗保险制度的意见》（国发〔2016〕3 号）。

② 具体内容见第 2 章医保整合的概念界定部分。

③ 参见《卫生部办公厅关于确定新型农村合作医疗有关试点重点联系地区的通知》（卫办农卫发〔2008〕163 号）。

④ 王俊华，柏雪．全民基本医疗保险制度的可行性思考与路径构想［J］．苏州大学学报（哲学社会科学版），2015（5）：46-52.

⑤ 李长远，张举国．城乡医疗保险制度整合对参保居民待遇水平的影响——基于三种典型整合模式的比较［J］．求实，2016（2）：75-82.

⑥ 柴志凯．我国整合城乡三项基本医保制度试点分析［J］．中国农村卫生事业管理，2013（10）：1097-1099.

划分观”[①][②][③][④]。持“三种类型划分观”的研究认为医保整合主要有“三保合二”分档模式、“三保合二”再保险模式（以湛江为代表）以及“三保合一”全统一模式。而持“两种类型划分观”的学者则进一步将其简化为“三保合二”模式和“三保合一”模式。本书综合各方观点，结合试点情况，对医保整合模式的划分见表6-1。

表6-1　医保整合模式划分

模式划分			基金数	典型地区
“三保合二”模式	一档制	二元制	两个	厦门、三明、绍兴、珠海、温州、长沙、无锡、苏州、常熟、克拉玛依、昆明、枣庄、攀枝花、舟山、海西州、镇江、昆山
		三元制	三个	太仓、兴化、杭州
	多档制	二档	两个	成都、天津、重庆、湛江、济南、泰安、聊城、菏泽、青岛、乐山、甘孜州
		三档	两个	宁夏、延安
“三保合一”模式			一个	东莞、神木

总体上看，医保整合方案首先划分为“三保合一”模式和“三保合二”模式[⑤]。前者的整合程度更高，制度更公平，以东莞和神木最为典型。“三保合一”模式在全民医保的目标上更进一步，不仅要消除医保的城乡差距，还要消除就业者与未就业者、正规就业者与非正规就业者之间的医保差别。目前国内鲜见三种医保制度完全并轨的实践，大部分地区倾向于选择“三保合二”的整合模式——先将制度筹资水平和待遇水平相似的城镇居民医保与新农合并轨，整合为城乡居民医保，与职工医保并行。

---

① 袁涛，仇雨临．从形式公平到实质公平：居民医保城乡统筹驱动路径反思［J］．社会保障研究，2016（1）：55-60.

② 刘继同，陈育德．“一个制度、多种标准”与全民性基本医疗保险制度框架［J］．人文杂志，2006（3）：7-13.

③ 申曙光，易沛，瞿婷婷．社会医疗保险制度整合模式与制度运行效率研究——来自A市的微观证据［J］．金融经济学研究，2014（5）：57-66.

④ 赵为．医疗保险城乡统筹仍在路上——访中山大学社会保障与社会政策研究所彭宅文［J］．中国人力资源社会保障，2016（2）：37-38.

⑤ 同其他资料中所称“二保合一”模式的概念，均指城镇居民基本医保和新农合的并轨整合。

“三保合二”模式在各地演变成了不同的整合方式，如成都、重庆开创先河的多档制，以及部分地区独立创新的一档制。多档制是医保城乡统筹初期多地纷纷效仿的做法，通常结合地方的财政情况设置多个缴费档次，不同缴费水平分别对应不同的待遇水平。多档制虽然打破了城乡界限，但由于保留了有差别的待遇给付，所以依旧受到制度公平性的质疑。随着改革的推进，大部分选择多档制的地区都将其作为暂时的过渡性政策，结合地方财政实力逐步降低缴费档次，向一档制转变。后发的新试点城市往往在起点上倾向于选择一档制。一档制在实践中分为二元一档和三元一档，主要划分依据为整合之后的制度平台数量（或基金数量）。其中以二元制最为普遍，即制度整合之后原基本医保的三项制度合并简化为两项——职工医保基金和城乡居民医保基金分立。三元制则是个别地区在医保整合过程中的特色化探索。三元制虽然没有制度数量或基金数量上的简化和减少，但是与整合前城乡分立、身份有别的制度体系不同，进行了制度的内部重组。通过设置自由选择的参保机制和灵活的衔接机制，打破制度之间的户籍界限和身份壁垒，实现整合，典型的如太仓和兴化。

6.2 医保整合的试点经验

6.2.1 “三保合一”模式

6.2.1.1 东莞模式

2008年，东莞在全国率先实现了社会基本医疗保险制度的全市统一。将本市户籍内的所有城乡居民以及非本市户籍符合就业条件的城乡居民及家属全部纳入统一的医保制度，所有参保人获得平等一致的保障待遇。这在全国尚属首次，具有重要的标本意义①。

自2000年开始，东莞历经三阶段的医保改革。每一阶段均有政策创新，均延续促进公平的改革理念。2000年，在城镇职工医保成功运行两年

① 彭浩然，岳经纶．东莞医改与神木医改：地方社会政策创新的经验与挑战［J］．中山大学学报（社会科学版），2012（1）：165-171.

后，针对东莞外来务工人员数量众多的现实情况，医保制度创新性地将非本市户籍的外来务工人员纳入职工医保，打破了户籍界限。2004年，又将试点不足一年的新农合制度提升为全市统筹的农（居）民医疗保险制度。在全国尚未推行城镇居民基本医保的背景下，率先将当时制度尚未覆盖的城镇非就业居民纳入新农合，并将新农合的制度属性转变为社会医疗保险，打破城乡居民医保的户籍界限，实现农村居民的制度并轨。东莞农（居）民医疗保险制度最初设置了A、B两档缴费和待遇标准作为过渡，2007年合并为一档。在更加注重公平的同时通过增强财政补贴，实现个人缴费水平的下降和保障待遇的适度提高。2008年，在医保二元制的基础上进一步整合，打破参保的就业关联性，实现职工医保和居民医保的并轨，最终率先在全国实现了“三保合一”。地方财政通过对各参保人群的参保补贴，尤其是加大对城镇居民和农村居民的补贴力度，实现所有参保群体待遇无差别，消除城乡差距和户籍歧视。

东莞模式的特色可以概括为“统一筹资、财政补贴、待遇一致、多层保障、社保经办”（见表6-2）。

表6-2 东莞模式

<table>
<tr><td>覆盖范围</td><td colspan="6">本市户籍内的所有城乡居民及灵活就业人员，本市行政区域内所有用人单位的工作人员及所有大中专学生及中小学生</td></tr>
<tr><td>基金模式</td><td colspan="6">社区门诊统筹和住院统筹</td></tr>
<tr><td>统筹层次</td><td colspan="6">市级统筹</td></tr>
<tr><td>基金数量</td><td colspan="6">一个</td></tr>
<tr><td rowspan="9">筹 资</td><td>缴费基数</td><td colspan="5">以全市职工月平均工资为基数</td></tr>
<tr><td rowspan="2">参保人群</td><td rowspan="2">统筹类别</td><td colspan="4">缴费比例</td></tr>
<tr><td>单位</td><td>个人</td><td>财政</td><td>合计</td></tr>
<tr><td rowspan="2">职工</td><td>住院统筹</td><td>2%</td><td>—</td><td rowspan="2">0.2%</td><td rowspan="2">3%</td></tr>
<tr><td>门诊统筹</td><td>0.3%</td><td>0.5%</td></tr>
<tr><td rowspan="2">灵活就业人员</td><td>住院统筹</td><td>—</td><td>2%</td><td rowspan="2">0.2%</td><td rowspan="2">3%</td></tr>
<tr><td>门诊统筹</td><td>—</td><td>0.8%</td></tr>
<tr><td rowspan="2">城乡居民</td><td>住院统筹</td><td>—</td><td>1%</td><td>1%</td><td rowspan="2">3%</td></tr>
<tr><td>门诊统筹</td><td>—</td><td>0.5%</td><td>0.5%</td></tr>
</table>

续表

<table>
<tr><td rowspan="12">待遇水平</td><td rowspan="4">门诊统筹</td><td colspan="3">定点医院级别</td><td colspan="2">报销比例</td></tr>
<tr><td colspan="3">社区卫生机构</td><td colspan="2">70%</td></tr>
<tr><td colspan="3">二级定点医院门诊部</td><td colspan="2">60%</td></tr>
<tr><td colspan="3">三级定点医院门诊部</td><td colspan="2">50%</td></tr>
<tr><td rowspan="8">住院统筹</td><td rowspan="2">定点医院级别</td><td colspan="4">医疗费用额度及报销比例</td></tr>
<tr><td>≤5万元</td><td>5万~10万元</td><td>10万~15万元</td><td>>15万元</td></tr>
<tr><td>一级医院</td><td>95%</td><td>75%</td><td>55%</td><td>45%</td></tr>
<tr><td>二级医院</td><td>90%</td><td>70%</td><td>50%</td><td>40%</td></tr>
<tr><td>市内三级</td><td>85%</td><td>65%</td><td>45%</td><td>35%</td></tr>
<tr><td>市外三级</td><td>80%</td><td>60%</td><td>40%</td><td>30%</td></tr>
<tr><td colspan="5">设置统一的起付线和封顶线，其中连续参保3年以上的封顶线为30万元</td></tr>
<tr><td>管理经办</td><td colspan="6">由人力资源和社会保障局与卫生健康局共同管理（2018年前）</td></tr>
</table>

资料来源：东莞市人力资源和社会保障局网站，根据历年政府文件整理所得。

东莞社会基本医疗保险实行统一的缴费基数，所有类型的参保者统一以上年度全市职工月平均工资为基数进行缴费。缴费基数于每年7月根据当年本市统计部门公布的数据进行逐年调整。所有参保人原则上按照相同的比例缴纳医疗保险费（住院统筹部分是2%，社区门诊部分为1%，共计3%），但是为了缓解不同收入阶层的缴费压力，财政对包括职工在内的所有群体实行差异化的补贴，比例从0.2%到1.5%不等。按照卫生筹资理论，以不同参保人的收入水平为准进行不同水平的政府补贴，其中低收入者获得高补贴，符合“垂直公平”的原则，最大限度地实现了有限财政补贴资金的“物尽其用”，使低收入群体优先获得了最充分的财政扶持。东莞城乡居民是医保财政补贴的最大受益群体。此外，东莞制度还实行统一的待遇给付。经财政补贴后的医保基金给予所有参保人相同的制度回报率。住院统筹及门诊统筹阶段的制度给付率对所有城乡户籍居民、本地与非本地户籍居民、正规就业与非正规就业者乃至未就业者均一视同仁。唯一差别之处仅在于退休参保人住院及门诊各费用段的支付比例相应增加5%，体现制度向高患病概率老年群体的适当倾斜。除了全市基本医疗保险，还有同样实行城乡整合的补充医疗保险，由补充住院保险和医疗保险个人账户组成，旨在针对参保人经医保报销后门诊或住院部分的自付费用进行进一步的偿付。

6.2.1.2 神木模式

陕西省神木县①2009年实行了“全民免费医疗”。恰逢我国在经历医改挫败之后预出台新一轮医改方案，于是舆论对这个提前实现甚至超越新医改理念的神木模式格外关注，一时声名大噪。“神木模式”成为印刻在中国医疗卫生体制改革上的一个闪光点②，并在2009年“中国社会政策十大创新”③的评选活动中名列首位④。

相较其他地区整合城乡医保的实践探索，神木模式的独到之处不仅在于“全民”，更在于“免费”。然而更多学者的研究指出，究其根本，神木模式并不是理论意义上的免费医疗，只是由于2009年公布的文件命名为《神木县全民免费医疗实施办法》，一时之间舆论界沿袭了这一称呼。从学理上看，“免费医疗”通常指代医疗保险四大模式中的福利国家型或国家保障型。前者以英国的国民卫生服务体系（NHS）为代表。此项制度以税收为支撑，兑现了一个普惠全民、待遇公平、近乎免费的医疗服务递送体系。后者以苏联为代表，又如我国计划经济时期政府主导的医疗卫生体制和医疗保障制度。诚然，神木模式与上述两者远非一物，相去甚远。与其说神木医改的制度模式是“全民免费医疗”，不如说神木模式更像是一种“全民医疗保险”。

表6-3 神木“全民免费医疗”模式

覆盖对象	全县企事业单位的所有职工和本市户籍的所有城乡居民
基金模式	门诊阶段实行城乡居民合作医疗门诊账户和城镇职工医保的个人账户，住院阶段实行社会统筹
统筹层次	县级统筹
基金数量	一个（职工和城乡居民的医保基金合并为一项）

① 神木县2017年变更为神木市。

② 霍海澎．免费医疗，北看神木［N］．陕西日报，2013-05-13.

③ 该评选活动由民政部《社会福利》杂志社、北京师范大学社会发展与公共政策学院、中国社会学会社会政策研究专业委员会、北京师范大学社会政策研究所联合创办。

④ 《社会福利》编辑部．聚焦：中国社会政策十大创新［J］．社会福利，2010（1）：4.

续表

<table>
<tr><td rowspan="2">筹资①②</td><td>城镇职工基本医保</td><td colspan="2">以个人工资为基数，单位缴纳 7%，个人缴纳 2%</td></tr>
<tr><td>城乡居民合作医疗</td><td colspan="2">在缴费责任中个人承担 10%、市（县）承担 34%、省承担 16%、中央承担 40%；2015 年筹资标准为每人 100 元，其中个人负担 10 元，各级财政补贴 90 元</td></tr>
<tr><td rowspan="5">待遇给付</td><td rowspan="2">门诊账户</td><td>城镇职工基本医保</td><td>职工个人账户（原政策）</td></tr>
<tr><td>城乡居民合作医疗</td><td>门诊医疗卡［100 元/（人·年）］</td></tr>
<tr><td rowspan="3">住院统筹基金</td><td>起付线</td><td>（1）乡镇医院为每人次 200 元
（2）县级医院为每人次 400 元
（3）县境外医院为每人次 3000 元</td></tr>
<tr><td>共付比例</td><td>不设置共付比例（全部由保险支付）</td></tr>
<tr><td>封顶线</td><td>每人每年累计报销医药费不超过 30 万元</td></tr>
<tr><td>管理经办</td><td colspan="3">由县康复工作委员会管理，县康复工作委员会设在卫生健康局</td></tr>
</table>

资料来源：神木市人民政府网站，根据历年政策文件整理所得。

①牛奔，刘志远．浅析“神木医改”［J］．中国卫生事业管理，2013（9）：646-679.

②毛瑛，杨昌国，党静萍，等．陕西省神木县“全民免费医疗”医改运行机制评价［J］．中国卫生政策研究，2010（9）：25-30.

神木模式由城镇职工医保和城乡居民合作医疗组成，实践中两项制度的基金合并管理，可以统筹调剂使用。与东莞打破户籍界限、广覆盖外来务工人员的做法不同，神木只覆盖户籍内居民。神木模式具有明显的社会保险属性，保障待遇的获得以参保缴费为前提，“免费”并非意指居民可以免费获得保障，而是指神木模式的慷慨程度。以住院统筹为例，参保人起付线以上、封顶线以下的部分可以获得全额报销，不设共付比例意味着在封顶线以下住院患者可以免费获得目录内医疗服务，每人每年住院报销封顶线为 30 万元（见表 6-3）。就医范围为制度规定的乡级、县级和县外的定点医院。2015 年政府补充规定，经县医院办理技术转诊至县外非定点医院的住院费用报销比例为 50%。

如此慷慨的保障待遇并不是少部分人的特权，神木模式将其推广至县域户籍内的所有居民。根据 2015 年的缴费标准，城乡居民合作医疗的参保人只需支付 10 元就可以获得与职工、公务员相同的保障待遇。如此制度设计，势必存在资金缺口。如何保证制度持续可行，神木的选择是政府财政。县政府在筹资上发挥了绝对主导的作用①。除职工医保缴费和城乡居民合作医疗缴费之外，绝大多数的医保资金来自县财政拨付。2009 年县财政用于“全民免费医疗”的补贴资金达 1.5 亿元，占当年财政支出的 5.2%②。2011 年财政补贴资金达 2.2 亿元，占同期财政支出的 4.1%。雄厚的财政补贴和统一的高水平待遇意味着神木医改过程中城乡居民是制度的最大受益群体。2010 年，神木实施全民免费医疗累计 3.71 万人次，累计报销住院医药费 1.43 亿元，从住院人群看，农（居）民占 93.83%③。

神木模式究其本质是政府财政高额补贴需求方的全民医保。这一地方新政使神木成为政府在医疗领域责任回归之理念的践行者，也成为人民共享经济发展成果之理念的践行者。作为一个位于西部的“嵌入型”富裕地区，神木的“全民免费医疗”曾广泛受到来自西部其他非富裕地区的舆论压力，而且其制度设计的可行性和可持续性也广受包括理论界在内的社会各界的质疑。质疑之首便是“免费住院”是否会导致医疗资源的滥用及小病大医。事实上，在神木医改方案实施过程中，此方面的问题已经凸显一二④。首运行的一年中，门诊总诊疗人次下降率为 57.32%，而入院增长率却达到了 41.97%⑤，出现了诸如住院拥挤⑥、住院时间普遍延长、单病种费用居高不下⑦、财政负担加重等现象。为此，神木县政府也做出了一系列的政策调整——健全控费体系⑧；开展费用支付方式改革；在按服务项

① 彭浩然，岳经纶．东莞医改与神木医改：地方社会政策创新的经验与挑战［J］．中山大学学报（社会科学版），2012（1）：165-171．

② 顾昕，朱恒鹏，余晖．“神木模式”的三大核心：走向全民医疗保险，医保购买医药服务，医疗服务市场化——神木模式系列研究报告之二［J］．中国市场，2011（29）：4-8．

③ 牛奔，刘志远．浅析“神木医改”［J］．中国卫生事业管理，2013（9）：646-679．

④ 任苒．对神木医改举措的评述与思考［J］．医学与哲学（人文社会医学版），2011（3）：60-63．

⑤ 毛瑛，杨昌国，党静萍，等．陕西省神木县“全民免费医疗”医改运行机制评价［J］．中国卫生政策研究，2010（9）：25-30．

⑥ 雷晓康，杜智民，史张宇．强制首诊和双向转诊——神木“全民免费医疗”的下一步［J］．社会保障研究，2011（1）：81-91．

⑦ 胡琳琳．建立公平、可持续的全民医保——陕西省神木县“全民免费医疗”制度的实践和启示［J］．行政管理改革，2010（8）：63-66．

⑧ 参见《2016 年神木县人民政府工作报告》。

目付费的基础上实行门诊慢性病的限额报销制度和住院单病种定额付费制度[①]；加强对定点医院的管理；探索建立基层首诊、双向转诊、急慢分治的分级诊疗制度；开展住院病种分级诊疗试点工作，建立社区首诊和逐级转诊[②]以及规范和引导就医行为，合理利用医疗资源；等等。

在学理上，医保待遇的提升可能会带来短时间内医疗需求的释放，所形成的巨大开支可能会直接影响制度基金的安全性和可持续性。但是也有学者指出，医疗需求的释放是一个阶段性的事物，问题的存在恰恰提示制度还有需进一步完善之处，并且政策的完善要建立在对待遇给付机制以及费用控制机制进行科学的追踪评估和充分调研的基础上，做到精细化和科学性。

总之，这个县域范围内医保整合的创新举措是否具有全民免费医疗的福利属性还尚待证明，是否具有舆论所说的因“高福利”而导致医疗需求释放的问题还需时间的检验。但神木在一县之内为我们展示了如何实现筹资和待遇给付的公平一体化，如何通过制度创新实现医疗保障资源的重新分配，让曾经最不得利的群体成为医保改革最大的受益者，最弱势人群获得最大保障。神木试点为我们展现了一个由财政主导促成医保公平的成功范例。关于如何实现城乡居民医保整合，神木给出了自己的答案。诚然，神木模式已经解决了一些问题，又或许一些新的问题正在萌芽。从最初的争议到获得认同，可以肯定的是等待神木模式的将是更多的机遇和挑战。神木模式也将带给其他试点地区更多的启示并促成它们选择更科学、合理的试点方案。

6.2.2　“三保合二”模式：多档制

6.2.2.1　成渝模式

成都和重庆是我国最早进行医保城乡统筹的试点城市。2006 年 6 月，国家批准重庆和成都设立全国统筹城乡综合配套改革试验区。早在

---

① 胡琳琳．建立公平、可持续的全民医保——陕西省神木县“全民免费医疗”制度的实践和启示［J］．行政管理改革，2010（8）：63-66.

② 参见《神木县卫生局关于实行部分住院病种分级诊疗试点工作的通知》。

“十一五”期间，成都和重庆就开始了社会、经济领域的体制改革以实现城乡统筹发展，基本医疗保险城乡统筹是取得的突出成绩之一。两地的统筹政策具有很大的相似之处，特别是首创分档制，学界因此称之为“成渝模式”。

重庆市2007年开始医保城乡统筹的探索。作为西部城市，重庆城乡二元化格局明显，城镇化水平低，农业人口比重高。2008年和2009年重庆户籍人口中农业人口分别占72.1%和71.0%，分别明显高于同期全国农业人口66.4%和66.2%的指标①。此外，城乡居民收入差距大，2008年和2009年重庆市城乡居民人均可支配（纯）收入之比分别约为3.48：1和3.52：1，分别明显高于同期全国3.31：1和3.33：1的平均水平②。综合各种初始条件，重庆整合城乡医保选择以新农合为平台③。将城镇居民基本医疗保险并入新农合，构建起了城乡居民合作医疗制度。为减少改革阻力，除加大地方财政对城乡居民参保的扶持力度外，还首创了“分档制”筹资办法。重庆设置了高低两档筹资水平，分别对应不同的医保待遇。居民根据经济能力和实际需要自愿选择参保档次。分档制减少了医保整合的阻力，使城乡居民合作医疗制度迅速发展起来。为实现统筹区域内的就医实时结算，2011年重庆又开始推动城乡居民合作医疗保险的市级统筹。在管理经办方面，由于以新农合为整合平台，所以未能将医保经办全部交由社保部门，而是依靠新组建的由政府直属管理的机构——“城乡居民合作医疗保险管理中心”实现了管理经办的统一。

再来看成都的试点经验。成都的医保整合内容首选管理体制。2006年，成都市卫生部门将所主管的新农合事务划转给劳动保障部门，连同职工医保和居民医保，成都市劳动和社会保障局④成为主管部门。2007年又

①② 姜涛．城乡一体化医疗保障成渝模式下城乡居民受益公平性分析［D］．武汉：华中科技大学，2011：16.

③ 整合模式同样选择以合作医疗为平台的还有嘉兴、神木、三明。其中嘉兴2003年新农合实施伊始，就将城镇居民一并纳入新农合，制度命名为“城乡居民合作医疗制度”。2013年制度更名为“城乡居民基本医疗保险制度”。嘉兴没有单独建立过城镇居民医疗保险制度。嘉兴的整合模式为“二保合一”的一档制。

④ 2019年，成都市委、市政府决定组建成都市人力资源和社会保障局，不再保留市劳动和保障局。

组建市医疗保险管理局（隶属劳动和社会保障局的二级单位），主管基本医保的各项经办。在城乡医保整合之前，成都市依据人群类别相继建立了七项医保制度①，碎片化程度可见一斑。2007 年开始进行大刀阔斧的并轨优化，首先将农民工综合社会保险和失地农民医保并入城镇职工基本医保。2008 年，又将城镇居民基本医保、新农合、大学生医保等其余制度碎片整合为城乡居民基本医保制度。最终，七项制度被整合为覆盖城镇就业者的城镇职工基本医保和覆盖其余城乡居民的城乡居民基本医保两大制度。2009 年提高医保统筹层次至市级，扩大了基金的规模和增强了抗风险能力，城乡居民医保水平稳步上升。整合之后的城乡居民基本医疗保险并未实行统一的缴费和统一的待遇。由于所覆盖群体内部缴费能力的差异以及地方财政实力有限，对于缴费办法，成都选择了折中的方案，创设了“分档制”，最初设立三个缴费档次（100 元/200 元/300 元），2010 年开始变更为成人两档（成人高档和成人低档）。目前在两档制的基础上鼓励有条件的区（县）按照一档（参照成人高档）缴费。

成都和重庆作为西部地区的试点城市，具有典型的城乡发展差异大、地方财政相对落后等现实条件，构成城乡医保整合不小的阻力。其特色化的整合方案，特别是创新性地提出的分档制政策设计对于全国具有重要的示范意义，尤其对同属中西部的其他城市，提供了可供参考、学习和借鉴的范例，也启发着更多后起城市的政策创新。成渝模式的共同特点集中体现为分档制的整合办法。所谓分档制，主要包括分档制筹资机制和分档制待遇给付机制两个方面（见表 6-4 和表 6-5）。

---

① 2001 年城镇职工基本医保，2003 年农民工综合社会保险，2004 年新型农村合作医疗和失地农民医疗保险两项制度，2005 年少儿住院互助金制度，2006 年城镇居民基本医疗保险，2007 年市属高校大学生基本医保制度。

表 6-4　成渝模式制度体系及筹资分档制比较（2017 年）

单位：元/（人·年）

地区	制度名称	缴费档次	个人缴费	基金数	统筹层次
成都	城乡居民基本医疗保险	成年低档	160	两个	市级统筹
		成年高档	320		
		儿童、学生档	150		
重庆	城乡居民合作医疗	一档	140	两个	市级统筹
		二档	350		

资料来源：成都人力资源和社会保障局网站、重庆人力资源和社会保障局网站，根据历年文件整理所得。

表 6-5　成渝模式待遇给付分档制比较（2017 年）

<table>
<tr><td rowspan="13">成都</td><td colspan="3"></td><td>成年低档</td><td>成年高档</td><td>儿童/学生档</td></tr>
<tr><td rowspan="3">门诊</td><td colspan="2">起付线</td><td colspan="3">—</td></tr>
<tr><td colspan="2">报销比例</td><td colspan="3">60%</td></tr>
<tr><td colspan="2">封顶线</td><td colspan="3">200 元</td></tr>
<tr><td rowspan="9">住院</td><td rowspan="3">起付线</td><td>乡镇卫生院、社区卫生中心和一级医院</td><td colspan="3">100 元</td></tr>
<tr><td>二级医院</td><td colspan="3">200 元</td></tr>
<tr><td>三级医院</td><td colspan="3">500 元</td></tr>
<tr><td rowspan="4">报销比例</td><td>乡镇卫生院、社区卫生中心</td><td>92%</td><td>92%</td><td>92%</td></tr>
<tr><td>一级医院</td><td>85%</td><td>87%</td><td>85%</td></tr>
<tr><td>二级医院</td><td>75%</td><td>82%</td><td>75%</td></tr>
<tr><td>三级医院</td><td>50%</td><td>65%</td><td>55%</td></tr>
<tr><td>封顶线</td><td colspan="4">20.08 万元（上年度城镇居民可支配收入的 6 倍）</td></tr>
</table>

续表

<table>
<tr><td rowspan="13">重庆</td><td rowspan="4">门诊</td><td colspan="2"></td><td>一档缴费</td><td>二档缴费</td></tr>
<tr><td colspan="2">起付线</td><td colspan="2">—</td></tr>
<tr><td colspan="2">报销比例</td><td colspan="2">60%</td></tr>
<tr><td colspan="2">封顶线</td><td>60 元</td><td>100 元</td></tr>
<tr><td rowspan="9">住院</td><td colspan="4">除门诊统筹报销外还有门诊定额包干报销，标准为 80 元/人</td></tr>
<tr><td rowspan="3">起付线</td><td>一级医院</td><td colspan="2">100 元</td></tr>
<tr><td>二级医院</td><td colspan="2">300 元</td></tr>
<tr><td>三级医院</td><td colspan="2">800 元</td></tr>
<tr><td rowspan="3">报销比例</td><td>一级医院</td><td>80%</td><td>85%</td></tr>
<tr><td>二级医院</td><td>60%</td><td>65%</td></tr>
<tr><td>三级医院</td><td>40%</td><td>45%</td></tr>
<tr><td colspan="2">封顶线</td><td>8 万元</td><td>12 万元</td></tr>
<tr><td colspan="4">未成年人（0~14 周岁）一、二档缴费的待遇分别在成年人报销比例的基础上提高 5 个百分点</td></tr>
</table>

资料来源：成都人力资源和社会保障局网站、重庆人力资源和社会保障局网站，根据历年政府文件整理所得。

同为分档制，重庆设置了两档缴费，而成都最初设置了三档缴费（之后逐渐演变为成人两档）。为了防止逆向选择，成都和重庆的分档制在实施过程中通常要求以家庭为单位选择同一档次捆绑参保。重庆更规定一旦确定缴费档次两年不得更改。虽然设置了不同的缴费档次，但政府对所有的参保档次制定相同的财政补贴标准，差异只体现在个人缴费部分。城乡居民根据支付能力和实际需要选择不同缴费档投保进而获得不同水平的保障。

在待遇给付方面，成都和重庆两地整合后的城乡医保都已实现了门诊和住院阶段的社会统筹。从表 6-5 中我们发现，门诊阶段并不存在分档制待遇差异，两市对于所有参保者均规定了相同的门诊阶段的报销比例以及“零起付”。住院统筹阶段的起付线设定对所有参保人也都一致。分档制的待遇差别集中体现在住院统筹阶段的报销比例和封顶线上。成都市的做法是随着医院等级的提高，不同档次之间的报销比例差距拉大。2017 年，三级医院的报销比例，成人高档甚至比成人低档高出 15 个百分点。而重庆市稍显缓和，缴费低档和高档在不同级别医院的报销比例之差被稳定控制在 5 个百分点。

鉴于成渝模式的成功运作，国内其他地区也都纷纷效仿分档制的政策设计，大部分地区借鉴成渝模式的“一制两档”，如山东省淄博、东营、威海①等地；而实施“一制三档”的典型地区有宁夏全区、江西省、天津市及陕西省延安等地。

虽然多档制意味着待遇的差别，但是从各地的试点情况看，整合之后城乡居民尤其是农村居民的医保待遇还是得到了显著提升。第一，遵循着“缴费就低、待遇就高”的原则，住院统筹整体报销比例与城乡制度分立时期相比有明显提高。第二，统一了药品和诊疗项目两大目录，扩大了城乡居民基本医保的保障范围。第三，扩大了就医选择的范围，从基层医院到三级医院，从统筹区内医疗机构到统筹外医疗机构，只要经过合理的转诊手续都可以获得一定比例的医保偿付。第四，实施普通门诊统筹和门诊特殊大病统筹，改变了新农合制度下仅实行大病统筹的做法，城乡居民医保的制度回报率提升。第五，随着大病补充医疗保险制度的建设和完善，形成了“基本医保+补充医保”的格局，通过“再保险”或“二次报销”，极大地降低了城乡居民的就医负担和因病致贫风险。

分档制是基于制度环境的一种现实选择，既照顾到不同人群的缴费能力，又实现了城乡医保之间的衔接。在我国区域发展不平衡、城乡发展不平衡、统筹层次低的制度背景下，一制多档是实现医保整合的一项十分有效的过渡性政策。然而在减少改革阻力和降低成本的同时，分档制却把更严峻的“待遇平等”问题留待未来去解决和应对。分档制导致了参保人群之间以收入差异取代户籍差异的制度局面。整合后的制度仍然保留了至少两套不同的缴费和待遇给付对应的制度体系。整合前是两个制度平台，整合后是一个平台两套标准，碎片化格局依然存在。此类整合方案更大的意义在于打通了不同医保制度平台之间的身份壁垒，只要参保人具有缴费能力，随时可以选择高档次的缴费获得高标准的保障。分档制赋予了社会成员在不同医保制度之间选择的权利，有助于医保向城乡统筹的平稳过渡。

6.2.2.2 宁夏试点

宁夏是全国率先进行医保城乡统筹探索的省级地区之一。2010 年，宁夏

---

① 张晓，胡汉辉，张文杰，等．对城乡居民医保制度整合实施“一制多档”的分析[J]．中国医疗保险，2014（5）：15-17.

回族自治区印发《关于统筹城乡居民基本医疗保险的意见》（宁政发〔2010〕147号），正式启动统筹城乡居民基本医疗保险的试点。首批试点选择在石嘴山、固原和中卫市进行①。2012年，历经三年的努力探索，宁夏建立起了全区统一的的城乡居民基本医保制度，将新农合与城镇居民基本医保合并为城乡居民基本医保制度，并统一由人力资源和社会保障部门管理②。2015年，宁夏又实现了城乡居民基本医保的省级统筹。通过建立省级调剂金制度③，宁夏实现城乡居民基本医疗保险基金的省级管理。作为经济欠发达地区，宁夏实现了医保制度的城乡统筹，破除了医保制度上的户籍差别和身份差别，全面实现了门诊和住院阶段的社会统筹，打通了医保基金使用通道，使基金使用效率最大化。其试点经验对其他经济落后的西部地区具有突出的示范意义和启示。

从总体上看，宁夏同成渝模式相似，采用的是“三保合二”、一制多档模式。鉴于城乡居民的支付能力差异，整合之后的城乡居民基本医疗保险实施缴费分级设置，共设置三个缴费档次：一档筹资和待遇给付水平基本与原新农合制度保持一致；二档待遇给付则与原城镇居民基本医保持平，只是筹资与之相较略有下降；三档筹资水平略高，待遇低于职工医保。2016年三档缴费标准分别为：一档556元、二档705元、三档938元。其中各级财政对城乡居民医保人均补助标准均为472元。除去参保的财政普补之后，个人实际需要负担的各档缴费分别为：一档84元、二档233元、三档466元。2017年缴费标准略有提高（见表6-6）。居民根据医保需求和经济支付能力选择参保档次。为了与原有的制度很好地衔接，规定城镇居民只能在二档和三档之间选择参保，农村居民可以在一档至三档之间选择参保。未成年人和学生可按一档或三档缴费，其中按一档缴费的经财政补贴后享受二档待遇。新制度强调对弱势群体的财政扶持，在财政普补的基础上，政府财政和民政资助额外加大对低保和优抚对象的补贴力度，旨在进一步降低这些群体的缴费负担。但政府财政对选择三档参保缴费的城乡特困人员不予资助。

---

① 武唯．宁夏全区实现统筹城乡居民医保［N］．中国劳动保障报，2011-04-07.

② 孙晓军，包慧军，张博．宁夏城乡医保整合彰显经办管理效率［J］．中国医疗保险，2013（2）：40-42.

③ 参见《关于城乡居民基本医疗保险自治区统筹管理的意见》（宁政发〔2015〕19号）。

表 6-6　宁夏城乡居民基本医保三档次筹资标准（2017 年）　　单位：元

<table>
<tr><th rowspan="4">参保档次</th><th colspan="7">筹资标准</th></tr>
<tr><th rowspan="3">个人缴费负担</th><th colspan="6">特困人员</th></tr>
<tr><th colspan="3">低保人员</th><th colspan="3">重点优抚对象</th></tr>
<tr><th>个人</th><th>财政</th><th>民政</th><th>个人</th><th>财政</th><th>民政</th></tr>
<tr><td>一档</td><td>90</td><td>30</td><td>0</td><td>60</td><td>0</td><td>0</td><td>90</td></tr>
<tr><td>二档</td><td>250</td><td>130</td><td>60</td><td>60</td><td>100</td><td>60</td><td>90</td></tr>
<tr><td>三档</td><td>505</td><td>445</td><td>0</td><td>60</td><td>415</td><td>0</td><td>90</td></tr>
</table>

资料来源：《关于调整城乡居民基本医疗保险有关政策的通知》（宁人社发〔2016〕106 号）。

宁夏城乡居民基本医保制度实行门诊统筹和住院统筹。对于所有的参保人来讲，待遇差别集中体现在报销比例上（见表 6-7）。关于保障范围，宁夏城乡居民医疗保险与城镇职工基本医疗保险执行统一的医保目录。不论参加何种制度，也不论选择何种缴费档次，参保人的医保目录是一致的，实现了公平共享。

表 6-7　宁夏模式

<table>
<tr><td colspan="2">制度体系</td><td colspan="9">城乡居民基本医疗保险+城镇职工基本医疗保险</td></tr>
<tr><td colspan="2">覆盖范围</td><td colspan="9">城乡居民基本医保主要面向本区户籍内不属于职工医保范畴的城乡居民</td></tr>
<tr><td colspan="2">筹资机制</td><td colspan="9">一制三档缴费（见表 6-6）</td></tr>
<tr><td colspan="2">基金模式</td><td colspan="9">社会统筹（门诊统筹+住院统筹）</td></tr>
<tr><td colspan="2">统筹层次</td><td colspan="9">省级统筹</td></tr>
<tr><td colspan="2">基金数量</td><td colspan="9">两个（职工医保+居民医保）</td></tr>
<tr><td rowspan="6">门诊统筹（2014 年）</td><td rowspan="2"></td><td colspan="4">门诊大病</td><td colspan="5">普通门诊</td></tr>
<tr><td colspan="2">起付线</td><td colspan="2">报销比例</td><td colspan="3">社区卫生服务中心和乡镇卫生院</td><td colspan="2">社区卫生服务中心和村卫生室</td></tr>
<tr><td>一档</td><td colspan="2" rowspan="3">300 元</td><td colspan="2">45%</td><td colspan="3" rowspan="3">55%</td><td colspan="2" rowspan="3">65%</td></tr>
<tr><td>二档</td><td colspan="2">55%</td></tr>
<tr><td>三档</td><td colspan="2">60%</td></tr>
<tr><td colspan="10">封顶线，普通门诊为 300 元/年，门诊大病各地自主确定</td></tr>
<tr><td rowspan="5">住院统筹（2014 年）</td><td rowspan="2"></td><td colspan="4">起付线</td><td colspan="4">报销比例</td><td rowspan="2">封顶线</td></tr>
<tr><td>一级</td><td>县二级</td><td>市二级</td><td>三级</td><td>一级</td><td>县二级</td><td>市二级</td><td>三级</td></tr>
<tr><td>一档</td><td rowspan="3">200 元</td><td rowspan="3">400 元</td><td rowspan="3">450 元</td><td rowspan="3">700 元</td><td>85%</td><td>80%</td><td>70%</td><td>45%</td><td>6 万元</td></tr>
<tr><td>二档</td><td>90%</td><td>85%</td><td>80%</td><td>60%</td><td>11 万元</td></tr>
<tr><td>三档</td><td>95%</td><td>90%</td><td>85%</td><td>65%</td><td>15 万元</td></tr>
</table>

资料来源：宁夏人力资源和社会保障厅网站，根据历年文件整理所得。

宁夏模式在实践中也存在一系列问题。由于采取的是自愿参保，且是自愿选择参保档次，实际推行过程中部分居民参保积极性不强，有病参保、无病不参保的断保现象频繁①。参保随意性大，在农村尤甚。由于宁夏城乡居民收入差距大，农民的参保能力弱，直接影响制度的推广。此外，宁夏还是一个劳务输出区，外出务工人数多，人员流动性大，很难做到应保尽保。已参保人员的异地就医问题得不到很好的保障，也会逐渐流失一部分参保者。参保扩面难，直接影响医保基金收入。随着城乡整合之后的医保待遇提升，参保者将出现一个医疗需求的释放期。医疗支出的增加将对医疗基金构成不小的支付压力。据统计，2013 年宁夏全区城乡居民医保基金支出增幅为 48.1%，而医保基金收入增幅仅为 8.8%，当年基金结余率为 6.8%，结余率偏低②。

6.2.3 “三保合二”模式：二元一档

6.2.3.1 镇江模式

镇江是我国探索职工医疗保险改革的先驱城市，1994 年率先进行了医保统账结合模式的试点。时至今日，镇江逐步实现了从“职工医保”到“全民医保”的转变，在医保整合方面的成功探索为我们展示了许多宝贵的有益经验。早在 2004 年，镇江建立新型农村合作医疗初始就自主探索将新农合的覆盖范围扩大到城镇未就业居民③④。2004 年镇江市区参加新型农村合作医疗保险的农村和城镇居民达 6.45 万人⑤。彼时，实为追求制度的广覆盖，却在另一个侧面上初步地改变了医保城乡二元分割的格局（见表 6-8）。

---

①② 马惠兰，段洪铸．民族地区统筹城乡医疗保险宁夏模式研究［J］．中南民族大学学报（人文社会科学版），2015（9）：136-140.

③ 官波．镇江市新型农村合作医疗制度改革实践之浅析［J］．当代医学，2005（12）：90-93.

④ 参见《镇江市关于建立新型农村合作医疗制度的实施意见》和《镇江市合作医疗保险暂行办法》，镇江各辖市/区人民政府均据此制定出台了《实施办法》。

⑤ 王翔．镇江市建立城乡一体化新型农村合作医疗保险制度的研究［J］．中国卫生经济，2005（11）：26-27.

表 6-8 镇江模式

<table>
<tr><td>制度体系</td><td colspan="6">统账结合基本医疗保险+居民基本医疗保险</td></tr>
<tr><td rowspan="2">覆盖范围</td><td>统账结合基本医疗保险</td><td colspan="5">镇江市行政区域内的所有用人单位和职工、个体工商户及其雇工、城镇自雇人员、非全日制用工人员必须参加统账结合基本医疗保险，此外，还包括在本市办理就业登记的非本市户籍的在职人员</td></tr>
<tr><td>居民基本医疗保险</td><td colspan="5">本市户籍内所有未参加统账结合基本医疗保险的城乡居民必须参加此项目，非本市户籍人员可自愿参保</td></tr>
<tr><td rowspan="5">缴费机制</td><td colspan="2"></td><td>单位</td><td colspan="3">个人</td></tr>
<tr><td rowspan="2">统账结合基本医疗保险</td><td>雇员</td><td>9%</td><td colspan="3">2%</td></tr>
<tr><td>自雇人员</td><td>—</td><td colspan="3">11%</td></tr>
<tr><td rowspan="2">居民基本医疗保险（2015 年）</td><td>个人</td><td>财政</td><td colspan="3">总计</td></tr>
<tr><td>160 元</td><td>320 元</td><td colspan="3">480 元</td></tr>
<tr><td>统筹层次</td><td>市级统筹</td><td colspan="2">基金数量</td><td colspan="3">两个</td></tr>
<tr><td rowspan="15">待遇给付</td><td rowspan="6">门诊</td><td></td><td>起付线</td><td colspan="3">报销比例</td></tr>
<tr><td rowspan="4">统账结合基本医疗保险</td><td rowspan="4">本人年缴费工资总额的 10%</td><td>三级医院</td><td colspan="2">40%</td></tr>
<tr><td>二级医院</td><td colspan="2">30%</td></tr>
<tr><td>一级医院</td><td colspan="2">25%</td></tr>
<tr><td>社区医院</td><td colspan="2">15%</td></tr>
<tr><td>居民基本医疗保险</td><td>—</td><td colspan="3">40%</td></tr>
<tr><td rowspan="8">住院</td><td></td><td>起付线</td><td colspan="3">报销比例</td></tr>
<tr><td rowspan="2">统账结合基本医疗保险</td><td rowspan="2">本人年缴费工资总额的 10%</td><td>1 万元以内</td><td colspan="2">80%</td></tr>
<tr><td>1 万~5 万元</td><td colspan="2">90%</td></tr>
<tr><td rowspan="4">居民基本医疗保险（2015 年）</td><td rowspan="4">300 元</td><td></td><td>社区及一级医院</td><td>二级及三级医院</td></tr>
<tr><td>300~1 万元</td><td>70%</td><td>50%</td></tr>
<tr><td>1 万~3 万元</td><td>80%</td><td>60%</td></tr>
<tr><td>3 万元以上</td><td>90%</td><td>70%</td></tr>
<tr><td colspan="5">统账结合基本医疗保险的社会统筹基金封顶线为 5 万元，居民基本医疗保险的封顶线为 20 万元，超过者进入大病医保的统筹范围</td></tr>
<tr><td>管理经办</td><td colspan="6">2010 年以来的管理体制是由人力资源和社会保障部门、财政部门和卫生部门三方共同管理①</td></tr>
</table>

资料来源：镇江市人力资源和社会保障局网站，根据历年文件整理所得。

①王雄军，张冰子．我国医保改革的地方经验评述与启示［J］．中国党政干部论坛，2016（5）：58-62.

2007 年《镇江市社会医疗保险办法》的颁发宣告着镇江市开始了基本

医保城乡一体化的探索，整合之后的制度包括城乡居民基本医疗保险以及统账结合的综合医疗保险。镇江市所有类型的就业人员包括正式部门就业者与非正式部门就业者必须参加统账结合综合医疗保险，城镇未就业居民和农村居民必须加入居民基本医疗保险。除这两项具有准强制意味的参保原则之外，制度规定，有条件的城乡居民可以自愿选择参加统账结合综合医疗保险。可见，对于城镇未就业居民以及农村居民来讲现行两项制度平台均向其开放。制度之间无壁垒，具有一定支付能力的农村居民也可以选择参加职工的统账结合医保。平台的选择是自愿的，但是与其他试点地区城乡居民自愿参保或以家庭为单位自愿参保的做法不尽相同，镇江规定未参加统账结合基本医疗保险的城乡居民必须参保居民基本医疗保险。准强制性与镇江深厚的社会医疗保险传统有关，经过多年的改革探索，社会保险的原则已经深入人心。正在逐步走向整合的城乡基本医保也在最初的设计上体现了社会保险的强制性参保原则。

在具体实施中，镇江市建立了不同医保制度之间的衔接机制，确保各项医保制度顺畅接续，实现向医保整合的有序过渡。通过图 6-1 我们可以了解镇江医保转移衔接机制的整体运行情况。镇江并没有强制性地将新农合与居民医保合并，而是通过建立制度之间的转移和衔接机制达到整合的效果。居民参保并不是囿于一项制度，当居民有需要并且有能力参加高水平保障时，他们可以很好地行使自己的选择权利。制度鼓励和提倡原新农合参保人自愿选择[①]转入居民医保以实现城乡统筹。但从居民医保转为新农合则受到严格限制。同理，农民可以上行选择加入职工的统账结合基本医保，但是职工选择加入新农合则同样受到严控。这种“上行通道畅通，下行通道严控”的做法事实上约束了制度发展的方向，应当尽快通过政策引导医保制度走向城乡整合和阶层整合。

---

① 参见丹阳市医疗保险管理中心《关于社会医疗保险险种转换的补充规定》。

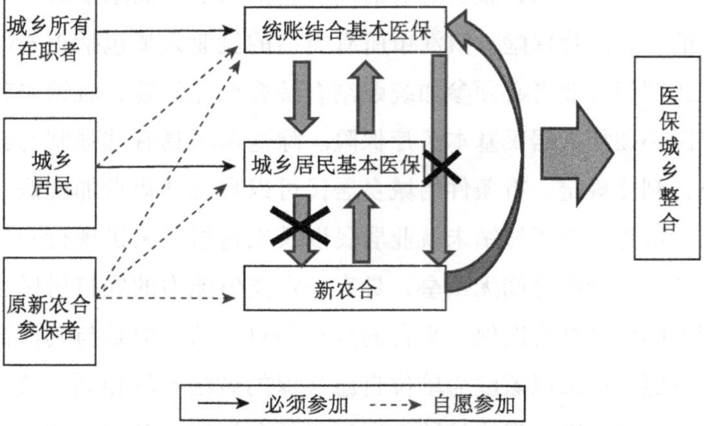

图 6-1　镇江模式医保体系转移衔接示意图

诚然，镇江模式不仅仅止于推进新农合与居民医保的二元整合，还在探索着推进职工医保与居民医保的融合。它虽未明确强调“三保合一”，但却为将来制度的走势埋下了伏笔。通过建立基本医保制度间的衔接转移通道，镇江医保不仅在城乡之间是开放的，在制度之间也是开放的。除为防止职工下行参保，制度规定城镇职工必须参加统账结合基本医保外，其他城乡居民的参保选择机制是充满弹性的。当城乡居民的就业身份或收入水平等影响参保选择的因素发生变化时，城乡居民可在两项医保平台之间自愿选择。通过补足缴费之差，两项医保制度之间可互认缴费年限，通过增强制度的开放性和可衔接性实现参保的自由选择。目前，镇江市鼓励有经济能力的城镇居民和农村居民参加职工统账结合基本医保。制度规定“市区参加居民医保的居民、辖市参加新农合的农民，补足社会平均工资的4%后，即可转换成职工医保，并且之前参加居民医保和新农合的保龄可以视同为参加职工医保的连续保龄”①②。此外，在探索职工医保与居民医保的整合方面，镇江丹阳③甚至已经尝试改变城镇居民医保的定

① 王雷，邵晨．我市医保关系跨地区自由转续提前实现［EB/OL］.（2010-07-08）［2019-12-13］．http：//hrss. zhenjiang. gov. cn/ywgz/shbx/201304/t20130419_882262. htm.

② 王翔．镇江：建立转换升级通道［J］．中国医疗保险，2009（7）：14-15.

③ 丹阳为镇江的下辖县级市。

额缴费办法，参照城镇职工医保的按比例缴费的原则进行重新设计①。2016年，居民医保缴费实行个人以社平工资的60%为基数根据不同年龄段按照3%~4.5%的比例进行缴纳，此外，每位参保人员还可以获得各级政府的财政补助总计380元/年②。丹阳的筹资办法在探索医保的全面整合上更进一步。

从城乡医保制度的并轨角度讲，镇江虽然尚未实现制度的全面统一，但是却形成了城乡互通的医保新格局。目前除市区实现城乡医保一体化之外，辖区仍存在新农合的参保人③。由于规定农民自愿从新农合转入居民医保，并且转入时需要按照相关规定补缴保费差额才可以将新农合保龄转变为居民医保保龄，所以直到现在镇江市部分辖区仍然是居民基本医疗保险和新农合并存。但是镇江却探索出了在碎片化格局下如何实现医疗保险的自由选择、转换和衔接，并以此为契机实现医保制度的自发整合。不论这种选择、转换和衔接是基于身份转变还是收入改变，镇江通过“鼓励上行、严控下行”的转移衔接机制，无形之中在城乡居民内部形成了一种隐形的激励机制。随着居民收入水平的提高，将会有更多的居民选择“上行”参保。农民转入市民的制度、市民转入职工的制度，甚至农民也可以一跃直接转入职工的制度，沿着这样的制度逻辑，政府并不需要通过强制性的整合指令和并轨改革，居民自发的选择将会推动制度一步步走向整合。衔接机制的设计既能够促进医保制度的公平性，又保障了公民的参保权益，其实质是通过增强制度的灵活性和弹性实现城乡医保整合。这与江苏省医保整合整体发展理念相契合。江苏省在推进医保城乡一体化的过程中秉持着比较客观和审慎的态度，“城乡经济差距不太大的地区应该优先考虑将两项制度合并；条件不具备的地区，目前则要考虑不同制度间的衔接，待条件成熟后，再进行制度合并”④。镇江遵循了这一原则，从做好

① 陈群．江苏省医疗保险一体化体系构建研究［D］．苏州：苏州大学，2012：158．

② 参见《丹阳市2016年度居民医保续保缴费通知》。

③ 镇江丹徒区选择将城镇居民并入新农合，目前丹徒区的基本医保体系为职工医保+新农合，新农合由卫计委管理经办。

④ 胡大洋．统筹城乡医保的效果与难点——基于江苏省的实践分析［J］．中国医疗保险，2012（4）：41-44．

制度衔接入手，待制度条件成熟之后再进行制度的全面整合。

6.2.3.2 昆山模式

昆山是苏州下辖的县级市，同镇江一样位于苏南经济相对发达地区。昆山在医保城乡整合的道路上进行了长期的探索，对于经济相对发达地区的医保整合具有启示意义。

2004年，为响应全国广泛推广新农合的大潮，昆山结合地方特色创新了制度设计，在当时创新性地提出了农村居民基本医疗保险制度。以农村医疗保险取代新型合作医疗，实现了自愿型合作医疗向统筹型社会医疗保险的转变。农村居民基本医疗保险参照相对成熟的城镇职工医保制度运行实施，采取统账结合模式，突破了新农合大病统筹为主的保障格局，将保障待遇扩展为住院统筹、社区门诊统筹、个人账户和大病救助四部分。同当时的全国水平相比，昆山依据地方财政，加大了对农村居民基本医保的财政支付力度，2004年，每位参保农民总筹资额为200元，其中个人只需承担50元，市、镇两级财政各补贴65元，村级经济组织补助20元①。高筹资水平兑现了高水平的保障待遇，昆山农村医保的补偿水平普遍高于同期国内开展新农合的其他地区②，农民就医有保障，此外，还带动了农村基层医疗机构的建设，逐渐改变着农村“看病难、看病贵”的境况。农村居民基本医疗保险的实施是昆山探索医保制度的城乡一体化的起点，昆山在全国率先实现了农村合作医疗向社会医疗保险的过渡，至今都是表率。

2007年，昆山开始实施居民基本医疗保险，把职工医保和农村居民基本医保不曾覆盖的城镇老居民、60年代精简退职人员以及少年儿童等人群纳入保障范围，并且将农民统一纳入居民基本医疗保险，原农村医保停止执行。这是昆山继农村居民基本医保之后在城乡统筹方向上进一步的尝试。居民医保基金的统筹层次定为市级，采取统账结合的管理模式。个人账户负责门诊自费阶段的医疗支出，统筹基金负责住院和门诊统筹，均设

---

① 昆山在国内率先全面实施农民基本医疗保险［EB/OL］.（2004-04-09）［2019-12-13］. http：//www. ks. gov. cn/xwnr? id=653.

② 金健宏，谢云龙，程和健，等．昆山市实施农村居民基本医疗保险的探索与思考［J］．中国农村卫生事业管理，2006（8）：12-14.

置起付线和封顶线。农村医保的原个人账户继续有效，自动与居民医保转接。居民医保的目录参照职工医保的规定执行，尽量缩小两大制度间的待遇差距。不论缴费环节，还是待遇给付环节，昆山对所有城乡居民，不论收入、身份、阶层都按照统一标准执行（见表6-9），最大限度地实现医保公平。

表6-9　昆山模式

<table>
<tr><td colspan="3">制度体系</td><td colspan="11">职工基本医保+居民基本医保</td></tr>
<tr><td colspan="3" rowspan="2">覆盖范围</td><td colspan="3">职工基本医保</td><td colspan="8">本市行政区域内所有用人单位的职工</td></tr>
<tr><td colspan="3">居民基本医保</td><td colspan="8">户籍关系在昆山市行政区域内、不属于职工基本医保范围的所有城乡居民</td></tr>
<tr><td rowspan="2">缴费</td><td colspan="3" rowspan="2">居民基本医保（2015年）</td><td colspan="2">个人</td><td>市财政</td><td colspan="2">区财政</td><td colspan="2">村集体</td><td colspan="3">总计</td></tr>
<tr><td colspan="2">170元</td><td>315元</td><td colspan="2">285元</td><td colspan="2">30元</td><td colspan="3">800元</td></tr>
<tr><td colspan="3">统筹层次</td><td colspan="2">市级统筹</td><td colspan="2">基金数量</td><td colspan="7">两个（职工基本医保与居民基本医保）</td></tr>
<tr><td rowspan="9">居民医保待遇给付</td><td rowspan="5">门诊统筹</td><td colspan="3">个人账户段</td><td colspan="3">自付段</td><td colspan="6">门诊统筹</td></tr>
<tr><td colspan="3" rowspan="4">60周岁以下按50元/（人·年）记入，60周岁以上按150元/（人·年）记入</td><td colspan="3" rowspan="4">60周岁以下800元以内自付，60周岁以上400元以内自付</td><td colspan="3">报销比例</td><td colspan="3">封顶线</td></tr>
<tr><td><60岁</td><td colspan="2">≥60岁</td><td colspan="3" rowspan="2">3000元</td></tr>
<tr><td>35%</td><td colspan="2">45%</td></tr>
<tr><td colspan="6">在一级以下定点医院就诊报销比例增加15个百分点</td></tr>
<tr><td rowspan="4">住院统筹</td><td colspan="3">起付线</td><td colspan="7">报销比例</td><td colspan="2">封顶线</td></tr>
<tr><td colspan="2">一级医院</td><td>300元</td><td colspan="7">5000元（含）以下50%
5000~1万元（含）55%
1万~2万元（含）60%
2万~4万元（含）65%
4万~5万元（含）75%</td><td colspan="2">5万元</td></tr>
<tr><td colspan="2">二级医院</td><td>600元</td><td colspan="7">5000元（含）以下40%
5000~1万元（含）45%
1万~2万元（含）60%
2万~4万元（含）65%
4万~5万元（含）75%</td><td colspan="2">5万元以上由大病基金补偿，大病基金20万元封顶</td></tr>
<tr><td colspan="2">三级医院</td><td>1000元</td><td colspan="9">待遇标准同二级医院</td></tr>
<tr><td colspan="3">管理经办</td><td colspan="11">统一由人力资源和社会保障部门经办</td></tr>
</table>

资料来源：昆山市政府网站，根据历年政府文件整理所得。

昆山模式的特点体现在以下几个方面：

首先，依托地方财政，大胆创新，在医保城乡整合的道路上一直走在前列。昆山在2004年农村居民基本医保初创时期即创造性地将合作医疗转变为社会医疗保险模式，制度探索的理念至今仍领先。回首2003年全国开始新农合制度的试点，在相关文件中明确了制度的性质是“农民医疗互助共济制度”。新农合作为对传统农村合作医疗的传承和重建，延续了合作医疗的制度定位。虽然沿用“合作医疗”的提法有一定的历史考量和合理性，但是新农合却具有明显的社会保险属性。与传统农村合作医疗相比，制度的性质已经发生了本质的转变。新农合在合作医疗和社会保险之间的模糊定位导致实践中的一系列问题和矛盾。学界的研究建议新农合向真正意义上的社会保险转变①②，如在城乡医保整合的大潮中实现新农合向城乡居民基本医疗保险的过渡。昆山在农村医保探索之初就采取了社会保险的方式，多年的成功实践既是对学界研究结论的验证，也为其他地区提供了非常宝贵的经验和启示。昆山医保的第二次创新尝试是在居民基本医保创立实施之际，果断地将农村居民统一纳入居民基本医保之中，原有的农村医保停止执行，实现医疗保险的城乡一体化。新农合实施之初就转而构建农村社会医疗保险的创新之举使昆山不像其他试点地区那样经历建制和改制的过程，而是在制度建立时就把握时机，水到渠成，实现医保整合，使得改革的阻力减少，也将改革的成本降到最低。

其次，农村居民基本医保和居民基本医保先后都采取了统账结合模式，制度上的相似性进一步减少了全面整合城乡医保制度的阻力。三项制度均设置个人账户，对60周岁以上的参保人实施政策倾斜，增加个人账户资金的划入，提高保障能力。关于门诊医疗支出，三项制度都在最初的制度设计中就明确了门诊统筹，提高制度的保障水平以及参保人的受益水平。同时，为了做好费用控制，还在进入门诊统筹基金之前，设置个人账户段和自付段。统账结合模式的运行以及在门诊和住院阶段相同的待遇给

---

① 李珍，王平．新型农村合作医疗的社会保险学分析［J］．华中师范大学学报（人文社会科学版），2010（5）：8-13.

② 徐晓兰，牛琪．我国新型农村合作医疗制度属性探讨和完善［J］．河南社会科学，2014（2）：118-122.

付机制使三项制度具有极大的内在相似性，减少了制度全面整合的障碍，降低了难度。

最后，正因为制度创新的突出成效和制度设计的高相似度，同时借助地方财政的支撑，昆山在全国率先整合了城乡居民基本医疗保险。整合程度高、效果明显。与大部分试点地区选择“多档制”作为过渡政策不同，昆山对城乡居民实行了统一的缴费及待遇给付。一体化的城乡居民医保待遇使昆山的医保整合更具公平性。

6.2.4　“三保合二”模式：三元一档

6.2.4.1　太仓模式

太仓早在2007年就将城镇居民和农村居民合并纳入统一的居民基本医疗保险，在医保城乡统筹道路上迈出了勇于创新的重要一步。也由于其较早的试点探索和特色化的整合举措而被称为“太仓模式”。太仓统筹城乡的医保体系包括基本医疗保险、居民医疗保险和住院医疗保险，三项制度分别主要覆盖城乡就业者、城乡居民、以失地农民以及五六十年代精简退职人员为主的特殊参保群体。与东莞模式相似，太仓实现了统筹地户籍内和户籍外居民的普遍覆盖。

太仓模式的特点体现在以下几个方面：

第一，注重公平。太仓在整合城乡医保过程中特别强调对弱势群体的政策倾斜。作为一项民生工程，医保整合必然意味着增加财政投入和提高保障待遇。太仓早在2008年就提出了“四个倾斜”的理念——向基层倾斜、向老人倾斜、向特殊疾病倾斜以及向特殊人群倾斜——用以规范医保待遇提升过程中的政策取舍。例如，2008年太仓市调整一级定点医院门诊统筹的报销比例，其中公务员提高5个百分点，退休老人提高20个百分点，其他人员提高10个百分点①。除待遇给付外，在筹资阶段，政府财政对参保居民给予了不同力度的支持。与大多数试点地区相同，地方财政（市、区/镇两级）对参加居民医疗保险的居民按不低于缴费额70%的比例补助。此外，还有一些特殊受益的群体，如被征地农民参加基本医疗保

① 参见《关于提高社会医疗保险待遇的有关规定》（太政办〔2008〕93号）。

险，可以获得来自地方财政（市、区/镇两级）总计达到缴费额20%的补贴，最长补助期限为10年。又如市财政对参加住院保险的城镇年老居民补贴其保费的60%，那些低保人员、重症残疾人员以及五六十年代精简退职人员甚至可获得市财政的全额参保补贴。太仓的医保整合试验为我们展示了财政对弱势群体的结构性倾斜（见表6-10、表6-11）。

表6-10　太仓模式

<table>
<tr><td colspan="2">制度体系</td><td colspan="4">基本医疗保险、住院医疗保险、居民医疗保险</td></tr>
<tr><td rowspan="3">覆盖对象</td><td>基本医疗保险</td><td colspan="4">本市户籍内行政和企事业单位的所有正规就业者和非正规就业者①以及参加养老保险的失地农民</td></tr>
<tr><td>住院医疗保险</td><td colspan="4">16周岁以上参加养老保险的失地农民；本市户籍的五六十年代的精简退职人员；1992年12月31日之前为城镇户籍，参保时达到法定退休年龄的居民；城镇重症残疾人员；用人单位中参加农村养老保险的人员</td></tr>
<tr><td>居民医疗保险</td><td colspan="4">未加入以上两大险种的本市户籍的所有城乡居民；非本市户籍的全日制大专院校在校学生；持两年以上暂住证的外来务农人员；其他人员</td></tr>
<tr><td colspan="2">统筹层次</td><td colspan="4">市级统筹</td></tr>
<tr><td colspan="2">基金数量</td><td colspan="4">三个</td></tr>
<tr><td rowspan="8">筹资标准</td><td colspan="2"></td><td>单位缴费</td><td>个人缴费</td><td>缴费基数</td></tr>
<tr><td rowspan="3">基本医疗保险</td><td>企业职工</td><td>8%</td><td>2%</td><td rowspan="5">职工工资总额</td></tr>
<tr><td>灵活就业者</td><td>—</td><td>10%</td></tr>
<tr><td>公务员</td><td>12%</td><td>2%</td></tr>
<tr><td rowspan="3">住院医疗保险</td><td>职工</td><td>4%</td><td>1%</td></tr>
<tr><td>其他人员</td><td>—</td><td>5%（按年缴纳）</td></tr>
<tr><td>失地农民</td><td colspan="3">每人6000元，一次性筹集</td></tr>
<tr><td>居民医疗保险</td><td colspan="4">个人缴纳220元、镇级财政补贴每人280元、市级财政补贴每人340元（2016年）</td></tr>
<tr><td colspan="2">待遇给付</td><td colspan="4">见表6-11</td></tr>
<tr><td colspan="2">管理经办</td><td colspan="4">统一至人力资源和社会保障部门经办</td></tr>
</table>

资料来源：太仓市政府网站，根据历年文件整理所得。

①目前也包括非本地户籍的所有类型就业者。

第二，太仓的制度具有一定的弹性。除住院保险是为特殊人群所设之外，参保者可以在职工医保和居民医保之间自由选择转换。达到退休年龄时可以一次性选择医疗保险种类，并将以往缴费年限按相关文件的规定折

表 6-11 太仓市社会医疗保险待遇给付(2016 年)

类别		门诊					住院					
		个人账户划入	起付线	门诊统筹			起付线		0~2 万元	2 万~4 万元	4 万~8 万元	>8 万元(20 万元封顶)
				医院等级	封顶线	报销比例	医院等级	金额				
基本医保	企业(在职)	3.4%~4.4%	800 元	一级	2500 元	75%	一级	400 元	94%		99%	
				二、三级	2500 元	65%	二级	800 元	90%		95%	
							三级	1000 元				
	公务员补助(在职)	另增 300~400 元	700 元	一级	5000 元	85%	一级	200 元	97%		99.5%	
				二、三级	5000 元	80%	二级	400 元	95%		97.5%	
							三级	500 元				
	企业(退休)	5.4%	600 元	一级	3000 元	85%	一级	300 元	99%			
				二、三级	3000 元	75%	二级	600 元	95%			
							三级	800 元				
	公务员补助(退休)	另增 500 元	500 元	一级	6000 元	95%	一级	150 元	99.5%			
				二、三级	6000 元	90%	二级	300 元	97.5%			
							三级	400 元				

续表

类别		门诊					住院					
		个人账户划入	起付线	门诊统筹			起付线		0~2万元	2万~4万元	4万~8万元	>8万元(20万元封顶)
				医院等级	封顶线	报销比例	医院等级	金额				
住院医保	退休者门诊提高10个百分点			一级	800元	50%	同基本医保企业职工					
				二、三级	800元	40%						
居民医保	女>50周岁、男>60周岁门诊提高10个百分点			一级	500元	50%	一级	400元	70%	75%	80%	90%
				二、三级	500元	40%	二级	600元	60%	65%	70%	
							三级	1000元				
医疗救助		享受相应待遇后，自付部分2000元报70%、优抚75%（孤老补助90%）					免除		100%			

资料来源：太仓市医疗保险基金结算中心。

算成最后所选医保险种的实际缴费年限，以实际缴费年限为准获得各项保障待遇。放开参保条件，允许自主选择，这样的制度设计事实上是打通了三项制度平台之间的参保壁垒，改变了原有的“医保孤岛现象”。参保人只要具有足够的经济支付能力，可以超越户籍、职业、身份的限制“越级”参加高水平保障。全民医保向公平又迈进了一步。

第三，为保证特殊人群的需要专门建立了住院保险制度。失地农民、城市重度残疾人群以及五六十年代精简退职人员这些群体一方面在医疗保障上具有特殊的需求，另一方面由于经济境遇差很有可能沦为无医保群体。在已实施的各项政策中，专门集中针对这些特殊弱势群体的政策并不多见。即使政策再完善，这些特殊人群仍有可能成为医保夹心层。太仓针对这些特殊人群专门建立了住院保险制度：设置适应不同人群的缴费办法（按比例或定额），降低缴费率（至5%），不设个人账户，在门诊和住院阶段全部实施社会统筹，甚至在住院统筹阶段参照职工医保待遇进行高标准待遇偿付。

第四，2011 年 4 月，太仓在整合城乡基本医保的基础上启动了大病保险制度。自此，“太仓模式”又丰富了内涵——大病医保的引入使城乡基本医保实现了无封顶线设置，因此又被称为“基本+补充”模式。依据城乡基本医保的雄厚基金结余，通过额外对参保人进行定额缴费筹集资金①，建立起了大病保险制度，并委托给商业保险公司经办。住院患者中一次住院费用或一年内累计住院费用中自付部分超过 1 万元的，将给予53%~82%的再补偿，具体补偿比例的选择按照实际自付费用分级累进。自付费用越高，大病保险的补偿比例越高。大病保险不设置封顶线，所有的参保居民获得同等的待遇。这意味着“太仓模式”在医疗保障的彻底化程度上更进一层，是贫病之人的福音，能有效防范低收入家庭因病致贫或因贫放弃医治。

第五，统一管理经办。由于在 2003 年建立新农合时，卫生部门便将管理经办事宜移交给社保部门，于是太仓在接下来的医保整合过程中因势利

---

① 大病保险定额筹资的标准为基本医疗保险和住院保险的参保人 50 元/（人·年），居民医疗保险的参保人 20 元/（人·年）。

导成功理顺管理机制。目前城乡基本医保由医疗保障局（2018年以后）负责管理和经办，卫生部门与人力资源和社会保障部门已全面退出经办领域。统一的管理经办不仅显著提高了城乡基本医保的管理效率，而且通过业务划转实现了职能整合，更有利于城乡一体化医保新政的顺利推行，降低改革成本。另外，整合有利于经办机构的增能提效，医保机构通过谈判机制，实现对医疗服务供给方的监督和制衡，更好地履行起第三方购买者职能。

6.2.4.2　兴化模式

兴化位于江苏中部，2008年底出台《兴化市城乡居民基本医疗保障实施办法》，从2009年1月1日起全市施行全新的城乡基本医疗保障制度。尽管制度体系仍然包括城镇职工基本医疗保险、城镇居民基本医疗保险以及新农合三项平台，但是增加了参保机制的弹性。除用人单位及其职工必须参加职工基本医保外，城乡居民可以在三项平台之间自由选择。在当时全国普遍强调医保制度广覆盖的背景下，兴化市的做法是领先的。虽然改革理念受医保发展时局的影响定位在"多层次"和"广覆盖"，但是制度设计却具有城乡统筹与整合的特征。尤其对于农村居民来讲，医保制度不再束缚于新农合，可以上行参保，消除了制度之间的身份壁垒和户籍壁垒。城乡非就业居民可以根据收入水平和医疗需求自由选择（见表6-12）。

表6-12　2009—2015年兴化城乡居民基本医疗保险制度体系

	筹资（2013年）	门诊统筹（2013年）			住院统筹（2013年）		
		起付线	报销比例	封顶线	起付线	报销比例	封顶线
职工医保类	正规就业 个人2% 单位7%	—	—	—	市内 450~550元 市外 1000元	85%~92%	6万元

续表

<table>
<tr><th rowspan="2"></th><th rowspan="2">筹资（2013 年）</th><th colspan="3">门诊统筹（2013 年）</th><th colspan="3">住院统筹（2013 年）</th></tr>
<tr><th>起付线</th><th>报销比例</th><th>封顶线</th><th>起付线</th><th>报销比例</th><th>封顶线</th></tr>
<tr><td>居民医保类</td><td>160 元/（人・年）</td><td>15 元/（次・人）</td><td>50%</td><td>200 元/（人・年）</td><td rowspan="2">市内 400 元
市外 600 元</td><td>一级 90%
二级 85%
市外 75%</td><td>18 万元</td></tr>
<tr><td>新农合类</td><td>70 元/（人・年）</td><td>15 元/（次・人）</td><td>40%</td><td>30 元/（人・日），200 元/（人・年）</td><td>一级 88%
二级 78%
市外 68%</td><td>14 万元</td></tr>
</table>

资料来源：兴化市政府网站，根据历年文件整理所得。

据统计，2009 年该市参保人数为 143.7 万人，占该市总人口的 93.3%，其中新参加城镇职工医疗保险的农民有 1700 多人①。随着城乡居民基本医疗保险制度的推行，兴化市不断增加政府的财政支出，主要用于提高新农合类及居民医保类的参保率及制度回报率。兴化市医保城乡一体化使城乡居民成为最大的受益群体。2015 年兴化市再次进行医保制度整合，医保结算上分为城镇职工医保和城乡居民医保两大类，将施行了一段时间的三元制转变为二元制度（见表 6-13），进一步促进医保整合。

需要说明的是，目前大部分实行三元制模式的城市都在近两年的医保整合大潮中逐渐地由三元制向二元制过渡。顺应国内政策发展的方向，其将新农合与居民医保合并，制度平台及基金数量由三项转为两项，制度多向“三保合二”的一档制转变。从本质上看，这意味着参保人由之前可以在三项制度平台之间参保选择转变为在两项制度平台下参保选择，城乡之间、阶层之间的医保差异逐步缩小。

① 赵晓勇，袁开建，仇党玉，等. 兴化实施城乡一体化医保 [N]. 新华日报，2009-02-23.

表 6-13　2015 年以来兴化城乡居民基本医疗保险制度体系

<table>
<tr><th rowspan="2"></th><th rowspan="2">筹资
（2015 年）</th><th colspan="3">门诊统筹</th><th colspan="3">住院统筹</th></tr>
<tr><th>起付线</th><th>报销比例</th><th>封顶线</th><th>起付线</th><th>报销比例</th><th>封顶线①</th></tr>
<tr><td rowspan="3">城乡居民医保</td><td rowspan="3">一档筹资
450 元/年，
个人 90 元，
财政 360 元</td><td rowspan="3">乡镇级
15 元/次
村级
10 元/次</td><td rowspan="3">40%</td><td rowspan="3">乡镇级
30 元/天
村级
10 元/天
总 200 元/年</td><td>一级
400 元</td><td>一级
88%</td><td rowspan="3">16 万元</td></tr>
<tr><td>二级
600 元</td><td>二级
78%</td></tr>
<tr><td>市外
1100 元</td><td>市外
60%</td></tr>
<tr><td rowspan="3">城镇职工医保</td><td rowspan="3">职工工资总额的 10.8%，
个人 2.3%，
单位 8.5%</td><td rowspan="3">在职
800 元/次
退职
500 元/次</td><td rowspan="3">60%</td><td rowspan="3">Ⅰ类疾病
2000 元
Ⅱ类疾病
4000 元
Ⅲ类疾病
1 万元</td><td>一级
400 元</td><td>一级
95%~97%</td><td rowspan="3">6 万元②</td></tr>
<tr><td>二级
600 元</td><td>二级
90%~92%</td></tr>
<tr><td>三级
800 元</td><td>三级
85%~87%</td></tr>
</table>

资料来源：兴化市政府网站，根据历年文件整理所得。

①超过封顶线的部分将进入大病救助统筹基金。

②参见兴化市人社局《2015 年兴化市城镇职工医疗保险政策问答》。

6.2.5　小结

除前文详细介绍的各试点模式外，国内其他城市和地区仍不乏特色化的创新探索。

福建三明市因其“三医联动”促进医改的成功举措实现了共赢的局面，使得“三明医改”成为一个热词，其先行先试的创新受到全国的关注。2013 年，三明市印发《关于全市实行城乡居民基本医疗保障一体化的通知》，开始探索医保城乡整合。三明市选择的是将城镇居民基本医保与新农合并轨整合，整合后的制度统一按新农合制度执行，这与重庆和嘉兴模式相似。虽然以新农合为整合平台，但并不沿用“新农合”的称谓，整合后的制度称为“城乡居民基本医疗保险”，执行规范遵照新农合，原城镇居民基本医疗保险制度停止执行[①]。三明市在整合方案上选择了“三保合二”的一档制。三明市是福建省下辖的县级市，属于欠发达地区，其经验和做法值得同类地区借鉴。

嘉兴是典型的以新农合为平台实现城乡居民医保整合的地区。嘉兴没有专门建立过城镇居民医保，而是在新农合试点最初就将城镇未就业居民纳入其保障范围，多年来取得突出成效。由于以新农合为平台，所以整合之后的制度命名为“城乡居民合作医疗制度”，管理经办也全部交由卫计委。在整合模式上嘉兴实施的是“三保合二”的一档制。

海西州是青海省率先整合城乡居民医保的地区。2009 年出台《海西州城乡居民基本医疗保险暂行办法》（海西府办〔2009〕130 号），将城镇居民基本医保与新农合两项制度整合为城乡一体化的居民医保制度，由人力资源和社会保障部门负责经办管理。海西州是西部落后地区的民族自治州，农牧民人口比重大，缴费能力低，人口密度小，统筹地区分散。据统计，全州总面积为 32 万平方千米，户籍总人口为 41 万人，平均 1 平方千米仅有 1.26 人。全州农牧民为 15.4 万人，分到 8 个县级统筹地区，平均每个统筹地区仅有农牧民 1.9 万人[②]。立足地方实情，海西州将统筹层次从县级提高至州级，基金形成合力。同时增加政府财政扶持力度，2015 年城乡居民医保筹资标准达到每人 570 元，其中个人缴纳 90 元，各级财政补助 480 元，高于国家规定的同年财政补助 380 元的标准。这样海西州实现了一档制的“三保合二”。

综上，本书篇幅有限，对于百花齐放、百家争鸣之整合试点尚不能完全描述一二，仅以各典型模式为基础，选三两代表城市，详细介绍医保制度整合的特色之处，以期管窥整合试点的成绩与不足。

---

① 参见《关于印发三明市城乡居民基本医疗保险 2014 年统筹管理实施方案的通知》（明医改组〔2014〕5 号）。

② 李逢云．海西州整合城乡居民医保的成效与思考［J］．中国医疗保险，2016（4）：32-34.

6.3 对地方整合经验的总体评价

各地试点思路先行，早统筹早受益。先行整合地区的探索经验，为全面推进城乡医保制度整合、提升参保居民待遇水平提供了依据。从总体上看，地方试点呈现医保整合的“梯度发展格局”①②。发达地区借助强大的财政实力实现了相对比较彻底的、高水平的整合。落后地区或是凭借制度创新规避财政短板，实现最大限度对公平与整合的追求；或是将有限的财政力量优先惠及弱势群体，实现总量不变情况下的结构性调整。各地试点中既有共性的部分，也有地方性创新的特色。

其共性体现在以下方面：

第一，依靠制度创新赢取改革红利。如成都、重庆的多档制；神木的“全民免费医疗”；太仓增强制度弹性、强化制度转换衔接的制度设计；嘉兴的城乡居民合作医疗；镇江借助“上行通畅、下行严控”的转移接续机制形成制度的内在驱动力，使制度最终达到城乡整合；宁夏的城乡居民医保省级统筹；等等。在整合过程中，除医保制度设计本身的创新之外，还有一系列的配套辅助政策，如整合经办、“三医联动”，典型的如“三明医改”综合改革、湛江商业保险经办等。各地依据既有的人力、物力和财力等现实条件，在把握医疗保险发展规律的基础上，积极探索的制度创新使医保改革都实现了效益的最大化。

第二，各地整合模式都在没有降低职工医保待遇给付水平的前提下，通过财政补贴不同程度地提高了城乡居民基本医保的待遇给付水平，实现了帕累托改进。这种帕累托改进有利于减少整合的阻力，特别是来自既得利益获得者阶层的阻力。

第三，不同整合模式的选择主要基于各地的经济发展状况和财政条件。“三保合一”模式虽然整合彻底，医保公平性高，但对地方财政实力

---

① 李长远．我国城乡医疗保障制度整合的典型实践模式及优化策略［J］．经济与管理，2015（5）：37-41.

② 仇雨临，翟绍果，郝佳．城乡医疗保障的统筹发展研究：理论、实证与对策［J］．中国软科学，2011（4）：75-87.

水平要求比较高，需要地方财政对城乡居民参保给予大力的补贴。因此，大部分统筹地区采取的是“三保合二”模式。其中经济条件较优越的地区实行一档制度，中西部和相对落后地区通常选择多档制，分设两个或三个缴费档次。其中，两档制是制度主流。“三保合二”模式虽然没有彻底实现医保一体化，但是却实现了不同制度之间的无障碍衔接和转换。通常“三保合二”模式都会搭配增强制度弹性的自由参保和转移衔接机制。

第四，各地虽采取不同整合模式，却都达到了一个相似的结果，即打破参保的户籍和身份壁垒，一定程度地实现了去身份化和去阶层化。最典型的当属“三保合一”模式。而“三保合二”模式中的不同方案选择，事实上也不同程度地促成了参保的去身份化。不论一档制还是多档制都赋予了城乡居民公平选择医保平台的权利。与原有制度相比，居民参保不再受户籍和身份限制，可以根据支付能力和医保需求选择上行参保，选择高档缴费、高标准的待遇，甚至在不少地区，职工医保也向城乡居民开放（如镇江）。各项制度已经演变成为开放的缴费档次，此时关于获得何种医保待遇，起决定性作用的是居民的收入水平。但医保整合也存在着以居民收入差异取代居民身份差异的隐忧。

第五，医保整合先从新农合与城镇居民医保入手。大部分试点城市选择分阶段、分步骤地实现医保整合。首先将缴费水平和待遇水平相似度高的城镇居民医保与新农合整合，于医保的阶层碎片化中首先破除城乡碎片。也有部分试点城市进一步探索职工医保与城乡居民医保的整合，打破阶层碎片化中的身份碎片，如镇江、太仓、杭州、昆山等地允许城乡居民参加职工医保。

第六，不同程度地增加政府财政投入，并强调对弱势群体的照顾。基本上所有的试点地区在整合之后都实行“待遇就高不就低、目录就宽不就窄”、扩大定点医院的选择范围等便民利民的举措。在不显著增加参保人缴费的前提下，各地都选择适度增加财政投入。作为一项惠及民生的公共政策，政府开始逐渐明确了对城乡居民参保的补贴责任。整合新农合与城镇居民医保，首要面临的问题就是如何将缴费和待遇均存在明显差距的两项制度有机地衔接为一体。诚然，医保整合所隐含和追求的制度逻辑是公平。那么如何解决不同人群之间的医保不平等问题？在福利刚性规律的作用下，医保公平的实现不能靠降低职工医保的待遇，而只能通过提升城乡居民医保的待遇，以缩小两者之间的待遇差距。各地的做法基本上可以归纳为“缴费就低、待遇就高”，于是整合导致了不同程度的制度“隐性亏损”①。弥补这其中的资金缺口成为政府财政的主要负担。作为主要的财政补贴力量，地方财政成为影响整合方案选择的核心要素。地方财政实力越强大，越倾向于选择“三保合一”模式或一档式缴费机制，整合更彻底、效果更充分；反之则倾向于选择“三保合二”模式或多档式缴费机制。虽然地方财政在医保整合过程中发挥着举足轻重的作用，但不能因此而得出结论，财政实力是影响医保整合的唯一因素。不论经济落后地区还是发达地区，地方政府都在不同程度地增加财政投入，一定的财政实力是实现医保整合的充分非必要条件。东中西部不同省份都有医保整合的成功范例，最早进行城乡医保整合探索的恰恰是财政实力并不强大的中西部地区，如成都、重庆、宁夏、青海等。除财政扶持外，医保整合还离不开政策创新和制度精细化、结构化改革。

医保整合试点具有很强的地方性和地域性。在共性之外，个性化的探索不胜枚举。

第一，整合模式以“三保合二”为主流，但是“三保合二”却演化出不同的制度设计。在最为核心的筹资机制和待遇给付机制上，有一制一档、一制两档、一制三档之分。在统筹基金设置上有二元制和三元制之分。

第二，虽然以先行整合新农合和城镇居民医保为切入点和突破口，但是各地在平台选择上存在差异，一些地区以新农合为平台，构建了城乡居民合作医疗制度，另一些地区则以城镇居民医疗保险为平台，建立了城乡居民基本医疗保险制度。通常是以农业为主、农业人口比例高或城市化率低的地区，倾向于选择新农合作为整合平台，如重庆。也有不少发达地区在新农合建设之初就依托合作医疗制度实现城乡统筹的先行先试。典型的如嘉兴，嘉兴直接建立了城乡居民合作医疗制度，自始至终未建立过城镇

① 高秋明，朱恒鹏，陈晓荣．城乡医保并轨与财政投入——基于已整合城市的分析［J］．中国财政，2016（5）：50-54.

居民基本医保制度。镇江市在新农合推行之初也做出了同嘉兴一样的选择，将当时没有制度保障的城镇居民纳入新农合。而昆山则早在 2004 年就以社会保险之发展理念统摄农村居民医疗保险的发展，从未尝试过新农合。

第三，整合管理经办的不同选择。基层在管理经办体制上也开展了多样性探索，人社部门和卫计委各自发力引领下的医保整合各有创新，各有理论侧重。实践中不仅是两方牵头，管理经办模式也有四五种之多，主要表现为由人社部门主管、由卫计委主管（嘉兴）、由财政部门主管（三明）、由人社部门和卫计委共同管理、由政府直管（邵阳）等五种形式。虽然基层已经探索了管理经办的统一，但是还是要面对上层管理经办的分割，于条条框框之中协调不同部门之间的工作量比整合之前有过之而无不及。自上层带来的管理阻力影响管理效率的彻底提升。从全国层面俯瞰之，有学者指出在各地方试点中医保整合的管理有些“自乱阵脚”[①]“流于摆设”[②]，未来整合经办的任务仍很艰巨。

诚然，各地的试点都取得了备受注目的成绩。在了解地方整合经验之后的下一个问题便是，这些试点的经验能否在全国推广，其他统筹地区能够在多大程度上效仿这些试点方案？不可否认，一个个成功的模式背后有着地方性的背景和支撑。东莞医保整合的成功离不开财力雄厚和人口年龄结构年轻化，神木模式除了财政实力之外还离不开充分竞争的医疗服务市场格局，镇江有着深厚的社会医疗保险传统，三明成功的医疗卫生体制改革推动了城乡统筹的实现，等等。与全国其他地区相比，这些成功试点的代表性城市经济社会发展的差异性程度决定了这些试点方案是否在全国具有可复制性，或者说在多大程度上具有可复制性。当然，同样不能因为这些地方的特殊性而忽视各地整合试点的价值和意义。我们要在这些个性化的制度举措中发现和总结共性的规律，从地方的政策创新中探索医保发展新理念，发现医保的未来新走势。

---

① 孙淑云，柴志凯．新农合与多层次医保衔接的法律规范［J］．中国农村卫生事业管理，2013（1）：1-3.

② 柴志凯．我国整合城乡三项基本医保制度试点分析［J］．中国农村卫生事业管理，2013（10）：1097-1099.

6.4 医保整合中的“再碎片化”隐忧

自2016年初国家推动医保城乡整合的正式文件颁发之后，医保整合之势进一步扩大。在前文的分析中我们看到了地方试点取得的卓越成绩，这充分肯定了试点的价值，但目前的医保整合工作仍存在不足，最主要的问题是旨在促进整合的制度却有可能在客观上导致新的分化与不公平，旨在缓解医保碎片化的整合工作可能导致“再碎片化”，例如，宏观上多种整合方案导致“地域再碎片化”，微观上则是缴费和待遇的多档制设计导致“阶层再碎片化”。

首先，同以往的改革路径相似，医保整合同样遵循中央政府方向引导、地方试点先行、建设权限下放的模式。这在鼓励地方政府创新、减少改革阻力、磨合改革方案方面具有很大的优势，但是却给试点方案打上了地方烙印。从全国来看不乏成功个案，但是各地政策千差万别。制度整合仅站在地方的层面上，缺乏全国或全盘的考虑。某些整合尝试适合地方，却不能推广至全国。地方统筹又使对公平的追求限制在一定的地域层级下。地方政策的封闭性和独立性对于流动人口的转移接续来讲仍旧艰难。在我国已有的医保地域碎片化格局之上，整合方案的地方“再分割”导致地域差异扩大。未来期待中央政府的顶层设计将地方碎片“化繁为简”。

其次，实践中“三保合二”多档制是各地普遍选择的整合模式。从福利的供给和需求层面看，参保人可以根据经济支付能力和预期收益选择不同缴费水平的制度，进而获得不同水平的保障待遇，改变了社会成员按照城乡户籍分别参保的做法，建立了城乡居民统一、开放的参保平台，促进了医保公平。有些试点地区的举措更为先进，将职工医保的大门向所有城乡居民打开，在打破制度户籍壁垒的基础上进一步打破了身份壁垒。原有封闭的各项制度演变成为各个开放的缴费档次，高缴费对应高待遇，在强调权利和义务对等的同时，却扩大了保障待遇的不平等。“似乎医保的职能不是要缩小社会分配格局的差距与不公平，而是只能维持或延续社会分配格局的差距不公平，这种似是而非的观念却在一些地方变成了相应的制度安排或政策措施。”① 事实上，权利和义务对等的原则被异化了。以医保公平之理论反思整合方案，“多档缴费、待遇分级”这一被广泛采用的方案只是解决了参保机会公平的问题，而待遇公平的问题仍然没有得到解决。如果说整合之前的制度是职工医保、居民医保、新农合三元碎片，那么整合之后的制度体系是怎样的呢？以成都和重庆为例，城乡统筹之后的制度体系为职工医保和一制两档的城乡居民基本医保，虽然制度基金蜕变为两项，但是综观社会成员的医保待遇给付，仍然是包含三种缴费与待遇对应关系的三元分化。而在采用一制三档的地区（如宁夏），整合之后甚至是四元分化。从表6-14中明显可见“一制多档”整合方案后维持或增加的待遇碎片。整合打破了制度原有的户籍界限，只要具有缴费能力，农村居民也可以上行参加职工医保，但是制度内部的差别仍然存在，只是换了一个提法，以收入差距取代身份差异。原制度下决定城乡居民医保待遇的是城乡户籍，多档制整合之后起决定作用的变成居民的收入水平。以阶层视角分析，整合前后都没有正确地发挥医保制度应有的“去阶层化”和公平效应。医保建设的效率原则在占上风，公平原则在隐退。社会成员的医保待遇，以收入水平为核心因素重新排序分等，分化层级更多，与收入的捆绑更密切。高收入者享受高水平的医保待遇，低收入者只能次之。由此可见，旨在促进公平的制度整合却造成了医保的“再碎片化”。

表6-14　各试点地区整合前后医保碎片化情况对比

	整合前的制度碎片	整合后的待遇档次
成渝模式（成都、重庆）	三个	三个
宁夏、延安、天津、江西	三个	四个
太仓	三个	三个
镇江、昆山、兴化	三个	两个
东莞、神木	三个	一个

① 郑功成．从整合城乡制度入手建设公平普惠的全民医保［J］．中国医疗保险，2013（2）：8-10.

除此之外，在实行“三保合二”一档制的地区，表面上看由于只设置一个缴费档次，整合后的制度内部似乎并不存在缴费分档、待遇分级的新碎片，然而宏观来看“三保合二”一档制仍然存在保障待遇与收入水平的正相关。大部分实行“三保合二”一档制整合方案的地区都不同程度地增加了制度弹性，允许城乡参保人在职工医保和城乡居民医保之间进行自愿的参保选择，如太仓、兴化、镇江等地。在这些地区参保人可根据支付能力自主选择参保平台，并进一步获得不同水平的医保待遇，其中政策尤其鼓励“上行参保”。正因如此，同其他地区“一制多档”的政策结果相似，参保人最终获得的保障水平与收入水平正相关，高缴费对应高待遇。选择的自由建立在经济支付能力之上，导致社会成员间基于收入高低而标准有别的医保待遇，继续塑造着医保不公平。

地区化整合方案、分档制整合设计导致医保政策在地域和（收入）阶层两个维度上的再分割，原有的制度格局更为碎片化。旨在促进城乡整合的制度设计却不同程度地导致了制度的“再碎片化”，整合效果堪忧。从结果公平的角度看，各地广泛开展的城乡医保整合方案只是形式整合，整合后制度内的医保碎片和医保不公平依然存在。部分学者的研究发现，“没有证据表明城乡居民医保制度的整合有利于缩小城乡差距”①②。尽管多档制整合方案在理念上相较于传统的城乡二元分立是进步的，但是多档制的城乡居民医保真正实现了医保制度在城乡之间的实质整合了吗？一制多档虽赋予了城乡居民公平的参保机会，却没有赋予公平的待遇，并且多档制强化了收入水平与医疗保障水平之间的正相关，尤其对低收入人群不利。

真正的医保整合不是单纯对制度做减法，也并非简单意指新农合与城镇居民医保的合二为一。“合并”可能是题中之义，但远非全部。实质整合比形式整合更重要。整合的核心目标以及衡量整合成功的标准应该是实现医保公平。如前文所述，医保公平包括参保机会公平、筹资公平、待遇

---

① 李亚青．医疗保险制度整合是否有利于弱势群体——基于双重差分模型的实证分析[J]．财经科学，2013（2）：81-90.

② 周靖．中国居民与收入相关的健康不平等及其分解——基于 CGSS 2008 数据的实证研究[J]．贵州财经大学学报，2013（3）：52-57.

给付公平以及医疗卫生服务获取的公平。达到以上四点，即使多元制度并行，医保制度也是公平的，这是一种真正意义上的整合。反之，即使整合为一元制度，国民内部的医保待遇仍有差异，那么制度也是不公平的，只是一种形式上的整合。根据本书第 2 章中对“医保碎片化”概念做出的学理界定，碎片化仅是一种对制度状态的客观描述，从结果上讲碎片化有公平与不公平之分。例如，有的国家医保碎片化导致了结果不公平，而有的国家医保制度虽然碎片化，但是国民医保待遇却是公平的，碎片化更多的是受到历史因素以及参保人群不同特征的影响。我国的医保碎片化更是一种结果不公平的碎片化。因此我国医保整合核心在于促进结果公平，并在此基础上，结合我国医保制度的社会背景，将碎片化程度尽量降到最低。医保整合的核心在于实现医保公平，单纯关注制度数量简化，机械追求制度一元化，而忽视制度内部延续碎片化和不公平的形式整合问题并非真正意义上的整合。2016 年，国务院印发《关于整合城乡居民基本医疗保险制度的意见》，这不仅为我们提供了一个医保城乡整合的行政依据，还是一个信号，一个医保制度即将进入结构性调整的信号，一个医保制度将要走向公平、普惠、共享的信号。长期来看，公平理念主导下的“去阶层碎片化”和“去地域碎片化”是医保整合的方向，最终搭建一个基于社会公民权的保障平台，赋予国民平等的保障待遇。

通过对医保整合试点实践的分析发现，医保城乡整合过程中最核心的医保公平仍然没有实现。这让时下的整合效果大打折扣。在接下来的试点中，作为修正任务，要重点围绕公平的参保权、公平的筹资缴费机制以及城乡居民的一体化待遇给付而展开，尤其需强调整合后的制度要赋予所有参保国民统一的、一体化的医保待遇。也许持整合步骤论、阶段论观点的人认为实现城乡居民的统一待遇给付是一种“冒进”；持“财政决定论”观点的人可能认为实现城乡居民的统一待遇给付是一种脱离本土化现实的“幻想”；还有一些人可能质疑国民的统一待遇是否会导致忽视效率因素的平均主义错误……实然与应然之间的迷思，如何去解开？任何事物都具有规律性，不妨从那些已经经过医保制度城乡一体化的国家和地区那里吸取经验、获得启示。

第 7 章　医疗保险制度整合的经验借鉴

在一个人口超级大国实现全民医保并非易事，更何况我国还具有城乡差距、地域差距、双层结构、老龄化程度高、城镇化率低等一系列的社会现实背景。实现全民医保，不仅需要独立的探索和试验，还需要从制度成熟的国家那里吸取经验。不论福利国家型还是社会保险型的医疗保障模式，对正式部门雇员以外的人群提供保障都是医保制度设计的难点，也是最能体现制度特征的核心部分。各国成熟的医疗保险制度，其成功经验值得我们借鉴。与各国医保制度的发展过程相似，我国医保建设过程中所遇到的各种难题，其他国家也遇到过，如医保扩面、城乡统筹、碎片化、医疗费用控制等。各国的做法值得我们参考。而且关于医保制度中的一些世界难题，如医疗费用的控制、对医疗卫生服务质量和数量的监控等，很多国家仍然在求索的道路上。近年来，不断有学者提出社保国际比较的重要性，例如，郑功成（2009）提出了“近学日本、远学德国”的建议；潘屹（2012）指出“西方国家和亚洲的邻居在社会福利的普遍主义和整合方面已经有了好的经验，中国需要向它们学习”①；等等。

本书重点选取了几个典型的东亚国家和地区进行经验分析。选择的出发点是同属社会保险型医疗保险制度的国家和地区，以此探寻通过社会保险模式实现全民医保的国家及地区制度发展的共同规律和有益经验；首先选择同处东亚地区的日本和韩国；其次选择了中国台湾的全民健保。与其他欧美国家相比，这些国家和地区的经验对于中国更具有借鉴意义。对这

---

① 潘屹．西方福利国家的普遍主义整合及中国福利元素——中国社会福利体系再结构的原则和基础［J］．社会福利（理论版），2012（1）：18-23.

些国家和地区的制度进行深入的对比分析，会对正在探索医保整合的中国带来启发和借鉴。不选择同处东亚的新加坡和中国香港是因为这两地的医疗保障有特殊性，没有经历过农业社会向工业社会的转型，所以也未曾面临过农民的医疗保障问题。从这个角度看，中国香港以及作为城市国家的新加坡医疗福利极具特殊性。

中国、日本和韩国，很多研究东亚福利模式的学者，将其共同归入生产主义的福利模式。部分学者认为近几年我国医疗保障体制的改革使中、日、韩三国的制度比之前明显接近[①]。三者同为社会保险模式，并且在福利建设的路径、背景、理念和模式结构上有很大的相似性。例如，从制度建设方面，三个国家都是效仿德国的社会医疗保险模式，首先建立职工或雇员的医保，然后再向农村居民或非就业人员蔓延。从实现全民医保的时间来看，日本是 1961 年，韩国是 1989 年，中国是 2007 年。在实现全民医保之前，各国都经历了一个经济上的快速增长期。日本自 1955 年开始了持续 20 年的经济快速增长，GDP 的平均年增长率在 10%以上，经济规模扩大到原来的 4.4 倍，日本一度成为世界第二大经济体。韩国经济从 1982 年开始了黄金十年，1998 年亚洲金融危机后，韩国用五年的时间恢复经济，使得此后的韩国经济更加健康、快速地发展。中国自 20 世纪 80 年代开始迎来了经济高速增长期，2010 年中国取代日本成为世界第二大经济体。虽然我国的全民医保面临巨大的压力，但是经济高增长所带来的财政增收和居民增收为全民医保的实现提供了坚实的经济基础。此外，在建立全民医保的过程中，中、日、韩三国都经历着各自的“社会转型期”，即“经济发展速度快、产业结构和就业结构变化、劳动力人口大量从农村迁往城市、社会流动性加剧、传统的生活方式和共同体迅速解体、社会风险增大”[②]等。可见三者都是在阻力非常大、需求极其迫切的情况下启动全民医保。尽管部分欧美福利国家也会针对非正规就业者以及农民采取单独设置保险项目的方式来扩大制度覆盖面，但大多是在城镇化水平高、非农就业比例高、农业人口比例小的情况下提上日程。而中、日、韩三国却是在

---

①② 李莲花．医疗保障制度发展的“东亚道路”：中日韩全民医保政策比较［J］．河南师范大学学报（哲学社会科学版），2010（1）：1-7.

社会转型期，非正规就业比例高、农业从业者比例高、城镇化水平低等前提下考虑实现全民医保，阻力更大、难度更大。日本在推进全民医保时，国民健康保险制度（即地域保险）作为覆盖非正式部门就业者及家属的制度，其参保人占总人口的49.63%①，韩国覆盖非正式部门就业者及家属的地区医疗保险的参保人占总人口的42.88%（1989年）②，而中国由于职工保险并不像日韩那样规定可以惠及家属，因此我国面向城镇未就业居民和农村居民的两项医疗保险制度实际覆盖人数的比例更高，占总人口的80%左右。庞大的覆盖人口对政府财政构成了不小的压力，这是欧美福利国家在医保城乡统筹的过程中所没有遇到过的难题。因此，从实用的角度看，作为“后发国家的社会保障模式”或“非欧洲圈的社会保障模式”，日本和韩国的医保制度对我国更有借鉴意义。

7.1 日本的“国民皆保险”

日本是世界上较早建立社会医疗保险制度的国家之一③，也是继英国、挪威之后较早实现医疗保险全民覆盖的国家④。日本的医疗保障体制健全、公平性高，国民也因此受益良多。2003年日本人的平均寿命高达81.9岁，居世界第1位⑤。2012年日本人均寿命仍连续20年居全球第1位。2000年《世界卫生报告》统计显示，日本健康水平居世界第1位，卫生筹资的公平性居第8~11位，卫生系统的总体绩效居世界第10位⑥。另据2000年世界卫生组织公布的191个国家的医疗综合评价指标，包括健康水平、对人权的尊重、为患者服务的程度和均衡水平以及费用负担的公平性等5个指标，日本的医疗保健体制的综合目标实现程度得分最高，名列世

---

①② 曹克奇．新型农村合作医疗参保人的身份认定：从参合农民到参合居民［J］．晋阳学刊，2012（6）：44-47.

③ 吕学静．改革与借鉴——从日本医疗保险制度改革谈起［C］//社会主义和谐社会构建与社会保障国际论坛论文集，2007：261-269.

④ 崔万有．日本社会保障研究［D］．大连：东北财经大学，2007：75.

⑤ 宋金文．日本医疗保险体制现状与改革［J］．日本学刊，2005（3）：59-75.

⑥ 赵永生．日本国民健康保险制度的构建——统筹城乡医保体系的启示［J］．中国卫生政策研究，2009（12）：23-26.

界第1位①，而经济最发达的美国只名列第37位。从医疗费用支出占GDP的比重来看，美国是14%，日本是7.8%②。美国近乎是日本的两倍。可见，日本的全民医保在促进医保公平、提高国民健康水平等方面取得巨大成效的同时，制度本身还具有高效性。

日本1961年就实现了“国民皆保险”制度。所谓“国民皆保险”，即日本政府提出的全民医保，要求全体国民按照资格条件必须强制参加一项公共医疗保险。日本的医疗保险体系由健康保险（以下简称“健保”）和国民健康保险（以下简称“国保”）组成（见图7-1）。两大医保制度均是由政府运作的公共保险计划。因为健康保险的覆盖对象为企业雇员及其家属，所以也被称为“职域保险”。而国民健康保险的参保人主要是非雇员及其家属并按属地参保，所以又被称为“地域保险”。

健康保险根据企业规模和运营主体不同划分为企业掌管健康保险和政府掌管健康保险。700人以上大企业的健康保险由各企业工会负责管理，企业工会有权自行规定保费和法定待遇给付之外的附加待遇给付。5人以上中小企业的健康保险则由政府管理，政府统一制定保费和待遇给付标准。健康保险的管理并未归入同一部门，具有分散性和企业福利性的特征。医疗保险体系的另一支柱——国民健康保险以农民、非正规就业者、自营业者、无业人员、高龄退职者及家属为主要对象，主要由地方政府市町村进行管理，自营业者则由“行业组合”进行管理。国民健康保险将雇员之外的所有国民均纳入其中，参保人员的收入差距大，社会群体复杂多样。2006年参加国民健康保险的人数为5163万人，占总人口的40.1%。与之相比，参加企业掌管健康保险的人数为3012万人，占总人口的23.4%；参加政府掌管健康保险的人数为3565万人，占总人口的27.7%③。可见，国民健康保险已经成为参保人数最多、覆盖范围最广、基金规模最

---

① 吕学静．改革与借鉴——从日本医疗保险制度改革谈起［C］//社会主义和谐社会构建与社会保障国际论坛论文集，2007：261-269.

② 刘晓梅，楚廷勇．日本社会医疗保险全覆盖的经验——兼评我国的医改方案［J］．探索与争鸣，2010（7）：63-67.

③ 刘晓莉，冯泽永，方明金，等．日本医疗保险制度改革及对我国的启示［J］．医学与哲学（人文社会医学版），2008（11）：43-45.

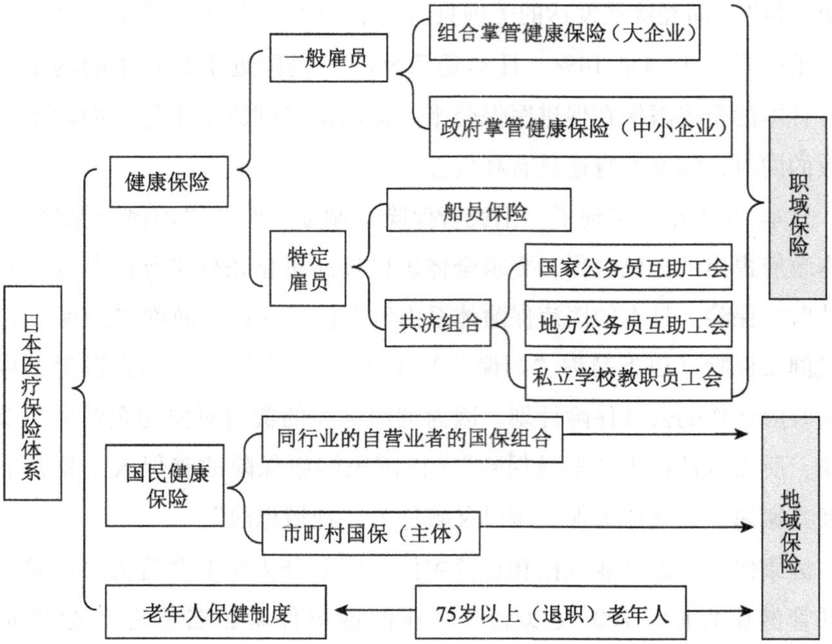

图 7-1　日本公共医疗保险体系结构图

大的制度，是日本医疗保障体系的主体。由于国民健康保险覆盖对象以低收入者为主，所以它也是获得国库补贴最多的制度，这充分体现了日本财政向弱势群体的倾斜。

7.1.1　全民医保发展与改革历程

1922 年，日本制定了第一部医疗保险法令——《健康保险法》，开始建设社会医疗保险制度，主要以民间的大中型企业雇员及其家属为对象。日本的健康保险效仿德国的管理模式，采取组合方式进行管理，企业工会成为主要管理载体。以农民和个体经营者为主要对象的国民健康保险始建于 1938 年，源于二战时期的战时保障机制，最初也效仿雇员的健康保险采取组合的管理模式。受战争的影响，国民健康保险管理混乱，制度基金几近崩溃。1948 年日本政府重建国民健康保险，确立了强制参保的原则，并进行了由市町村负责管理的公营化改革，地方政府成为主要的管理载体。

二战后，日本由于遭遇战争重创，经济衰退严重。进入 20 世纪 50 年代之后，随着日本经济的复苏，其对社会福利制度的建设从一味的制度维护转为对制度进行积极的扩充①。在医疗保险方面，当时农民、自雇人员和小企业雇员缺少医疗保障的问题非常突出，大约有 1/3 的日本国民成为没有任何医疗保险制度适用的群体。这些人群通常收入偏低，即使被纳入国民健康保险，因其缴纳的医保基金少，也使许多市町村的国民健康保险基金因赤字而陷入严重的财务危机。1951 年，为了增加和保证基金收入，日本设立国民健康保险税，但是效果仍不理想。各市町村强烈要求政府利用国库对部分行政事务费用进行额外的补贴。迫于民意，政府国库给予了财政扶持。这也是日本政府最早的对国民健康保险进行财政扶持的尝试。而正式明确政府的财政补贴责任并法制化是在 1955 年。之后这一传统得以保持延续，并且政府的扶持力度不断增强。

为了缓解制度危机，除了诉诸财政，日本政府还从其他方面进行制度变革。其中最重要的就是扩大医疗保险覆盖面，实现全民化。国民健康保险在 20 世纪 50 年代的财政赤字是日本推行全民医保的直接动因。1955 年 10 月，厚生劳动省公布了著名的医疗福祉改革“七人委员会报告”。报告指出解决医疗保险财政赤字的关键在于扩大保障对象的范围，唯一有效的方法是建立以全民医疗保险为目标的医疗保障体制。为了实现全民医保目标，1957 年，日本政府提出了“国民健康保险普及四年计划”，决定从 1957 年开始用四年时间，截止到 1960 年实现让所有国民都能享受到公共医疗保障的福祉。厚生劳动省起草了新国民健康保险法案并得到国会的通过。新法案明确了强制参保原则，所有不符合职域健康保险参保条件的国民必须参加国民健康保险，而且是以家庭为单位参保。此外，为了保证制度顺利实施，政府决定承担约 20% 的国民健康保险支出。时至 1960 年 3 月，国民健康保险实现了全覆盖。日本正式步入“国民皆保险”的全民医保时代。

日本提出全民医保，还源于当时双层结构这一深刻的社会问题。这一点与中国实现全民医保的社会背景十分相似。所谓双层结构，不仅指工资

---

① 田多英范，郭晓宏．日本的全民医疗保险与全民年金体制［J］．社会保障研究（北京），2005（2）：104-111.

或收入上的大企业与中小企业的区别、城市和农村的区别，而且在社会保险的加入上同样存在这种二元差别，并且福利的差别最终固化和加剧了社会分层。当时的日本政府已经意识到这一问题的严重性。1958 年厚生劳动省编写的《厚生劳动白皮书》指出“随着今后 10 年劳动年龄人口的急速增加”双层结构问题会更加严重，如果对策跟不上的话“就会导致社会阶层对立的激化”①。解决双层结构问题，不仅意味着初次分配领域的工资和就业政策改革，而且事关再次分配领域的社会保险调整。于是在医疗保险领域，注重公平和全覆盖的全民医保政策呼之即出。

实现全民医保之后，日本医保制度经历了不断的变革和调整，使形式上的全民覆盖走向更加公平、制度更加完善的道路。针对职域性的保险比地域性的国民健康保险待遇给付过高的问题，1984 年重新修改后的《健康保险法》将健康保险的支付比例从 100%降到 80%，雇员家属的住院报销比例为 80%，门诊费用的报销比例为 70%。尽管福利是刚性的，但是对于健康保险来说“倒退性”的制度改革依然顺利实施了。这缩小了两大制度之间的待遇差距。同期国民健康保险的住院和门诊报销比例均为 70%。由于两大医疗保险制度均以家庭为单位参保，所以待遇不区分参保人和家属。而且还规定国民健康保险中的退职者，待遇与雇员职域保险一致，同为 80%，其家属住院支付比例为 80%，门诊则为 70%。1984 年的调整使制度之间的待遇差距缩小并维持在 10%的水平上，而彻底消除两大医疗保险制度之间的待遇差距则是在 2003 年。2003 年 4 月，日本政府通过修改相关法律规定，将两项制度的支付比例统一定为 70%，实现了待遇的整合（见表 7-1）。健康保险的支付比例进一步降低了 10 个百分点，最终与国民健康保险持平。此外，制度还向老幼高患病人群做出了倾斜，3 岁以下的儿童报销比例为 80%，70 岁以上的老人仍旧延续 90%。但是对于 70 岁以上老人，根据收入水平高低以及获取收入形式的不同还规定了不同的待遇。例如，70 岁以上的高收入的老人报销比例降低为 80%②，70 岁以上的

① 田多英范，郭晓宏．日本的全民医疗保险与全民年金体制［J］．社会保障研究（北京），2005（2）：104-111.

② 吕学静．改革与借鉴——从日本医疗保险制度改革谈起［C］//社会主义和谐社会构建与社会保障国际论坛论文集，2007：261-269.

老年在职者其报销比例同雇员的健康保险一样，为 70%，既体现出对低收入老年人的特殊优待，也是制度的一种结构性的精细化调整。经过多年的努力探索，通过不断提高国民健康保险的给付待遇，以及适当降低健康保险的给付待遇，最终弥合了两者之间的差距。日本构建起了缴费有差别、待遇却无差别的公平的全民医保制度，有效地防止了因待遇给付差异而带来的参保人内部的等级分化。

表 7-1　日本医疗保险支付比例的调整　　（%）

项目	1958 年	1984 年	2003 年
健康保险	100	80	70
国民健康保险	50	70	70

20 世纪 90 年代泡沫经济崩溃以来，日本经济增长速度放慢。2008 年又受到全球金融危机的影响，日本的经济再次持续低迷。不容乐观的财政状况给日本医疗保险制度的发展带来了不小的影响。国民医疗费占 GDP 的比重逐年上升，1990—2000 年最为明显，2001—2007 年趋于平稳，但是 2008 年之后该比例又出现明显上升的趋势①。此外，日本进入成熟老龄化社会，老年人的医疗开支膨胀；失业率的上升导致受财政扶持的国民健康保险的参保人数增长；医疗技术进步导致医疗开支绝对数的上升；等等。诸多因素都增加了国库的负担。日本厚生劳动省发表速报显示，2014 年日本医疗费已经达到 399556 亿日元，较前一年增长 7001 亿日元（1.8%）②。受经济增速放缓的影响，日本的医疗保险制度也进入“刚性疲乏期”，其制度的改革和调整成为国民关注的焦点。

尽管受到高龄化、医疗费膨胀、经济增速放缓等压力的冲击，但是日本仍在坚持“国民皆保险”理念的前提下，顺应社会经济发展态势的变化，对医疗保险进行了一系列的参数调整，如提高缴费、增加参保者的自付比例、设立改革费用控制机制抑制医疗费用的上涨等。改革中始终秉持再分配领域的公平，这在日本医保改革的很多方面得到体现。首先，在增

① 宋健敏．日本健康保险的供与需［J］．中国医院院长，2014（6）：78-90.

② 曹原．日本医疗费创十二年来新高［J］．中国医院院长，2015（19）：31.

加筹资方面，政府的改革不是全面提高费率，而是增加高收入者的缴费。对于大企业的雇员，2008年改变过去缴费基数仅以工资为准的做法，将奖金也纳入计算范畴。2015年又决定进一步提高企业掌管的健康保险的缴费率，通过主要增加日本各个大型企业职工们的健康保险缴费，以有效保证制度资金来源。其次，在降低保障待遇方面，也并非全面降低给付率，而是首先降低高收入人群的待遇。例如，早在2006年就开始的75岁以上老年人医疗保险给付率实行90%，但是这一阶段调整为75岁以上的高收入的老年人或仍在职的老年人给付率降为70%。最后，为了解决改革分立式医疗保险管理模式所带来的管理成本高、效率低的问题，同时为了提高地域组合的资金实力和保障能力，日本也进行了管理经办的整合。自2003年开始，有计划地推进，以都道府县为单位对国民健康保险进行整合和合并，即“广域联合”，以此减少地域组合，实现制度的稳定、可持续运行。2015年，日本参议院通过了《医疗保险制度改革关联法案》，进一步要求提高国民健康保险的运营层级，由现在的市町村转移到都道府县，相当于提高统筹层次到省级，更合理地利用医疗资金，扩大基金池，提高抗风险的能力，同时保证国民的待遇。

近年来，日本的医疗保险改革除了总量调整之外，更多的是结构调整。因为把增加的医疗保险费用全部转嫁到一般国民身上的做法是不公平的，医保改革应具有显著的再分配效果。面对经济低迷、高龄化和医保财务危机，削减参保人待遇和提高缴费等改革举措已经给国民带来了一定程度的影响和不安，如何保持国民对全民医保的信心是改革的关键。“首先应该通过控制不合理医疗支出、降低管理成本、提高统筹层次等手段做到精简支出和高效利用，其次增加大企业和高收入者或者资本家的负担比例，解决财源问题，这样才能恢复国民对社会保障的信任。”①

总的来看，日本的“国民皆保险”虽然在筹资环节实行的是以收入水平为基础的“量能缴费”，但是各项制度之间实行相同的待遇给付。此外，还实现了全国范围内的异地就医结算，因此国民所获得的医疗保障和医疗服务基本上是平等的。日本的全民医保既赋予国民平等的医疗保障

① 宋金文．日本医疗保险体制现状与改革［J］．日本学刊，2005（3）：59-75.

权，同时还赋予国民平等的就医选择权，消除了国民因户籍、收入、地域等差异而形成的医疗不公平。这一点是我国在医保整合过程中值得充分借鉴的部分。

7.1.2 日本国民健康保险的整合设计

7.1.2.1 筹资机制

日本医疗保险的筹资办法视人群和制度的不同而有所区分，差别之中也有共性：不论地域保险还是职域保险，日本采取的是强制参保原则；保险费以个人收入为基础按不同比例缴纳；对于不同人群财政给予不同程度的补贴。

健康保险的资金主要来源于雇主和雇员的缴费，其责任由雇员和雇主各自负担一半。最新的政策规定，缴费基数为包含奖金收入在内的月平均标准工资。费率在组合掌管的健康保险（组合健保）和政府掌管的健康保险（政府健保）之间存在差别。组合健保的保险费率在得到政府厚生劳动大臣认可的前提下可由各个组合自主决定，一般从3%到9.5%不等。而政府健保的费率则由政府统一制定，法定费率为7.2%，但厚生劳动大臣可在6.6%~9.1%调整，2008年费率为8.2%。参加组合健保的一般是大型企业雇员，通常国库不给予补贴。而政府健保主要面向收入水平相对较低的中小企业雇员，通常由国库负担其保费的13%作为资助。国家或地方政府公务员以及私立学校教师①的健康保险又被称为“共济组合”，因其雇主主要是政府，所以缴费由个人和财政预算拨款共同承担，各负担50%，无国库拨款资助。共济组合是公务员医疗保险和年金（养老保险）的合二为一的保险，所以费率较高，2006年为月工资的10.2%~14.6%。费率通常由各共济组合根据基金的财务收支情况加以确定，各组合之间有区别。2004年，国家公务员共济组合的保险费率最低和最高的分别是会计检查院共济组合和林业局共济组合，保险费率分别为5.32%和10.5%②。

国民健康保险的参保人由于没有雇佣关系，所以保险费以个人缴纳为主，但国库对国民健康保险提供资助。财政承担市町村国民健康保险医疗

---

① 公立学校教师属于地方公务员，随同地方公务员参保。

② 崔万有．日本社会保障研究［D］．大连：东北财经大学，2007：83.

费用支付的50%，对于自营业者行业工会的国民健康保险组合，财政负责医疗费用支付的32%。而在经济条件较好的大城市，财政补贴的比例降为20%。由于国民健康保险实行属地参保管理的原则，所以地域之间的经济发展差距也会导致地区之间的国保缴费差距。目前，“在收费标准最高城市的缴付额可以相当于收费标准最低城市的4.7倍”①。由此政府会加大对经济落后地区的财政支持力度。在缴费方式上，市町村可以自由选择是以纳税的方式征收还是以保险费的方式征收。事实上大部分市町村（90%）选择纳税的方式。2012年的税率为9.7%②。国民健康保险税以受保者的收入和家庭资产为基数。由于以家庭为单位参保，家属作为被抚养者加入，所以纳税过程中还要考虑受保者的家庭情况。根据规定，40%的税额以各家庭收入总额为基础征收，10%的税额以各家庭资产为基础征收，35%的税款按入保者人数平均征收③。只要户主加入国保，全家均可享受平等的医疗保险待遇。

此外，为保护弱势群体的参保权益，防止缴费中断，实行个人缴费减免政策。目前，低于某一特定收入的家庭其保险费最高可减免60%（在一些地区甚至达到70%）④。对于无收入来源、无劳动能力的社会成员，划入社会保护的范围（相当于我国纳入低保户范畴）。这些人群可以免交保险费，直接获得同样的保障待遇。

7.1.2.2 统一的待遇给付

第一，统一制度支付比例。不论是企业福利性的健保组合，还是市町村地区性的国民健康保险；不论是企业雇员、政府公务员还是农民、无业者，日本对所有参加公共医疗保险计划的人员实行统一的待遇给付。自2003年开始，各制度的支付比例统一定为70%。待遇给付与参保人的收入、职业、地位、户籍等因素无关，所有国民一视同仁，只对6岁及以下儿童和75岁及以上老年人有优待，其中前者的支付比例为80%，后者的

---

① 侯立平．日本医疗保险制度：绩效、问题与改革［J］．上海保险，2011（1）：57-59.

② 吕学静．日本医疗保险筹资与费用控制措施［J］．中国医疗保险，2014（5）：68-70.

③ 贾嘉．日本医疗保险制度的建设及对我国的启示［J］．山西大同大学学报（社会科学版），2008（2）：72-75.

④ 王国辉．英日韩三国社会保险个人缴费减免政策及启示［J］．北京航空航天大学学报（社会科学版），2014（7）：1-7.

支付比例为 90%[①]（见表 7-2），体现对婴幼儿和老年人群体的照顾。为了进一步体现再分配意义上的公平，对于 70 岁及以上的老年人群体还要依据收入水平进一步细分。70~74 岁的低收入老年人支付比例达到 80%，而高收入老年人仍然是 70%。75 岁及以上者，只有低收入老年人才能享受 90% 的高支付比例，高收入老年人的支付比例没有变化，依旧保持 70%。如果说日本医保的待遇与收入相关的话，那也是负相关，收入越高者待遇越低。

表 7-2　日本公共医疗保险计划支付比例（2006 年）

年龄段	6 岁及以下	7~69 岁	70~74 岁		75 岁及以上	
报销比例	80%	70%	高收入	低收入	高收入	低收入
			70%	80%	70%	90%

资料来源：①我が国の医療保険制度について［EB/OL］.(2008-07-11)［2019-12-13］. http://www.mhlw.go.jp/bunya/iryouho-ken.

②北村庄吾．医療保険の基本と仕組み［M］. 东京：株式会社秀和システム，2007：45-54.

注：低收入的标准为年收入 130 万日元（约合 8 万元人民币）以下的居民。

第二，职员健康保险与国民健康保险两大制度实行统一的支付范围，涵盖药品、医疗卫生服务费用（诊断费用、治疗材料费用、处置费、手术费、住院费、护理费以及转院费用等）、住院饮食疗养费、生育补贴以及生育一次性补贴金、伤病补贴等。除了生育待遇标准稍有不同之外，两大制度的参保人所获得的待遇给付是相同的。

第三，两大医疗保险制度均实行家属连带参保的做法。通常男性作为家庭中的就职者，不论参加健康保险还是国民健康保险，一旦缴费参保，其抚养或赡养的家属便自动成为受保人，获得与参保人一样的医疗待遇。2004 年，政府掌管健康保险参保人数约为 1881.5 万人，被扶养人数为 1670.7 万人，平均每名参保者需负担 0.88 名被扶养家属；组合健康保险参保人数为 1471.5 万人，被扶养人数为 1527.4 万人，人均扶养率为 1.04。2003 年末，日本全国共有 63288 人参保船员保险，被扶养家属约有

① 张再生，陈军．医疗保险制度改革的国际比较［J］. 天津大学学报（社会科学版），2007(1)：40-44.

11.6万人，抚养率达1.83。同年，国家公务员共济组合参保者人数为112万人，被扶养家属人数为144.8万人，每名参保者平均负担1.29名扶养家属。地方公务员共济组合的参保人数为285万人，被扶养人数为349万人，每名参保者平均扶养率为1.22①。家属连带参保使日本不需要设置独立的制度就将受保者的家庭成员纳入保障范围，促进了全民医保的实现。

第四，与我国设置医疗保险统筹基金支付封顶线的做法不同，日本医疗保险设置个人支付的封顶线，超过封顶线以上的部分全部由医疗保险统筹基金承担。无收入者每月医疗费负担超过约4万日元（相当于3000元人民币）的部分，将全额由医疗保险基金承担。有收入的人员负担上限为7万日元左右（相当于5000多元人民币）②。个人支付封顶线的设置体现了日本医疗保险制度的保障彻底性，有效地防止了因病致贫和因贫放弃医治等状况的发生。

第五，由于实行就业地或工作归属地就近参保的原则，日本医保制度有效地规避了异地参保或异地就医的不便与障碍，实现了全国范围内的医保转移接续和异地就医。不仅国民的医疗保险给付相同，而且国民所获得医疗服务水平和质量也基本相同。

7.1.2.3 管理经办

日本两大医疗保险制度实行分类管理。700人以上的大企业，其雇员健康保险由企业保险组合管理，管理机构通常设置在工会。保险组合作为一种民间的管理组织，通常由来自雇主和雇员的代表组成。这种管理模式直接效仿的是德国的经验。中小规模的企业，其雇员健康保险由厚生劳动省社会保险厅负责。私立学校教职员工、国家以及地方公务员的健康保险则由共济组合管理。国民健康保险多由地方市町村实行属地管理或由自营业者的国保组合（国民健康保险组合）管理。同一职业，超过300人的可以成立国保组合。本地区居民的国民健康保险费由市町村负责征收，并以市町村为统筹单位形成基金，各个基金之间独立运营。同一市町村的参保者越多，征缴的保险费就越多，进而基金的保障能力越雄厚，制度运行越

---

① 崔万有．日本社会保障研究［D］．大连：东北财经大学，2007：81-83.

② 刘晓梅，楚廷勇．日本社会医疗保险全覆盖的经验——兼评我国的医改方案［J］．探索与争鸣，2010（7）：63-67.

稳定。2005 年日本共有 3245 个市町村国保，166 个自营业者国保组合，1780 个企业健保组合，24 个国家公务员共济组合，54 个地方公务员共济组合和 1 个私立学校教职工组合[①]。其管理的分散程度可见一斑。2003 年起，日本政府开始有计划地推进市町村国民健康保险的整合，近年来更决定由 47 个都道府县进行管理（其中老人保健制度是由厚生劳动省老人保健福利局通过都道府县老人保健主管部和市町村国民健康保险组合进行管理）。日本显然没有实现统一的管理经办，运营主体分立、多元化，既有民间组织，又有政府部门；既有企业范围的统筹，也有市町村统筹。但是日本全国上下实行统一的医保制度，统一的医保给付。所以不论参加哪一种制度，国民的保障待遇都一致。统一的制度也让异地就医畅通无阻。

7.1.2.4　财政扶持

目前国库对各类健康保险制度的补贴额已占全部医疗保险资金总额的 25%以上，其补贴对象主要为政府掌管的健康保险和市町村国民健康保险。日本虽然采取了社会保险模式，资金来源以保险缴费为主，但是日本的国库和地方财政在其中发挥了重要的作用。没有政府的财政支持，日本无法建立起“国民皆保险”；而且，离开政府财政，日本的“国民皆保险”也将难以维系。在日本的医保体系中，国民健康保险和政府掌管的健康保险是获得财政扶持最多的两大制度。因为所覆盖的都是相对低收入群体，单纯依靠这些群体的医保缴费来维持制度的发展，恐怕制度早已破产。近年来，日本在医保领域的改革主要方向是不断地增收节支，尽量降低政府的财政压力。但是政府并没有因此一味地压缩用于医保的财政开支，尤其是对于那些低收入群体和家庭，政府的财政支出并没有降低，而是仍尽力维持援助。在基金增收方面，也只是加大了对高收入阶层的费用征缴力度。这种结构性的改革，一方面体现了政府财政对医疗保障责任的担当，另一方面体现了对以低收入人群为主的弱势群体的倾斜。

7.1.2.5　老年人医疗保险

1973 年，日本建立老年人保健制度，实行 70 岁以上老人免费医疗，这一年连同社会保障领域的其他改革使日本宣告建成了福利国家。

---

① 崔万有．日本社会保障研究［D］．大连：东北财经大学，2007：78.

1973年也成为日本的福利元年，为老年人设置独立制度的做法延续了下来。之后制度几经调整，基本上都围绕着给付率做参数调整，从最初的免费医疗逐渐转变为老人需要自付一部分费用。目前，日本已经进入深度老龄化社会。2011年，75岁以上高龄者医疗费用约占总费用的30%①。医疗保险不同制度所覆盖的老年人口数量不等，给各制度形成了高低不同的支付压力。据统计，2004年高龄者所占比例在政府掌管的健康保险制度中为5.0%，在健康保险组合中为2.3%，而在国民健康保险中则高达23.9%②。除了少部分退职者仍以雇员家属的身份继续参加健康保险之外，大部分的退职者都以非雇佣者的身份参加市町村国民健康保险。老年人在各制度之间分配的比例严重失调。为了降低财务危机较严重的国民健康保险的基金负担，平衡制度间的老龄压力，合理分担老年人医疗赡养的成本，同时也为了更好地保障老年人群的医疗需求，日本早在1983年开始就决定由各制度共同运作老年人保健制度。2008年老年人保健制度调整为后期高龄者医疗制度，受益年龄提高到75岁。资金由高龄者个人负担10%，各医疗保险基金支援40%，政府负担50%③。管理经办也从原有的市町村转变为都道府县的“广域联合”，希望在为老人提供更多优越医疗待遇的同时保证制度的持续运行。未来，中国也将面临严峻的老龄化挑战，日本以专门建立老年人医疗保险的方式解决老年人医保问题的举措值得我国借鉴和反思。

7.1.3 日本全民医保的经验与启示

中日两国在面对全民医保议题上具有相同的社会背景，都是在城镇化水平低、农业人口比重大、非正规就业比例高的情况下考虑解决为数众多的非雇佣者的医疗保障问题。社会的差异化水平高，存在双层结构的问题，使全民医保的实施难度更大。而相同的优势在于两国在提出全民医保

① 周绿林，师文，和田康纪．日本高龄者医疗保险制度的改革及借鉴［J］．中国卫生经济，2015（7）：93-96.

② 宋健敏．稳妥的日本健康保险制度［J］．中国医院院长，2014（6）：84.

③ 吕学静，刘育志．日本社会保障改革状况及发展趋势［J］．社会保障研究，2016（1）：37-46.

前都经历了一个经济快速增长阶段，积累了一定的财政实力，为实现公平普惠的全民医保制度提供了财政基础，而且最为关键的是两国政府都明确了在构建全民医保过程中政府责任的重要性。日本在“国民皆保险”实现过程中政府承担的财政责任前文已述及，而我国在新农合和城镇居民基本医疗保险制度运行过程中持续的财政支持，以及各级财政在推动医保整合过程中所做的工作都证明政府责任的回归。

正因两国在追求社会医疗保险公平普惠过程中的共性，深入阐释和梳理日本全民医保的经验，对我国具有突出的启示和借鉴意义。

作为采用社会保险模式的“国民皆保险”的国家，日本制度的特色主要体现在以下几个方面：

第一，国民健康保险的制度定位从早期自愿性的社会保险转变为时下的强制性参保。在注重农民、非正规就业者等参保人群的特点之外，为了保证制度的可持续性，日本现行的制度设计更注重社会保险的制度属性和制度规律。强制参保原则，更有助于推动全民医保的实现。我国的新农合与城镇居民基本医疗保险在整合的过程中要适时反思制度的定位。合作医疗的制度属性以及自愿参保的做法已经不再适应现代社会医疗保险制度的长久发展，未来要向真正意义上的社会医疗保险制度过渡。

第二，日本职域和地域两大医疗保险制度都通过家庭联保的方式，将家属纳入保障范围。我国计划经济时期的劳保医疗也曾惠及家属，只是 20 世纪末城镇职工医疗保险制度的建立，取缔了这一传统做法，职工家属被剥离，成为无保障群体。为了改变这种长期的无保障状态，2007 年我国又筹备建立了城镇居民基本医疗保险制度，通过单独建制的方式将职工家属纳入保障。在城镇，由于不同医疗保险制度之间的缴费差距和待遇差距，常会出现城镇家庭内部医疗保险“制度不同保”“待遇不同等”的“一家多元”的现象。时下，在医保整合的发展机遇下，探索“家庭联保”，简化制度平台，助力医保整合，值得深思。

第三，日本的全民医保体系虽然具有管理经办上的多元化和分散化，但是由于实行就业地或工作地就近参保的原则，有效地规避了医保转移接续以及异地就医的问题。并且医保待遇给付也实现了全体国民内部的统一，国民无论在何地就医，只要出示标识受保身份的医保证，都可以获得相同的待遇。这对于我国近年来热议的医保转移接续和异地就医问题有借鉴意义。

第四，日本全民医保不仅体现在全覆盖，更体现在公平上。参保人以收入为基础按比例缴纳保险费，高收入者多缴费，低收入者“量能缴费”，极低收入群体被纳入社会保护的对象，不缴费也可以获得保障资格。缴费虽然有差别，待遇却没有差别，所有的受保者包括其家属，都可以享受统一的制度支付比例，既不存在阶层差别，也不存在地域差别，有效地防止了给参保人打上层级分化的烙印。而且日本近年来对医保制度所做出的开源节流改革，并不是对所有国民实行普遍的增收节支，而是视受保人的收入水平而有所区别。重点对高收入者做出增加缴费、降低待遇的调整，让高收入者更多地承担改革成本，而对弱势群体给予更多的倾斜和保护。日本的经验对于我国在医保整合过程中如何促进医保公平有学习和借鉴意义。

7.2 韩国国民健康保险制度

1989 年，韩国实现了医疗保险的全民覆盖。之后，韩国医疗保险体系始终遵循着三个基本原则：一是普惠全民；二是实行以收入为基数的差别缴费；三是统一给付（受益程度不因缴费额而有所差异）。2003 年韩国各类医疗保险制度实现了整合，这一年也成为韩国全民医保和全民健保的分界点。2003 年之前，韩国的医疗保障体系由医疗保险和医疗救助组成。医疗保险制度最初分为雇员医疗保险计划和地区医疗保险计划。其中，前者主要面向工薪阶层，包括企业雇员、政府公务员、私立学校教职工等并惠及家属，而地区医保则主要面向非工薪人员，如农民、个体经营者，以家庭为单位参保。2003 年，经过两个阶段的整合，制度最终蜕变为一项统一的国民健康保险制度。医保基金全国统筹，制度筹资标准和待遇给付全国统一。

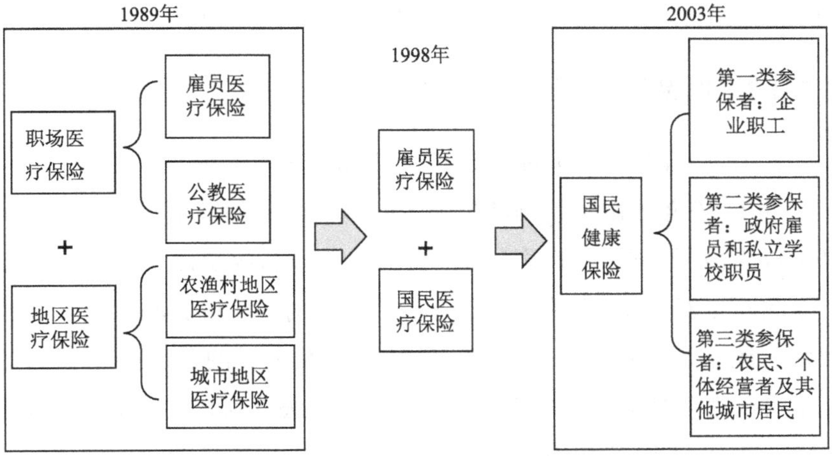

图 7-2　不同阶段韩国社会医疗保险体系示意图

整合后的韩国医疗保障体系包括国民健康保险制度和医疗给付事业。前者是面向全体国民的一元化的医疗保险制度，后者是对低收入人群提供的医疗救助。依据《国民健康保险法》，所有在韩居住的国民均是国民健康保险的覆盖对象，具体包括参保者和被抚养者。其中，参保者包括三类：第一类是企业职工；第二类是政府雇员和私立学校职员；第三类主要是农民、个体经营者及其他城市居民（见图 7-2）。而被抚养者主要是指生活需要依赖参保者的没有报酬或收入的家属。关于家属的范围，最初仅被定义为保险者的配偶、子女和父母，1985 年扩大到兄弟、姐妹，1988 年又扩大到岳父母①。2001 年，韩国 95.6%的人口被各类医疗保险计划所覆盖②。2010 年整合后的国民健康保险制度覆盖率为 96.7%，其中第一类和第二类参保者占总人口的 64%；第三类参保者占总人口的 32.7%；其余 3.3%的未覆盖人口大部分为社会救助的对象，共 167.4 万人③。政府将这部分人群以医疗给付权益人的身份免费纳入医疗保障体系，他们可以获得同缴费的参保人

① Youngsoo Shin. 韩国的健康保险制度［J］. 中华医院管理杂志，1994（5）：315-318.

② 李国鸿，金安娜．韩国医疗保险模式的特点与评价［J］. 国外医学（卫生经济分册），2004（1）：1-6.

③ 孙菊．全民覆盖视角下的韩国医疗保险制度研究［J］. 武汉大学学报（哲学社会科学版），2013（11）：83-89.

相同的待遇给付。2012 年，国民健康保险的覆盖率上升到 97%①。

7.2.1 医保整合历程

7.2.1.1 全民覆盖时期（1977—1989 年）

20 世纪 50 年代由于朝鲜战争的影响以及长期的被殖民统治，韩国经济基础极为薄弱。1961 年军政府上台，为了宣扬政变的正统性，稳定政权，军政府热衷于各种社会福利计划，以表明对民生的关心。1963 年，朴正熙政府颁布了《医疗保险法》，但是强制性参保的条款受到资方的反对，最后改为自愿参加。经济薄弱导致制度无法得到有效的实施，长期形同虚设。20 世纪 60 年代中期以后韩国经济走上快速工业化的道路。这一时期，与韩国划界而治的朝鲜实现了全民免费医疗。面对政治较量和舆论压力，韩国不得不酝酿出台自己的医疗保健计划。1977 年 1 月韩国政府先实行了医疗救助制度，半年后（1977 年 7 月）开始实行强制性的职场医疗保险。最初只覆盖 500 人以上的大企业，随后逐渐扩大覆盖范围。1983 年所有 16 人以上的企业都必须参保，1988 年进一步扩展到 5 人以上。1979 年着手建立公务员与私立学校职员的医疗保险。到 80 年代中期，职场医保以及公务员与私立学校职员的医疗保险已经大约覆盖了总人口的 44%②。而 80 年代初期，面向小企业（5 人以下）雇员、农民以及城市自雇人员等群体的地区医疗保险刚开始起步。与日本地域保险（国民健康保险）主要由政府管理的做法不同，韩国的地区医疗保险采取组合的管理方式，各组合自负盈亏。然而农民和自营业者收入低且不稳定，又没有雇主的资助，同时政府也不愿意承担财政责任③，因此地区组合面临财务赤字，地区医疗保险迟迟不能在全国推广。这表明如果韩国政府仍然按照雇员保险的逻辑，一味墨守“医保财政独立”成规的话，地区医保将面临难以克服的障碍，全民医保的目标将很难实现。对于非正规就业者以及农民的医疗保险，财政将负有不可推卸的责任。真正让韩国政府明确这一责任的契机

① 常峰，纪美艳，路云，等. 韩国医疗保障体系及其运行方式研究［J］. 中国卫生政策研究，2015（12）：41-46.

②③ 李莲花. 医疗保障制度发展的“东亚道路”：中日韩全民医保政策比较［J］. 河南师范大学学报（哲学社会科学版），2010（1）：1-7.

是80年代中期的民主化浪潮。

1985年，韩国的政治民主化浪潮使军政府面临政治危机。执政党施压政府，要求尽快实施农村和城市的地区医疗保险。1986年9月，全斗焕总统发表“国民福祉增进对策”①，首次正式提出全民医保的目标，并从1988年开始分阶段实现；此外，还明确了政府将对地区医疗保险进行一定的财政援助。只是受时局所限，地区医疗保险仍由医保组合负责管理，政府并没有接管。全民医保提出之后，受惠于经济的持续增长，1988年韩国实施了强制性的农村地区医疗保险，中央政府的支援约占农村地区医保财政的35%。最初政府只支持有关行政费用，在农民的争取下，政府对农民保费进行50%的资助，农民个人只需承担50%。农民的参保积极性被调动起来，农村的地区医疗保险逐渐普及。1989年强制性的城市地区医疗保险开始实施，这一年，韩国医保覆盖率达到90.39%②。农村和城市的地区医疗保险均是政府推行的强制性地区医疗保险计划，1989年地区医疗保险参保人数占总人口的42.88%③，地区医疗保险成为制度的主体。自1989年开始，韩国正式进入全民医疗保险时代。90年代末，伴随着其他福利计划的改革，韩国步入福利国家的行列。2012年整合后的国民健康保险覆盖率达到97%，资金主要来源于投保人的保险费（85%）和政府补助金（15%）④。从导入制度到全民覆盖，韩国用了13年（1977—1989年），是在最短时间内实现全体国民健康保险目标的成功范例，大约是德国（127年）的1/10、日本（36年）的1/3⑤。韩国全民医保推广速度之快，除了政府的财政扶持，还在于低缴费率、高共付比例以及有限的受益范围等政策取舍和选择。随着制度的运行、国家经济的发展，韩国逐渐提出了提高医保受益水平的改革诉求，例如，2003年整合各项医疗保险制度、2004年

---

① 李莲花．韩国与台湾地区医疗保险政策的历史比较：后发地区的工业化、民主化与社会政策［J］．社会保障研究（北京），2007（2）：81-104．

②③ 李莲花．后发地区的医疗保障：韩国与台湾地区的全民医保经验［J］．学习与实践，2008（10）：144-151．

④ 常峰，纪美艳，路云，等．韩国医疗保障体系及其运行方式研究［J］．中国卫生政策研究，2015（12）：41-46．

⑤ 黄罗一，金珍洙，金镜河．韩国健康保险的现状与发展课题［J］．社会保障研究，2009（2）：79-95．

实施共同支付最高上限、2008 年导入老年人护理保险，等等。

7.2.1.2 医保整合期（20 世纪 90 年代至 2003 年）

韩国以组合的方式实现了全民医保覆盖，实行分散管理模式。全国 3000 人以上的大企业就可以自行组建医疗保险基金，较小的公司和企业则组织起来形成一定规模的保险基金。各基金具有自主权决定缴费率和给付率，费率通常在 3%～8%浮动。“1998 年全国共有医疗保险基金 360 多个，包括企业职工医疗保险基金 130 多个，个体劳动者医疗保险基金 220 个。”① 分散管理弊端逐渐凸显。首先，不利于公平。相同收入水平的个人，因为隶属于不同的医疗保险基金，所以所承担的医保缴费和获得待遇给付大相径庭②。其次，分散管理导致基金效率低，根据保险大数法则，不能有效地分散风险，保证和提高待遇。据测算，360 多个基金，每个基金平均覆盖人口约 11 万～12 万人，有些统筹基金的规模甚至更低。分散管理面临高管理成本。“韩国医保的运营成本约占总支出的 8.5%，个别基金甚至高达 15.6%。与同期加拿大的 1.5%和英国的 2.6%相比高出很多”③，“美国私人医疗保险管理也不过为 10%”④。研究发现“只有当每个医保基金的管理范围达到 170 万左右人口时，这时的人均管理成本最低”⑤。面对这些问题，在全民医疗保险建立 20 多年以后，韩国政府决定推进医保整合。

20 世纪 90 年代，韩国开始进入医保整合期，通过两次合并，完成了医疗保险的全国统一。首先进行的是地区医疗保险整合。1998 年 10 月开始实行《国民医疗保险法》，医疗保险被冠以“国民”的头衔，将政府雇员和私立学校职员医疗保险基金与农民和个体经营者的医疗保险基金合二为一，成为全国医疗保险基金。整合组建了“国民医疗保险公团”，负责经办相关保险业务。其次是通过企业医疗保险整合推动医保全面整合。2000 年 7 月，出台《国民健康保险法》，以具有统括性医疗服务意义的

---

① 胡爱娣．韩国医疗保险如何实现全民覆盖［J］．中国社会保障，2004（12）：24-27.

② 郭金龙，段家喜．韩国社会医疗保险制度的特点及改革措施［J］．红旗文稿，2007（21）：33-34.

③ 胡爱娣．韩国医疗保险如何实现全民覆盖［J］．中国社会保障，2004（12）：24-27.

④⑤ 李国鸿，金安娜．韩国医疗保险模式的特点与评价［J］．国外医学（卫生经济分册），2004（1）：1-6.

“健康保险”概念取代传统的“医疗保险”概念。全国医疗保险基金与企业职工医疗保险基金合并为全国健康保险基金。至此全体国民的医保基金合并为一个，并实行全国统筹。管理经办方面，改变了之前的组合分散管理模式，将“国民医疗保险公团”与 139 个企业医疗保险合并，组建国家健康保险公司，统筹管理全国的医疗保险相关事宜。

因保费计算的不同，自营业者基金暂时实行分开核算，时至 2003 年 7 月才完成了所有的合并工作。2002 年 1 月政府颁布《国民健康保险财政健全化特别法》，要求自 2003 年 7 月开始，国家健康保险公司成为全体国民公共医疗保险的唯一承保者和给付者，国民健康保险真正实现了管理、运营和财政的全面整合。2003 年 7 月，所有医疗保险基金合并，实现了全国医疗保险制度及基金管理的统一。韩国医保整合之后，成效显著。“保障了韩国公民平等享有健康的权利，既存的‘碎片化’‘局部化’现象得到缓解。”① 管理成本也从 1999 年的 8.8%降到 2002 年的 4%。

然而，整合后的医疗保险制度仍然存在问题。例如，首先，虽然统一了制度待遇，但是保险的受益程度还受到医疗资源配置的影响。由于韩国医疗资源的配置存在地区差别，所以医疗服务在不同地区的公平性和可得性方面存在差异，农村地区尤甚。其次，韩国医疗市场上私立医院占主导的格局，可能会使低收入人群在追逐利润的私立医疗机构那里因为支付能力有限而无法获得充分或必要的医疗服务，甚至会出现放弃医治的现象。随着韩国社会阶层近年来的两极分化，这一问题可能会更加严重。社会各阶层因为贫富差距可能形成新的医疗不公平问题。最后，2000 年以后，随着非正规就业者的增加以及就业不稳定而形成的劳动贫困阶层的增加，许多属于国民健康保险的法定参保人却因为无力缴费而无法获得医疗保障。2008 年统计数据显示，未参保劳动者（连同年金）比重约占 40.1%②。为了更好地保护处于社会保险边缘地带的低收

① 刘春平．韩国医疗保障发展中的社会历史文化因素探析［J］．郑州轻工业学院学报（社会科学版），2015（2）：77-81.

② 孙笑竹，王国辉．韩国社会保险缴费减免政策及对中国的启示［J］．理论界，2016（4）：72-78.

入劳动者，2011年，韩国政界和学者开始对医疗保险费用减免政策进行探索。韩国医保改革依然任重而道远。

7.2.2 韩国医保整合的政策选择

7.2.2.1 筹资机制

韩国以社会保险模式实现全民医保，制度按照社会保险原则筹集资金。医保基金主要来自保险费收入以及一定程度的财政援助。其中保险费包括雇主、雇员的缴费以及自营业者缴费；而财政援助主要来自一般税收、对烟草收取的额外费用以及政府补贴。在整合为一元化的国民健康保险制度之后，全国实行统一的缴费标准，具体标准视参保群体不同而有所区别。原有的在分散管理模式下同一收入水平的参保者因处于不同制度而承担不同缴费的情况被改善，增进了筹资机制的公平。以2008年的数据为例，根据收入五等分法划分参保者，其中最低收入组的保险费支出大约相当于最高收入组的1/5。进一步计算保险给付与保险费支出的比值，从最低收入组到最高收入组，这一比值分别为3.36、2.09、1.72、1.46和0.98①。可以发现，韩国整合之后的健康保险筹资和待遇给付更具有亲贫性，制度的公平性在提高。

目前由政府的健康与福祉部确定保险费率，按照雇员和非雇员区分为两种缴费办法（见表7-3），总体上根据“能力原则”和“连带原理”进行征收。

表7-3 韩国国民健康保险缴费标准（2005—2012年）

年份	2005	2006	2007	2008	2009	2010	2011	2012
雇员（费率/%）	4.31	4.48	4.77	5.08	5.08	5.33	5.64	5.80
非雇员（每点对应金额/韩元）	126.5	131.4	139.9	148.9	148.9	156.2	165.4	170

资料来源：韩国NHIC官方网站（2012年）。

① 孙菊．全民覆盖视角下的韩国医疗保险制度研究［J］．武汉大学学报（哲学社会科学版），2013（11）：83-89.

第一，关于雇员缴费。由雇主和雇员分别负担 50%，在整合之前，保险费率存在差异，通常由各企业自行决定（在 3%~8%浮动）。2003 年合并为一个基金之后，费率统一定为收入的 3.9%①，2010 年为 5.33%。目前，费率被政府控制在 8%以下。与同期的其他国家相比，韩国的医保费率较低。低费率是一把双刃剑，有利于制度的推广，但是也会压低保障水平。

第二，雇员中的特殊群体——公务员和私立学校职员（公教参保人）的缴费办法。医保缴费由个人和政府各承担 50%。私立学校职员的参保缴费由雇员、学校和政府分别负担 50%、30%和 20%。2001 年前公教参保人实行与企业参保人不同的缴费率。例如，2000 年企业雇员费率为 2.8%，而公教人员为 3.4%。从 2001 年 1 月开始两者费率实行一元化，均征收 3.4%，后期不断调整，2008 年 1 月为 5.08%②，2010 年为 5.33%。韩国公教参保人缴费与同期日本和德国相比费率偏低。

第三，地区参保者的缴费按家庭征收。首先以收入、资产以及家庭人口的性别、年龄等因素为依据，综合核算和测定每个参保家庭的收入等级，再折算为相应的标准收入点数。然后，政府每年会公布及调整点数对应的金额。最终每户保险费=标准收入点数×每点对应金额（2010 年为每点 156.2 韩元）。除家庭缴费外，政府会对地区参保者进行财政支援。2002 年根据《国民健康保险财政健全化特别法》，政府资助额度总计达到保费的 50%，意味着自雇人员和政府各自承担 50%的缴费责任。2006 年改为政府资助国民健康保险缴费的 20%。

此外，韩国还对缴费机制进行了结构性的调整。首先，2001 年，非正规就业者和 5 人以下小企业的雇员转变传统的地区参保的方式，改为按照企业雇员参保，并参照企业雇员的办法缴费。其次，对家庭联保中的家属重新进行身份筛选。“2000—2005 年，对金融收入超过 4000 万韩元者，具有事业或租赁收入的企业（单位）参保者的配偶、老人，收入超过 500 万韩元的自由执业从事者，具有收入的 19 岁以下的未成年人等，从被抚养者

---

① 胡爱娣．韩国医疗保险如何实现全民覆盖［J］．中国社会保障，2004（12）：24-27.

② 金钟范．韩国国民健康保险［J］．中国医院院长，2014（11）：80-81.

系列中排除。”[①] 对于家庭中有收入且收入超过一定水平的，不再按照联保的方式获得待遇，而是转换为地区医保的参保人，需要课赋保险费。改革使“制度抚养率从2000年的2.08降低为2008年的1.63”[②]。最后，实行针对低收入者的个人缴费减免政策。根据《国民健康保险法》，低收入者能够免除10%~30%的保费；家庭成员中有65岁以上的参保者可免除30%的保费；偏远地区的雇员参保者减免50%的保费；而偏远地区或农渔村地区的参保者可分别减免50%和22%的保费。

经过不断的完善，韩国医保缴费机制更加具有再分配效应，在保证保险费负担公平性的同时保证了医保资金的广泛来源。

7.2.2.2 待遇给付机制

与日本的“国民皆保险”相同，韩国整合后的国民健康保险对所有受保人实行统一的医疗待遇。保险支付方式包括现金给付和实物给付两种，其中实物给付是主体。现金给付如生育津贴；实物给付涵盖各种基本医疗，如疾病诊断、检查、药品、康复治疗、住院、护理乃至交通等各方面的服务。“2007年实物给付金额为24.4万亿韩元，现金给付金额为0.19万亿韩元，分别占99.2%和0.8%。”[③]

随着韩国从全民医保向全民健保的转变，保险的功能和偿付机制也在发生着变化。偿付内容从疾病治疗向预防保健、健康促进等内容扩展。目前韩国健康保险的支付范围新增了各种医疗保健计划，如受保人可以享受定期的健康检查以及各种疾病的筛查，前者免费，后者由全国健康保险公司承担80%的费用。

韩国以低费率、低给付迅速实现了全民医保，但低水平的医保待遇却饱受诟病。据测算，1997年医疗费用的自付率，住院为39.9%，门诊为61.1%，1998年的自付总水平是58%。2000年以后，虽然伴随着医保整合，制度待遇不断提高，但是韩国医保的报销比例仍然偏低。统计显示，2009年，韩国个人自付费用约占卫生总费用的34.2%，而同期经

---

① 金钟范．韩国医疗保障制度演进［J］．中国医院院长，2014（11）：78-79.

② 黄罗一，金珍沫，金镜河．韩国健康保险的现状与发展课题［J］．社会保障研究，2009（2）：79-95.

③ 金钟范．韩国国民健康保险［J］．中国医院院长，2014（11）：80-81.

济合作与发展组织（OECD）成员国的平均水平是 18.6%①②，韩国的全民健保还远没有达到理想的标准。目前，参保人住院阶段的自付比例为 20%。而门诊阶段则相对多元，根据就医的医疗机构级别的不同有着不同的门诊自付比例，具体见表 7-4。

表 7-4　韩国国民健康保险受保人自付比例

保障范围		自付比例
住院		5%~20%（对部分危重疾病减少为 5%~10%）
门诊	三级医院	60%
	二级医院	50%
	一级医院	40%
	诊所	30% （每次自付总费用不超过 15000 韩元，65 岁以上老人为 1200 韩元）
	药店	30% （每次自付总费用不超过 10000 韩元，65 岁以上老人为 1200 韩元）

资料来源：丁雯，张录法．韩国医疗保险制度借鉴［J］．经济视角，2010（9）：57-59；金钟范．韩国国民健康保险［J］．中国医院院长，2014（11）：80-81。

通过增加患者选择三级医疗机构门诊就医的自付比例，实现患者的合理分流，避免三级医院的拥挤现象，既有利于节省医疗开支，又可以提高医疗资源的利用效率。此外，给付机制对不同年龄段的人口做出了不同的设定。65 岁以上的老人在基层医疗机构就医的可以享受更大的优惠。2006 年起，6 岁以下的儿童住院医疗费用全部免除，门诊治疗仅需要支付成人费用的 70%。

除国民健康保险外，对于那些生活在贫困线以下的人群，韩国还有医疗给付制度提供保障。目的是对贫困个人及家庭的特别保护，其待遇水平整体上高于国民健康保险给付（见表 7-5），既体现制度的福利性，也体

① 孙菊．全民覆盖视角下的韩国医疗保险制度研究［J］．武汉大学学报（哲学社会科学版），2013（11）：83-89.

② 同时期，我国的患者自付费用占总卫生费用的比例为 35.3%，高于韩国，也高于大部分国家。世界卫生组织认为避免患者就医时出现经济困难的合理自付比例应该为 15%~20%。相对比，我国国民就医时可能更多地面临因病致贫或因贫困而放弃治疗的风险。

现对弱势群体的优待。

表 7-5 韩国医疗给付制度个人自付比例（2007 年）

		第一种权益人（无工作能力）	第二种权益人（有工作能力）
门诊	保健所	免费	免费
门诊	一级医院	1000 韩元封顶	1000 韩元封顶
门诊	二级医院	1500 韩元封顶	15%（特殊慢性病自付 1000 韩元封顶）
门诊	三级医院	2000 韩元封顶	15%
门诊	MRI、CT 等	5%	15%
住院		免费（餐费除外）	15%（危重病 10%）（餐费除外）
药店		每处方 500 韩元封顶	每处方 500 韩元封顶

资料来源：金钟范．韩国医疗给付兜底［J］．中国医院院长，2014（11）：82-83。

关于封顶线的设置，韩国在 2004 年之前实行保险给付的上限设定。与我国的医疗保险封顶线设置相似，即当受保人的医疗费用达到一定限额时，将停止医疗保险的偿付，全部由患者个人承担。当低收入人群面临危病、大病时，设置这样的封顶线可能会影响他们获得必要的检查和医治。保险给付封顶线主要影响以下人群：生活在贫困线以下的人群、中低收入的农村居民或老年人。通常高收入人群受到的影响相对较小。这既不利于健康，也不利于公平。于是在 2004 年 7 月，韩国开始将其改为共同支付最高上限，也就是在适用健康保险的诊疗费中，当个人支付部分超过最高上限时将停止自付，后续所需医疗费用全部由保险人——国民健康保险负担。2004 年的封顶线标准是个人负担额在 6 个月内超过 300 万韩元，2007 年进一步下调为 200 万韩元。这一举措明显减轻了患者及家庭面临灾难性医疗支出时的过度负担和因病致贫的风险。政策运行不久，部分韩国学者研究发现，虽然降低了高额医疗支出中的个人负担，受保人的保险获益水平整体上升，但是其中仍然存在阶层差距。2008 年，政府总计支出 2436 亿韩元的上限援助资金。如果将参保国民按照收入从低到高分为 1～10 个等级。其中 1～5 等级的低收入阶层总计只获得 38% 的援助（927 亿韩元)，而 5~10 等级收入阶层总共拿到近 62%的援助金①。为了平衡这种阶层差距，2009 年 12 月开始，国民健康保险制度将一概性封顶线的设计改为差别制（见表 7-6）。根据受保人的收入从低到高，将 50%处于收入下位的国民封顶线设定为 200 万韩元，30%处于收入中位的国民设定为 300 万韩元，而 20%处于收入高位的国民调整为 400 万韩元，更加体现了制度对低收入者的保护和倾斜。

表 7-6　韩国各收入阶层的个人负担上限额标准

单位：韩元/（人·年）

收入水平	个人负担上限额标准
上限额标准保险费在下位 50%以下的参保人	200 万
上限额标准保险费在中位 50%~80%以下的参保人	300 万
上限额标准保险费在上位 80%~100%以下的参保人	400 万

资料来源：韩国国民健康保险法试行令部分修正令（2009 年 4 月 6 日公布）；黄罗一，金珍沫，金镜河．韩国健康保险的现状与发展课题［J］．社会保障研究，2009（2）：79-95。

7.2.2.3　财政扶持

对于任何国家来讲，推进全民医保都是一项社会政策的挑战。尤其是在制度覆盖面从正规就业者推广至非正规就业者以及从城市推广至农村的时期，如何解决农民、自营业者以及低收入群体的医疗保险问题，既是对政府的考验，也是标识制度的特征所在。大部分国家都会不同程度地加大政府的财政扶持力度，韩国也不例外。韩国在 1989 年实现全民医保时，由财政承担了地区保险缴费的 50%，适用者们的参保积极性被极大地调动起来，全民覆盖很快实现。2007 年，医保整合之后的财政补贴标准改为整个国民健康保险保费预计总收入的 20%，其中“14%来源于国库，6%来源于以烟草税为主要收入的健康促进基金”②。

在韩国医保发展历程中，也曾经有过政府财政责任不明确的时期。1977 年，韩国建立雇员强制保险。虽然同是采用企业组合的管理模式，但

---

① 黄罗一，金珍沫，金镜河．韩国健康保险的现状与发展课题［J］．社会保障研究，2009（2）：79-95.

② 李莲花．医疗保障制度发展的“东亚道路”：中日韩全民医保政策比较［J］．河南师范大学学报（哲学社会科学版），2010（1）：1-7.

韩国与日本不同，当时的韩国政府并没有对中小企业的雇员保险组合给予财政扶持，而是鼓励中小企业以联合的方式组建公团。对于农民、非正规就业者等人群，政府更是不愿意承担责任。因此20世纪80年代初期，面向农民和非正规就业者的地区医保试点迟迟不能推广至全国。其后20世纪80年代中期韩国开始了民主化浪潮，在巨大的政治压力下政府做出妥协，承诺对地区医保给予财政补助，并落实为承担地区医保受保人缴费的50%，才使这一面向非正式部门的制度得以推广，全民医保得以快速实现。目前中国正在着手整合非正式部门的医疗保险制度（新农合与城镇居民医保），而整合制度、实现公平筹资和公平给付，离不开制度创新，更离不开财政扶持。

除国民健康保险之外，韩国还有针对社会救助对象的医疗给付制度。医疗给付以国家财政为依托向贫困群体提供高水平的医疗保障待遇，甚至优于国民健康保险受保人。医疗给付费用主要来自国库补助金，对于大部分城市，国库补贴金占全部医疗给付基金的80%①。

7.2.2.4 管理经办

韩国建立社会医疗保险之初，采用的是德国的组合分散管理模式。大企业建立自己的保险公团，小企业通过联合的方式建立公团，地区医保根据居住地被划分为多个公团。在1998年整合之前，韩国共有367个医疗保险公团，包括139个雇员保险公团、1个政府与私立学校雇员保险公团以及227个地区医疗保险公团。虽然保障待遇水平一致，但是公团之间的保险费率不同，导致不同人群之间存在差异化的实际缴费负担比例，而且往往是低收入人群的实际缴费负担更重。组合管理模式提高了管理成本，分散的医保基金难以形成规模效应，保障能力有限，同时部分地区医保公团还面临财务危机。1998年韩国开始了医保整合的重大举措，除了整合制度、整合基金之外，整合管理经办也是改革的重要部分。2003年，取缔了300多个保险公团，由国民健康保险公司统一负责全国医保的管理经办，实行统一的费率、统一的待遇以及统一的管理。

目前，韩国医疗保险的管理部门包括健康与福利部、国家健康保险

---

① 金钟范．韩国医疗给付兜底［J］．中国医院院长，2014（11）：82-83.

公司（National Health Insurance System，NHIS）和医疗保险审核与评估机构（Health Insurance Review and Assessment，HIRA）。健康与福利部属于政府部门，负责制定和调整政策、法规以及监督调控，但不直接参与运营管理。国家健康保险公司和医疗保险审核与评估机构性质上属于非营利组织。其中 NHIS 主管全国的健康保险计划，是所有国民的唯一保险人，负责资金筹集、待遇发放、基金管理、医疗机构监管等。而 HIRA 负责监督国家健康保险公司的管理，并对医疗机构所提供的服务如药品的数量、治疗方案的适宜性等进行专业审查。三大管理主体各有分工，彼此之间存在着相互制衡的关系，使管理经办有序进行（见图 7-3）。另外，虽然面向贫困群体的医疗给付制度更具福利性，但是与国民健康保险一样，均是由健康与福利部、国家健康保险公司以及医疗保险审核与评估机构负责管理。

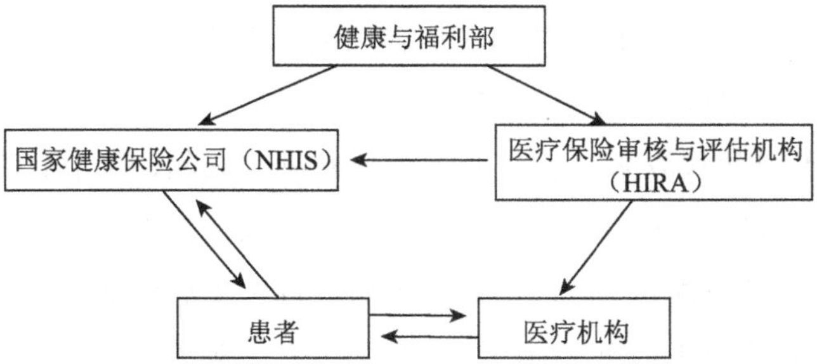

图 7-3　韩国国民健康保险各管理主体互动关系

虽然 NHIS 和 HIRA 的管理工作需要接受健康与福利部的监督，但是作为非营利组织，两者仍然保持着相对的独立性，既防范了由政府直接管理可能出现的低效率现象，同时在政府的监督调控下又可以保证民间非营利组织的公益性。根据新公共管理理论，将非营利组织引入公共治理领域，可以有效地规避公共部门的低效率问题。对于中国医疗保障制度长期的多头管理以及接下来的制度整合，韩国经验值得深思和借鉴。

7.2.3 韩国医保整合的经验与启示

韩国在20世纪60年代开始以日本模式为摹本构建社会保险型的医疗保险体系，分别建立起职场医疗保险和地区医疗保险。与日本不同，韩国医疗保险之后的发展经历了一个制度整合的过程，并于2003年全面完成整合工作——全国实行一元化的国民健康保险制度（面向三类参保人），合并为一项基金并实行全国统筹，所有的国民参保人获得相同水平的待遇。日韩两国都是在借鉴德国组合管理模式的基础上通过社会保险机制实现全民医保。制度发展过程中都曾经面临过组合之间的缴费和待遇差别，以及管理分割、财务独立等指向公平和效率缺失的问题。不同的是，日本选择加大政府的财政扶持力度以实现国民的统一待遇，尤其是增加财政补贴以提高地域保险中农民及非正规就业者的待遇；而韩国选择通过制度整合、基金整合来实现公平、高效的目标。如果说两者都是社会保险模式下的全民医保，那么日本的医疗保险模式福利的色彩更浓重一些，虽然日本仍旧维持着二元分化的制度以及分散的管理。

20世纪60年代以来，随着韩国经济的迅速崛起，工业化带来国民经济快速增长，也带来社会财富的分配不均，以及与之相关的一系列社会公平问题。国际经验都表明，经济高速发展、社会矛盾凸显时期也是医疗保险等社会福利计划建立和扩面的最佳时期。为了避免阶层之间的矛盾与冲突，在医疗保险领域，韩国政府选择了公平惠及社会各阶层的全民健康保险计划。在制度的发展历程上，中国与韩国具有非常大的相似性。韩国以低水平、广覆盖的形式迅速推进全民医保，之后进入待遇提高和制度整合的时期。而我国的医保制度也从最初的制度普惠开始走向质量提升阶段，并且目前正处于由碎片化走向整合的关键时期。与中国的情况相似，韩国在全民医保初期制度也存在着非常严重的碎片化，韩国医保从分散走向整合的经验值得我们借鉴。其经验表明，政府的财政扶持和制度创新具有非常重要的作用，并且始终要把公平作为整合策略选择的准绳。

韩国的国民健康保险与日本的“国民皆保险”都侧重强调公平。这种医保公平主要体现在缴费、待遇给付和对弱势群体的特殊照顾三个方面。首先，两国的缴费都遵循“量能缴费”原则和家庭连带原理，以收入为基础，并考虑家庭成员的情况。高收入、高资产的多缴费，低收入、低资产者次之。其次，尽管实行差别缴费，但是日韩两国的公共医疗保险都赋予国民无差别的医疗待遇，不会出现社会成员医保待遇的层级分化现象。这一点对于具有碎片化传统并正在探索制度整合的中国来讲，非常具有借鉴意义。目前中国部分地区探索的多档制整合模式，事实上是与医保公平原则相背离的。一制两档或者一制三档、缴费与待遇一一对应以及高缴费高待遇的做法，虽然是出于激励参保以及城乡居民收入差距等现实因素的考量，但是从本质上讲，一制多档方案在待遇给付上并未使制度走向整合，而是走向“再碎片化”，这一点值得我们深刻反思。最后，公平并不意味着绝对的平等。日韩两国在追求公平的过程中都不同程度地构建了国民的“差别待遇”，当然这种所谓的差别待遇是对弱势群体更加优待。如日韩两国都将政府财政补贴更多地放在农民、非正规就业、小企业雇员以及低收入群体身上。又如韩国医疗给付制度给予社会救助对象相比一般国民健康保险受保者更加优越的待遇。再如日韩两国都对老年人以及未成年人给予了医疗保险上的优待和照顾。此外，日韩两国都以强制性参保原则以及家属连带参保的政策快速实现全民医保。对于中国的医保整合而言，体系如何理顺？三大医疗保险制度之间如何重新调整以实现制度的有机统一？改变个人本位的参保原则，实行家庭保险，推动家属连带参保或许是一剂良药。

在充分了解日韩两国医疗保险制度体系中的职域保险和地域保险构成之后，我们发现除了以税收为依托实现医保普惠全民的福利国家模式（如英国的 NHS 体系）之外，选择社会保险模式的国家通常都会面临参保人由于收入差异而类聚的问题。不论是韩国一元化的国民健康保险制度（面向三类参保人），还是日本针对职域和地域两类参保人群的二元化制度，制度内部都存在不同的参保人群，尤其体现在群体之间筹资机制的差别上。正式部门和非正式部门就业者在就业形式、取得收入方式和收入水平上都存在着天然的差异。如何设计一套筹资机制，使所有的参保人都能公平地承担缴费，也是我国医保整合中面临的重要课题。事实上我国的医疗保险制度体系是由一项职域保险（职工医保）和两项地域保险（新农合和城镇居民医保）组成。只是与日韩不同，我国的地域（地区）保险受到了户籍制度的影响，城乡分立。目前我国两项地域保险虽然遵循自愿参保原则，但仍是覆盖人口数量最多的制度。随着工业化和城镇化的推进，两项地域保险的整合是大势所趋。我国已经开始了整合的探索，部分地区也开展了整合的试点。但是关于如何设计科学合理的筹资机制、待遇给付机制和管理经办，理论研究与实践探索仍然有待深化。根据国际经验，全民医保是工业化和民主化进程中的成果。随着我国经济持续多年的快速增长，社会福利也迎来了发展的机遇期。城乡居民医疗保险制度是我国医保整合的起点，一制多档的整合方案仍然存在收入主导下的待遇分级；对于大部分城乡居民来讲，职工医保的待遇仍然遥不可及；保险给付封顶线仍然让许多低收入家庭在危重疾病的大额医疗支出面前因贫困而放弃医治；划地而治的地域保险，地方统筹基金之间的封闭与独立，即使统一医保制度，还是会在低统筹层次和地方财政主导下出现“地方保护式”的福利差别。在“健康中国”理念的指引下，我国的医保制度是走向“一元化的统一”，还是在充分尊重正规部门与非正规部门差异性的基础上追求“差异化的统一”，未来还有非常艰巨的理论研究工作和实践探索等待着我们。

7.3 中国台湾全民健康保险

中国台湾的全民健康保险（National Health Insurance，NHI）取得了令人注目的成绩。2005年诺贝尔经济奖得主、美国经济学家克鲁格曼（Paul Krugman）曾经赞誉中国台湾健保为“可供美国全民在经济上纳保的范例”①。2000年，英国《经济学人》杂志公布“世界健康排行榜”，中国台湾在健康指标、医疗保健支出、医疗资源及医疗品质等方面排名全世界第2位，仅次于瑞典②。2005年，统计数据显示，中国台湾平均每人每年医疗支出949美元，远低于美国的6347美元；居民医疗保健支出（NHE）

① 董晓．台湾健保制度蜚声国际［EB/OL］.（2009－03－27）［2019－12－13］．http：//news.xinhuanet.com/tw/2009-03/27/content_11083511.htm.

② 汪兆平．台湾健保僵局［J］．中国医院院长，2013（2）：52-58.

占GDP比例为6.14%，仅是美国的2/5①。可见，中国台湾的全民健保兼具公平和效率，并因此而广受关注。

时下，大陆地区正值医保整合的关键时期，系统研究台湾地区的全民健保，可为镜鉴。目前单纯针对台湾地区全民健保的论述比较多见，但是专门探讨其对大陆地区医保整合启示的研究还很少。本书将把台湾地区全民健保与大陆地区的医保整合进行对比，通过重点阐释台湾地区全民健保的整合过程、整合政策和整合效果，分析经验得失，挖掘其对大陆地区医保整合的经验和启示。

7.3.1　整合前后的制度体系比较

台湾地区的全民健保始于1995年3月1日。在实施全民健保之前，台湾地区运行了近40年的综合医疗保险制度。综合医疗保险由公务人员保险、劳工保险、农民保险、军人保险等13种②保险制度组成。制度覆盖范围小，各类保险的纳保率总计只有57.48%③。近四成（约800万人）的人口没有被纳入社会医疗保险体系④，尤其不包含老人、儿童、家庭主妇和非正规就业者⑤，这给居民个人及家庭带来了沉重的医疗负担。整合前台湾地区和大陆地区一样面临着医疗保险覆盖范围有限、弱势群体保障不足等问题。彼时，围绕着医保制度的未来走向岛内曾经展开过广泛的大讨论。学界和政界对于"是维持原有的多元化体系还是走向单一化体系发生过几次争执"，最终官方主导的"单一化体系构想占据上风"⑥。

全民健保制度对台湾地区的医疗福利是极大的提升。1995年，在历经七年的准备和筹划之后，台湾健保开始运行。在原有的公务员、劳工、农

① 刘娟，李系仁，周士金，等．中国台湾地区全民健康保险制度运行16年的经验及启示［J］．卫生软科学，2012（2）：104-107.

② 林姗姗．台湾"全民健保"制度改革走向：从"一代健保"到"二代健保"［J］．台湾研究，2011（2）：57-64.

③ 宋玉秀．台湾全民健康保险制度之借鉴［J］．卫生经济研究，2011（11）：20-22.

④ 翟方明，汪莉．中国台湾地区医疗保险制度研究——暨台湾地区健康保险筹资制度变迁启示［J］．价格理论与实践，2014（12）：55-59.

⑤ 冉密．全民健保：最实惠的台湾奇迹［J］．中国社会保障，2013（2）：78-79.

⑥ 汪兆平．台湾健保僵局［J］．中国医院院长，2013（2）：52-58.

民等保险人的基础上将覆盖范围扩大至其眷属及其他人员，实现了全民普遍覆盖。全民健保制度由于实行一元化的制度体系、统一的管理，而且保障范围广、给付水平高、待遇统一以及就医便捷等特点而蜚声海外。全民健保是岛内首个涵盖全部居民的医疗保险制度，具有整合多元化医疗保险体系的意涵，为我们提供了又一个成熟的医保整合范例。整合前台湾地区的医疗保险体系采取的是按照职业和城乡分立的模式，整合后以统一的全民健保取代原有的分立制。在给付上实现了平等，避免了职业间和城乡间的待遇差异。整合后的全民健保事实上也可以划分为职域保险和地域保险两大体系。雇员及其家属可以通过单位参保，非雇员可以通过乡（镇、市、区）公所投保。参保人根据职业的不同分为六类十四目，每个类别实行不同的缴费率，总体上大部分雇员实行个人负担 30%，企业负担 60%，官方负担 10%的做法；农民个人负担 30%；自雇人员全部自付；贫困户则全部由官方补贴。对于经济薄弱的群体，官方还出台了缴费豁免或缓缴的政策，最大限度地保障了台湾民众的医疗权益。有研究显示，“低社经地位者之健康提升较高社经地位为多，肯定了全民健保对弱势群体的正面影响”①。

对比大陆地区业已提上日程的城乡医保整合与台湾地区的全民健保制度，发现两者有着相似的制度基础。台湾地区 13 项医疗保险制度，因职业而细分，待遇差距明显。大陆地区现行的基本医疗保险体系也集中体现为不同职业、不同地域以及不同收入阶层之间的差异，这种差异尤其体现在医疗保险待遇给付上的分化。如何实现公平的医保整合是两者都曾经或正在面临的核心问题。如何真正实现碎片化医保制度的系统化整合？如何真正实现受保人的公平待遇？台湾地区的全民健保值得借鉴。

7.3.2 全民健保的整合设计：分类缴费和统一待遇

台湾地区的全民健保由卫生署统一管理，健康保险局是其单一保险人。全民健保是一项强制性的社会医疗保险，由官方、企业和个人三方共同负担保险费，并具有风险分担和收入再分配特征。岛内所有居民统一被纳入健康

---

① 沈惠平．台湾“全民健保”制度分析［J］．台湾研究，2010（6）：50-55.

保险的保障范畴，截至 2012 年 9 月台湾地区投保人口比例为 99. 89%①。

受保人根据职业划分为六类十四目，并据此设置不同的官方、企业以及个人之间的保费分担比例。此项制度设计旨在根据参保人的职业确定缴费负担，例如对于第一类中的普通企业雇员只需自付保费的 30%，企业负担 60%，官方负担 10%；第二类参保人自营业者自付保费的 60%，官方负担 40%；第三类农业或渔业工作者只需负担保费的 30%，另外 70%由官方负担；而第五类中社会救助对象甚至全部由官方托底。从制度设计上看，经济能力薄弱的群体自付比例低，制度的再分配效应明显。曾有调研数据显示，“收入最低群体，年缴纳保费 3272 新台币，支出的医疗费用则为 16761 新台币，两者比例为 1∶5，而最高收入群体，年缴纳保费 6426 新台币，医疗费用支出则为 14277 新台币，两者比例仅为1∶2”②，可见低收入人群在全民健保制度中的受益程度更大。同日本、韩国以及德国的参保机制相同，中国台湾也实行家属连带纳保，每类人群按规定可申报若干位无职业的家庭眷属参保。其中可与保险人连带参保的眷属，首要条件是无职业，如果具有被保险人资格，不允许以眷属身份参保。眷属的保险费由被保险人缴纳，一并按照被保险人的缴费基数和费率计算。超过三口者，以三口计，由此，眷属人口越多的家庭缴费负担越轻。除个人自付部分保费外，几乎大部分的岛内居民都可以获得不同程度的财政扶持，财政对保费的分担比例分别为企业雇员 10%、自营业者 40%、农渔民 70%等。与日本和韩国相比，中国台湾的财政扶持更加慷慨，不仅承担了农渔民 50%以上的缴费，而且对普通企业雇员也给予一定的补贴，但是制度设计也存在一定的问题。首先，缴费基数主要是薪资。这让所得以工薪收入为主的中低收入阶层缴费负担偏重，而高收入者工薪收入占总收入的比重偏低，实际医保缴费负担较轻。其次，按照职业划分保费负担的做法，可能会导致相同收入的群体因从事不同的职业而承担不同保费的现象，明显违背了“量能缴费”的原则。“根据 1996 年的保费统计资料，如果将台湾地

① 周菊香，姚书韵，方谦谦，等．台湾全民健保制度基本情况及启示［J］．医院管理论坛，2014（1）：62-64.

② 余文心，周锐．医疗服务和创新药物的未来——台湾医药体制调研有感［EB/OL］．（2015-09-14）［2019-12-13］．http：//www. yiyuan. name/biz/32385. html.

区所有家庭按照收入高低分为十等，保费仅占收入最高家庭所得的3.64%，却占收入最低家庭所得的12.71%。"① 不过，好在台湾地区全民健保不论居民属于哪一类参保人群，也不论实际缴纳保费水平的高低，受保人所享受的健保待遇都不存在差别。正因如此，健保在结果上是公平的。

全民健保虽然有着78.5%①的高满意度，但是却面临着财务可持续性的问题。相关数据显示，从1995年起，健保收入每年以4.58%的速度增长，而支出的年均增幅却达5.71%②。自2000年，健保就开始了二次改革，财务平衡成为重中之重。2011年，二代健保在全民健保遭遇第四次财务危机之后应运而生，核心发展理念是"公平""效率"和"品质"。二代健保最明显的变化体现在筹资机制的调整上。其一，扩大缴费基数。从以薪资为主演变为个人薪资所得与财产所得的双轨制缴费基数。将奖金、股票、红利、租金等纳入保险费征收的范围。扩大缴费基数后2013年二代健保的费率从5.17%下降到4.91%③。其二，基于双轨制缴费基数的双轨制保费，包括一般保险费和补充保险费。其中一般保险费仍沿用六类十四目以薪资为基数征收的办法，而补充保险费则以资产性收入为缴费基数，如奖金、股票、红利、租金等。2013年的补充保险费率为2%。通过调整，二代健保的筹资方案更具"量能缴费"特色。诚然，二代健保也有部分提案没有通过，例如，原规划中废除一代健保的六类十四目，取而代之以家户总所得为基数实行统一费率的方案，由于实际操作的难度以及可能产生的"惩罚单身"的影响，最终放弃。

全民健保的资金来源多元化，除主要的保费收入外，还有公益彩券分配收入和烟品健康福利捐等其他收入。2003年，新修订的"公益彩券监理委员会组成办法"（第3条第1款）规定："公益彩券盈余之分配，应以

---

① 翟方明，汪莉．中国台湾地区医疗保险制度研究——暨台湾地区健康保险筹资制度变迁启示［J］．价格理论与实践，2014（12）：55-58.

①② 汪兆平．台湾健保僵局［J］．中国医院院长，2013（2）：52-58.

③ 林姗姗．台湾"全民健保"制度改革走向：从"一代健保"到"二代健保"［J］．台湾研究，2011（2）：57-64.

5%供全民健康保险准备之用。”[④]另外，根据2007年制定的“烟品健康福利捐分配及运作办法”规定：“烟品健康福利捐之分配……90%供全民健康保险准备之用，纳入全民健康保险安全准备金。”[⑤]扩大资金来源缓解提高医保缴费的压力。

从总体上看，虽然台湾地区的全民健保实行以职业为划分依据的筹资机制，不同职业的受保人实际缴纳的保险费绝对金额存在差异，但是全民健保为所有受保人及其眷属提供的保障待遇却是无差别的（见表7-7）。与大陆地区职工医疗保险与城乡居民医疗保险之间的待遇差别不同，台湾地区全民健保的参保人不会因为地区、职业、收入的不同而获得不同的待遇给付。而且大陆地区的医保制度还存在异地就医的困难及“便携性损失”，而台湾地区的全民健保参保人只要持卡就医，不会因为就医地和户籍地不同而出现权益的损失。

表7-7　中国台湾全民健保的统一支付比例　（%）

门诊			住院						
医院等级	转诊	未转诊	急性病房			慢性病房			
			≤30日	31~60日	61日之后	≤30日	31~90日	91~180日	181日之后
医学中心	80	50	90	80	70	95	90	80	70
区域医院	80	60	90	80	70	95	90	80	70
地区医院	80	70	90	80	70	95	90	80	70

此外，台湾地区全民健保还特别强调对弱势群体的照顾。全民健保属于强制性社会保险，筹资机制实行“量能缴费”的原则，因此可能会出现贫困阶层因无力缴费而无法纳入保险的现象，为此，针对经济能力薄弱群体设置了保费补助政策，以保障他们的权益。根据2003年的“健保特赦条款”，保费补助主要有三种做法[②]：其一，全额补助低收入户的保险费。其二，针对身心障碍者、中低收入的老人和儿童、失业劳工及其眷属、原

④⑤　翟方明，汪莉．中国台湾地区医疗保险制度研究——暨台湾地区健康保险筹资制度变迁启示［J］．价格理论与实践，2014（12）：55-58.

②　蔡贞慧，林美雀．健保欠费、中断与2003年健保特赦条款［J］．台大社会工作学刊，2010（6）：115-152.

住民等在社会、经济以及人口上处于弱势的群体，官方对其自付保费的部分给予全部或部分比例不等的补助。其三，针对健保欠费或未能持续纳保对象的优惠措施，如实施先看病后纳保以及弱势民众欠费不控卡等措施。其中保费补助的后两种做法事实上是将补助范围从社会救助的对象扩大到贫困边缘群体和新贫困阶层。由于全民健保特赦条款仅以一年为期，2008年曾再次启动“健保大赦”，2009年又启动“大温暖”，近年来健保局也不时推出保费豁免或缓缴措施。但是这种非长期的措施既无法达到治本的目的，又无法保证其主要瞄准弱势群体，台湾地区学者对其也存在疑虑。除“保费特赦”外，2009年又提出将烟品健康福利捐用于补助经济弱势群体的自付保费的政策。

7.3.3　台湾地区医保整合的经验与启示

由于本书重点探讨医保整合，故而对台湾地区全民健保其他方面的卓越成效着墨不多，如分级诊疗、由论量计酬到论质计酬的控费方式改革以及医疗机构的竞争格局等将不再赘述。

总体上看，台湾地区的全民健保兼具公平与效率。2016年中国台湾全民健保的费率为4.69%①，与同期的日本（约8.0%）、德国（15.7%②）相比，中国台湾费率低，受保人负担轻。再从医疗支出占GDP的比重来看，2010年，中国台湾医疗支出占GDP的比例为6.7%③，与同期的美国（17.61%）、德国（11.72%）、法国（11.89%）、日本（9.51%）、韩国（6.92%）④ 相比，中国台湾的全民健保投入少，然而从实施效果看却实现了较高水平的保障。受保人获得统一的给付率，部分医疗服务项目的报销

---

① 牟彦秋. 台湾健保费率降至4. 69%　每月平均少缴73元 [EB/OL].（2015-11-20）[2019-12-13]. http://www. taiwan. cn/taiwan/tw_FinancialNews/201511/t20151120_11068 762. htm.

② 吴将. 德国2016新政　每一条都在打钱的主意 [EB/OL].（2016-01-02）[2019-12-13]. http://www. 360doc. com/content/16/0328/01/30458787_545768710. shtml.

③ 张辰剑. 经济学人：中国台湾医疗支出占GDP比重亚洲居首 [EB/OL].（2010-03-30）[2019-12-13]. http://www. taiwan. cn/taiwan/tw_FinancialNews/201003/t20100330_13012 89. htm.

④ 世界银行发布全球各国医疗总支出占GDP百分比 [EB/OL]. [2019-12-13]. http://data. worldba nk. org. cn/.

比例达到了 90%，待遇超过同处东亚的日本和韩国。其公平和效率的兼顾，得到了国际上的赞誉和认同。

只是任何制度都不是完美的。近年来，由于台湾地区全民健保的福利性逐渐增强，低缴费和高给付之间逐渐形成了财务危机，引得相关部门推行了第二次改革，甚至还在酝酿第三次改革，但是全民健保的大方向没有改变[⑤⑥]。随着二代健保的启动，关于“健保破产、崩盘之虞的争议也可暂时偃旗息鼓”[⑦]。二代健保被看作对制度自身的反思和调整。

诚然，在医疗保险制度成熟稳定的国家和地区，其制度不仅行之有年，而且常处于动态调整之中，几乎没有完全静止的制度。除了参数调整，还有顺应经济社会发展以及理念变迁的结构性改革。对于大陆地区而言，随着经济增长、社会主要矛盾变化等因素的影响，原有的碎片化医疗保险制度体系出现了诸多不适应。医保整合是一项重大的社会系统工程，也是对原有医疗保险制度体系的一次重组。得失之间，影响深远。从台湾地区的全民健保中我们吸取的整合经验主要在于医疗保险制度始终要以公平和效率作为指导理念，尤其要优先考虑公平，其次兼顾效率。

7.4　启示：　各国和地区医疗保险整合经验的几点借鉴

“他山之石，可以攻玉。”中国台湾的全民健保使我们看到制度的可持续性尤其是财务可持续的重要性；日本“国民皆保险”使我们意识到政府财政扶持对于实现全民医保的必要性和重要性；韩国则是通过制度整合，尤其是基金的全国整合实现保障水平的提高以及全体国民公平统一的待遇给付。关于如何理顺医保体制，如何实现医保制度的系统化整合，中国台湾和日本的经验为我们展示了医保整合后以职域和地域为划分标准的医疗保险制度体系，以及“量能缴费”筹资机制下的统一待遇给付，这样的制度设计不失为医保整合的一种选择。各国和地区的医疗保险制度各有特色，各有所长。扬长避短，吸取其中的有益经验，规避问题和教训，能

---

⑤　宋占军．台湾地区全民健康保险制度考察［J］．中国医疗保险，2015（2）：68-70.

⑥⑦　汪兆平．台湾健保僵局［J］．中国医院院长，2013（2）：52-58.

够为我国的医保整合提供思考和启发。这是本章梳理经验和做法的主要目的。限于篇幅，本章只重点选择实行社会保险型医疗保险制度的几个代表性国家和地区进行深入阐释。见微知著、察人观己，以期对我国整合碎片化的医疗保险制度提出参考性建议。

7.4.1 追求结果公平的实质整合

从社会医疗保险的发展规律来看，我们会发现大部分国家的医疗保险制度，都经历了从正式部门向非正式部门推广的过程，都经历了从国民的差别参保、差别待遇到国民的统一参保、无差别待遇这样一个制度整合与提升公平性的过程。而且在这个过程中，为推动一体化待遇的实现，大部分国家都会不同程度地增加对非正式部门就业者以及未就业者参保的财政补贴。可见医保整合实质并不是制度的简化合并，而是国民待遇的统一。通过把握这些规律，重新评价我国的医保整合试点方案，会发现一制多档模式下基于精算主义的收入和待遇正相关的做法与再分配意义上的医保公平理念相悖，参保人群之间两档甚至三档的待遇给付埋下了制度走向“再碎片化”的隐患，应及时反思我国的医保整合政策。医保公平尤其是分配结果的公平应是整合的核心指导原则，一体化的国民待遇将是制度调整和制度创新的目标。如前文所述，我国的医保碎片化从其性质上看是一种结果不公平的碎片化，整合的关键不在于是否给制度体系做了减法，而在于是否缩小了社会成员之间的待遇差异。事实上，整合后的城乡居民基本医疗保险仍存在缴费与待遇之间的等级分化，高收入者高待遇、低收入者低待遇。在现有的医疗市场环境下，所有社会成员生病后就医时所面临的医疗成本都是一致的，我们无法证明低收入者或低收入家庭面临的实际医疗成本更低，所以给低收入群体只提供低水平的保障既是不合理的，也是不公平的。不论我们是选择优先整合城乡的医疗保险制度，还是借鉴日韩的经验将其整合为职域保险与地域保险两大体系，我们都无法回避的就是首先要明确追求结果公平这一整合目标，整合的最终目的是实现不同参保人群的统一待遇。不论城乡，不论正式部门就业还是非正式部门就业，不论就业者还是未就业者，我们都要力求从阶层和地域两个角度消除国民的医保待遇差异。

7.4.2　医保整合：一元化还是非一元化

这些国家和地区的经验都直接为我们展示了医疗保险制度从碎片化走向整合的过程，以及整合之后的制度设计和制度运行情况。医保整合并不是一味追求制度上的整齐划一，一元化的制度并不是医保整合的唯一目标。由于正式部门和非正式部门之间天然的差别，几乎所有的国家将社会医疗保险从城市正式部门就业者推广至城乡非正式部门就业者以及未就业者时都会遇到困难和障碍，但是大部分国家和地区基本上都倾向于选择利用政府财政对后者进行参保扶持，并将其以居住地为准纳入不同统筹地区的医疗保险基金。属地参保、全国统筹、家属联保、差别缴费、统一待遇等制度设计最终真正实现了医保整合与国民的医保公平。典型的如日本，虽然至今仍维持着职域保险与地域保险二元分立的碎片化制度，但是制度之间对所有的国民都实现了缴费机制以及待遇给付机制的公平。其中，缴费环节的“量能缴费”，实行以收入为基础征费（税），使筹资具有累进性，“量能缴费”使低收入群体的实际筹资负担低于高收入群体；待遇给付环节实行国民一体化待遇以及对老人和未成年人的优待，使参保国民实际获得的医疗卫生服务的数量和质量与经济支付能力无关，而只与疾病的诊治相关，真正实现了基本医疗服务的“按需分配”。此外，作为“俾斯麦模式”的鼻祖，德国至今也维持着医疗保险制度的高度碎片化，2004 年德国仍存在着按行业和地域划分的 280 家医疗保险基金组织，社会成员可在各基金组织之间自由选择。保险基金虽然实行分散管理，但是最终兑现的医疗保障待遇却基本无差别。这些典型的社会医疗保险模式的制度整合经验或可帮助我们解开医保整合是否应该选择“一元化”的迷思。

总之，保留形式上的碎片而追求结果公平的制度体系或可成为中国差异性社会情境下进行医疗保险制度整合的选择。其实，保留形式碎片并非意味着医疗保险制度在阶层碎片化和地域碎片化的现状下停滞不前，而是依据制度自身发展规律对制度体系进行重新梳理。立足国情基础上，鉴于我国目前城乡之间的差异性，在维持城乡二元制度的前提下重点实现城乡居民之间的统一待遇，既可以避免盲目追求制度一元化而可能存在的高经济成本，又能将有限的财政扶持重点用于通过制度创新和结构调整实现一体化的国民待遇。

7.4.3 家庭保险与家属联保

世界上大部分国家和地区的医疗保险制度都采取以家庭为单位的参保方式。本书所选择的日本、韩国和中国台湾也均采取这一参保原则。正式部门就业者作为源参保人，家属可跟从连带参保；而非正式部门就业者，如自营业者以及农业从业者同样实行家长参保，家属连带参保。家庭保险有效地实现了制度普惠以及制度整合。家庭保险的优势主要体现在以下几个方面：首先，疾病风险冲击的是家庭而非个人，以个人为单位参保不利于提高整个家庭应对风险的能力。其次，碎片化制度下实行个体参保令医保碎片延伸至家庭。尤其在我国，家庭成员以个体为单位按身份分别被纳入不同的制度，家庭内部医保多元、待遇不等的现象比较突出。在城镇家庭中，通常正规就业的企事业职工属于职工医保；非正规就业的职工则可能是以个体身份参加的职工医保或者是参加城镇居民医保；未就业的老人和孩子则可能加入城镇居民医保，或是处于无保障状态。这种家庭内部的碎片化是我国医疗保险阶层碎片化在最基本的社会单元上的集中体现。碎片化已经渗透至家庭，医保不公平也渗透至家庭。家庭内部碎片化也是我国医疗保险制度亟须整合的对象，其他国家和地区以家庭为单位的参保办法或可成为主要借鉴。

以上便是通过比较研究得出的几点重要启示。当然，任何一个国家或地区的医疗保险制度都不完美，依旧存在问题。了解问题可以帮助我们避免错误，如韩国私营医疗市场上日益扩大的中低收入阶层之间的医疗保障差距、日本老龄化给医疗保险带来的财政压力等。以各国和地区的医疗保险整合为鉴，可知我国当今所处的发展阶段和位置；立足本土、扬长避短，其发展经验可在一定程度上降低我国的制度整合改革的成本。

第 8 章　优化医疗保险制度整合的政策选择

8.1　反思城乡医保整合，防止制度“再碎片化”

我国的社会医疗保险体系是一个同时面向正式部门与非正式部门、就业者与未就业者以及城镇居民与农村居民的混合体。时下，与其说是城乡制度整合，不如说是城市中非正规就业者或未就业者的制度与农村居民的制度两者之间的整合。因为城镇职工基本医疗保险制度也是城市医疗保险制度体系的一部分，而目前与新农合制度整合的只是城镇居民基本医疗保险制度，所以制度整合不仅没有真正彻底地跨越城乡差别，而且城镇正规就业者与其他非正规就业者或未就业者的保障待遇依然存在差距。这也成为医保整合需要进一步努力的方向。

反思“一制多档”整合方案，鉴于城乡居民收入差距而采取的缴费分等以及相应的待遇分级的做法，作为一项短时过渡政策具有一定的合理性，但也存在一定的负面效应。从长期来看，缴费与待遇正相关，照顾了同一收入阶层内部的横向公平，却不利于不同收入阶层之间的纵向公平。这与原碎片化制度格局下针对城乡不同人群建立不同保障项目的制度逻辑和制度结果无异，制度体系内部依然存在群体差异。整合后的“一制多档”与整合前的多元制度在筹资机制和待遇给付机制的对应关系上并没有产生本质的变化。整合后的“一制多档”只是以制度内部碎片取代原制度之间的碎片，以不同收入阶层之间的差别取代原城乡差别。城乡医保整合尚未真正整合城乡，整合后的制度也仍然存在碎片化，而且是阶层和地域因素主导下的“再碎片化”。

8.1.1 实现阶层意义上的医保整合

医保整合不仅是城乡整合，更需要实现阶层意义上的制度整合。经过近二十年的发展历程，在实现了制度上的全民覆盖之后，我国的医疗保险制度进入一个结构调整期。“整合”是新时期医疗保险制度发展的关键词，如何设计整合方案也是实务界和理论界热议的焦点。整合城乡是从我国社会经济领域长期城乡二元分化的视角出发所做出的政策研判，是统筹城乡社会经济发展战略中的一部分，也是对我国长期以来重城市、轻农村的发展策略的调整，对于缩小城乡居民之间的社会福利差距具有非常重要的意义。但是从社会分层的视角出发，1978 年经济体制改革之后我国社会阶层出现新的分化，原有的两大阶级一大阶层的社会分层状态已经被日渐多元的社会分化所取代。工人阶级内部、农民阶级内部以及知识分子内部均出现复杂的阶层分化。同一阶级内部出现不同的阶层，阶层之间在收入、社会地位及社会福利上都存在明显的差别。在多元阶层分化的视角下，整合医疗保险制度不仅要看到城乡制度间的差异，还要看到制度内部的差异，即同一制度覆盖下不同阶层之间的福利差距。与养老金制度在一定程度上侧重强调与个人收入相关联以及与个人职业贡献相关联不同，医疗保险制度的公平旨在追求“同病同待遇”，医疗服务的获得不应因个体的支付能力而有差别。

如前所论，整合后的城乡居民基本医疗保险制度在取缔城乡户籍对医保待遇的主导之后，“一制多档”整合方案直接形塑了收入对医保待遇的决定性作用，高缴费对应高水平的待遇给付，不同收入阶层之间存在差异化的医疗福利。此外，城镇职工医疗保险制度内部的阶层差异同样要引起重视，城镇职工内部不同行业、不同企业的参保人群之间存在保险共付比例和个人医疗储蓄账户上的待遇差异，垄断性的行业、高收入的职工通常保障待遇相对优越。而同一企业内部的正式工、临时工、劳务派遣工在参保和待遇给付上也存在差别。同时，以个体身份参加城镇职工基本医疗保险制度的非正规就业者以及加入城镇职工基本医疗保险制度的农民工群体往往在保障待遇上不及正式部门的正规就业者，虽然他们同样参加了城镇职工基本医疗保险制度，但通常不设立个人医疗储蓄账户，而且在社会统筹账户上，农民工参保人只获得相当于城市职工 60%的社会统筹待遇。

8.1.2　变个体投保为家庭保险，实现家庭整合

医疗保险在家庭内部的碎片化是其阶层碎片化的集中体现。家庭成员因是否就业、不同的就业形式抑或不同的就业部门分化成不同的医疗福利阶层。宏观层面上的医疗保险制度的阶层碎片化格局在每一个家庭内部得到了不同程度的复制。实现“去阶层碎片化”的制度整合目标，起点应该是整合家庭内部的碎片化。家庭是最基本的社会单元，如果我们能够通过合理的制度设计在家庭层面上实现“去阶层化”，那么整个医疗保险制度的“去阶层化”就会很好地达成。如何实现家庭整合？借鉴各国（地区）的经验，以家庭为单位的参保机制是一种政策手段。改变传统的以个体为本位的参保办法，全部家庭成员连带参保，筹资上以家庭收入或资产为基础实行“量能缴费”，通过制度创新以及适度的财政补贴实现家庭成员的一体化待遇给付。这种家庭联保的运作机制将在很大程度上有助于制度公平的实现。

8.1.3　实现地域整合

医疗保险制度整合不仅是阶层意义上的整合、家庭内部的整合，还需要地域整合。区域发展差异、地区财力不等影响公共服务的均等化。这种不均等既体现在城乡之间，也体现在地区之间。新时期，在统筹协调的区域发展理念下，实现区域之间的医疗福利均等化也是题中之义。反思时下的医疗保险制度整合，不仅要看到城乡差距，更要看到地域之间的福利界限。在鼓励地方试点的同时也要强化中央的顶层设计。缩小地区之间的医疗保险差距，提升统筹层次，实现地区之间基金的统筹调剂，争取在全国范围内实现省级统筹，做好医保转移接续，实现异地就医，打破医疗保险跨统筹地失灵的现象。总之，地域整合将是进一步推进医疗保险制度整合的主要内容。需要特别注意的是，在推动医疗保险制度走向地域整合的同时还要结合我国的新医改，实现“三医联动”，通过促进医疗资源地区配置的均衡，以及联合医疗服务递送体系和医药体系的共同改革，实现地域

整合的最优效果。

8.2 一元化的制度真的适合我国吗

我国曾成功地构建三种医疗保险制度：第一种是面向城镇职工（1998年）和非正规就业人员（2003 年）以及部分稳定就业农民工（2009 年）的城镇职工基本医疗保险制度；第二种是面向农村居民的新农合制度（2003 年）；第三种是面向城镇“一老一小”及其他未就业人员的城镇居民基本医疗保险制度（2007 年）。与计划经济时期的制度相比，城镇职工基本医疗保险制度改变了劳保医疗制度的企业封闭性，以社会保险之原则规范和建立新制度，这标志着我国社会保险型医疗保险体系的建设走上常态化。而新农合与城镇居民基本医疗保险制度的建立则意味着制度上的补缺和普惠，表明向全民医保迈进。

关于全民医保的目标模式，理论界的研究焦点集中在“全民医疗保险”与“全民免费医疗”的模式之争以及“一元化”与“非一元化”的制度体系之争。

8.2.1 模式之争：“全民医疗保险”还是“全民免费医疗”

关于全民医保是采取“全民医疗保险”模式还是“全民免费医疗”模式这一问题，理论界已经基本达成共识。我国自 20 世纪 90 年代末开始的职工医疗保险改革就明确了社会医疗保险模式的改革方向。结合国际比较的视角，世界上大部分建立医疗保障的国家都选择社会保险模式。目前全世界 136 个建立了医疗保障制度的国家和地区中，有 105 个国家和地区以社会医疗保险作为其主体的基本医疗保障制度，还有部分转型国家和地区由原来的国家卫生服务模式转变为社会保险模式，如捷克[①]。从国际上看，英国与北欧国家的国民卫生服务体系存在高成本、低效率以及医疗等待的问题。而我国计划经济时期国家主导的医疗卫生服务体系同样存在低

---

① 胡晓义．我国基本医疗保障制度的现状与发展趋势［J］．行政管理改革，2010（6）：23-28.

效问题。引以为戒，恐不会再轻易选择“全民免费医疗”模式。此外，我国医疗资源的配置明显存在城乡之间以及地区之间的不均等。以此为前提，若建立以税收为支撑、以公立医院为主导的国民卫生服务体系不仅不会带来医疗服务的均等化，相反势必会损害落后地区居民及农村居民的利益。因此“养供方”的“全民免费医疗”之路没有前途①，政府主导的福利国家模式并不适合我国，社会保险模式仍旧是最优的选择②③。我国医保制度的发展方向应是“全民医疗保险”，而不是“全民免费医疗”。

8.2.2 体系之争:“一元化”还是“有差别的统一”

关于是否应该构建一体化制度体系的问题，虽然国内理论界的主流呼声是通过“三步走”的战略构建起全民统一的医保制度，但是学界仍不乏相反意见。实现全民医保，一元化的制度是我国的必然选择吗？本书也试做分析。

如前所论，在医疗保障的四种模式中，社会保险模式和国家卫生服务模式是被世界各国广泛效仿和实践的两大主要模式，其中又以社会保险模式占绝大多数。社会保险模式与国家卫生服务模式之间的差异除了体现在资金来源、权利和义务的对应关系、责任主体以及管理体制等方面外，还体现在碎片化和一元化制度上。一元化的制度通常是福利国家内部以税收为支撑的国家卫生服务模式的选择。而实行社会保险模式的国家，医疗保险大多并没有依托一元化的制度覆盖全民。社会保险模式的始创者德国实行的便是碎片化的医疗保险制度。源于正式部门就业与非正式部门就业之间存在着天然的差异，如收入形式、收入水平上的不同，在大部分实行社会保险模式的国家，医疗保险从正式部门向非正式部门扩展都遇到了难题。绝大多数国家采取的做法是通过建立不同的制度、实行不同的参保缴费办法甚至分别设立不同的医疗保险基金来实现普惠全民。保障水平也经历了一个从差异化到平等化的演变过程。受《贝弗里奇报告》的影响，二

---

① 顾昕．从“养供方”到“补需方”“补供方”［N］．社会科学报，2009-05-28.

② 赵大海．我国医疗保障制度改革走向的论证［J］．江西社会科学，2014（4）：189-193.

③ 胡晓义．我国基本医疗保障制度的现状与发展趋势［J］．行政管理改革，2010（6）：23-28.

战后世界各国的福利体制经历了一个从碎片化走向整合的过程，但是除了英国和北欧等个别国家成功实现一体化转型之外，大部分的欧洲国家仍然保持着碎片化的制度。“实际上战后西方各国在社会保障一体化建设方面有很大的差异，真正的贝弗里奇式的福利模式，即全民福利模式，在任何国家（包括英国和北欧国家）都没有完全实现。而且不少国家（如法国、意大利等）在面临各种问题时比较多地采用了碎片化的方式去应对。”①

全民医保的国际经验表明，不论城镇化水平多高，农业从业者（农民）与城市正式部门的正规就业者之间依然存在异质性；即使发达的高福利国家，正式部门与非正式部门的就业者之间依然存在差异。由于这些内在异质性，很难为全体国民建立完全统一的制度。即使在成熟的福利国家，国民享受一致的待遇，但是仍不免有制度形式上的差别。这种形式差别体现在参保机制、筹资机制和管理经办等诸多方面。例如，日本国民医疗保险中职域保险和地域保险的划分、韩国国民健康保险中雇员和非雇员之间不同的筹资办法以及中国台湾全民健保的六类十四目参保缴费办法，等等。目前，我国经济与社会尚处于快速发展过程中，差异性社会是我国医疗保险制度构建的社会现实基础——利益分化、收入分配差距拉大、社会分层加剧、工业化水平低、农业人口比重大等。差异性社会中利益结构的多元化使医疗保险或医疗福利的分布也呈现出偏态化，不同程度地呈现出阶层碎片化和地域碎片化的特征。差异性社会的国情甚至将贯穿整个社会主义初级阶段的全过程。承认这一客观国情并不等于我们承认所有以此为基础的差异和分化都具有正当性和合理性，相反“政府善治必须从这些领域出发，通过‘控高’和‘控差’来‘限度差异’”②。医疗保险待遇在阶层之间以及地域之间的分层和分化是我国现阶段医疗保险制度整合应该努力克服的首要方面。即使我国还不具备同发达国家一样雄厚的经济实力，但是实现医疗福利的公平、共享仍是我们追求的目标。

差异性社会下我国医疗保险制度内部的阶层碎片化和地域碎片化是医保整合的对象，而且实现医保整合也要基于差异性社会的背景，从差异性

① 关信平．论我国社会保障制度一体化建设的意义及相关政策［J］．东岳论丛，2011（5）：5-12.

② 张祖华．论社会主义初级阶段差异性社会的生成［J］．求实，2012（4）：71-74.

社会的现实出发。由于所有参保群体的天然异质性和内在差异，一元化的制度体系也许并不是社会医疗保险模式的最优选择，因为在差异化社会的现实条件下，一元化的制度体系并不能达到低管理成本、高管理效率以及管理简便等目标。在医疗保险领域里，一元化的贝弗里奇模式可能更加适合以税收为支撑的全民免费的医疗福利模式，而移嫁到社会医疗保险制度中则可能会受到现实的冲击。尤其在我国现阶段差异性社会的基本国情下，以一元化的制度体系试图实现医保整合的政策尝试，将会遇到来自各方面的阻力。例如，职工（月工资）和农民（年收入）在收入形式上的差别，如何合理安排两者的筹资机制？鉴于就业者与未就业者之间的差别以及正规就业与非正规就业之间的差别，在权利和义务对等的原则下如何实现两者之间的普遍纳保？国内学者研究指出，“社会保障一体化取决于经济一体化程度较高、社会分化不大、中央政府财政及行政控制能力比较强大等诸多因素”①。而我国由于人口众多、地理位置分散、区域经济发展不平衡以及差异性社会的客观现实，“至少就短期而言，实行单一的医疗保险体系难以确保医疗服务获取的公平性”②。

医疗保险制度整合不等于医疗保险制度一元化。先实现“三保合二”，再通过“二保合一”，最终构建起一元化医疗保险制度的制度整合路径在实践中障碍重重。例如，在城乡居民基本医疗保险制度整合之后，如何将其与职工医疗保险顺利合并？这是一个难题，既是政策上的难题，也是财政上的难题，而且这一难题还没有太多直接的国际经验可供借鉴。

我们应该在把握医疗保险碎片化根源的基础上，结合医疗保险制度的发展规律，做出本土化的制度整合选择。整合不是简单的制度合并，不是单纯地对制度做减法，实质整合远比形式整合更有价值。一元化还是多元化，关键在于是否能够实现公平。正如本书在第2章中关于医疗保险制度碎片化概念的相关阐述，碎片化仅仅是对医疗保险制度外在表现形式的一种客观描述，把握碎片化现象的本质关键还要看其结果——有保障结果公平的碎片化，也有保障结果不公平的碎片化。如果能够以形式上的碎片化

① 关信平．论我国社会保障制度一体化建设的意义及相关政策［J］．东岳论丛，2011（5）：5-12.

② 参见世界银行发布的《中国卫生政策报告系列三：中国通向综合的医疗保险体系之路》。

达到对结果公平的追求，那么这样的制度从公平性视角上看也是处于整合状态的。典型的如德国和日本以职域与地域为划分的医疗保险制度，其碎片化制度体系下保障结果公平的做法对我国今后的制度整合工作尤其具有借鉴意义。我国医疗保险制度体系的碎片化既是形式上的碎片化，也是保障结果不公平的碎片化，因此整合的目标从根本上看应是促进医疗保险制度政策结果的公平。在实现医疗保险结果公平①的前提下，其制度形式上是一元化还是多元化并不重要，一切只是为了参保便利和管理成本最小化。

我国传统的医疗保险整合理念一直在强调制度项目的简化，给制度体系做减法。事实上这意味着我们一直在制度形式上做文章，忽略了更为关键的整合实质。以我国“一制多档”的城乡医疗保险整合方案为例，虽名为整合却恰恰是在形塑新的碎片化。“一制多档”使一体化的制度下存在着二元甚至多元的筹资水平与给付水平的对应关系，理论界将其界定为“一体多元”。“一体多元”是制度走向“再碎片化”的佐证，也是形式一元的制度内部仍然存在不公平碎片化的明证。其实，医疗保险制度整合关键不在于形式上的“去碎片化”，而在于结果上的“去碎片化”，核心在于促进医保公平。医保公平应是第一位的②。同时医保整合不是单纯地给制度做减法，它预示着一场改革，一场制度结构性调整的改革，一场医疗保险从制度普惠走向质量提升的改革，一场医疗保险从注重效率到回归公平的改革。

因此，时下我们重点努力的方向首先是重新对板块式、补缺式的制度体系做梳理和调整，使制度体系从“问题导向”下打补丁式建立逻辑的无序状态中走出来，成为有机体。其次是依托制度创新、制度结构性调整以及不可或缺的财政补贴，将多股力量形成合力，最终达到政策结果的一体化和统一，真正实现在参保环节、筹资环节以及待遇给付环节均符合公平规范的医保整合。总之，整合的重心应放在政策结果的“去碎片化”上，而制度形式上的“去碎片化”程度究竟能达到几何还要取决于实际国情与政策环境。基于国际经验和本土国情，与一元化的制度体系构想不

① 此处医疗保险结果公平可参照本书医保公平概念界定部分的内容，具体指的是参保机制的公平、筹资机制的公平以及待遇给付机制的公平。

② 关于医保公平的内涵已在第 2.3 节详述，此处不再赘述。

同，本书认为“有差别的统一”模式可能更适合我们的选择。换言之，形式有差异但结果公平的综合保险模式应该是契合我国本土化国情以及在借鉴国际经验基础上的理性选择。所谓“有差别的统一”，即基于参保人群的内在异质性，权衡管理成本，短期内可能无法在制度形式上实现完全意义上的“去碎片化”，但最关键之处是要在政策结果上实现“一体化”，达到结果上的公平和统一。

在“有差别的统一”中，所谓“差别”，即以何种因素为依据确定制度形式上的最小化的碎片化状态。本书认为，时下鉴于我国国情，“差别”可以进一步表述为短期内延续和维持城乡二元制度形式上的分立。如前所述，我国差异性社会的国情决定构建一元化的医疗保险制度只能是高成本的选择。世界上大部分采取社会医疗保险模式的国家并未选择一元化的制度。在从传统社会向现代社会转变的过程中，大部分国家的医疗保险制度经历了从城市向农村、从正式部门向非正式部门扩张的过程，然而大部分国家的医疗保险制度在扩面的过程中选择为农民或非正式部门就业者单独建制。例如，德国为农民建立专门的农民医疗保险基金、日本将农民和非正规就业者一并纳入按地域参保的国民健康保险制度、泰国2001年开始的“30铢计划”、墨西哥2004年的“大众医疗保险计划”，等等。因此与“一元化”的整合构想不同，本书认为与其花费大成本在尚未达到理想城镇化率的背景下机械构建一个城乡一元的制度，不如实行“有差别的统一”，在制度形式上延续城乡二元的同时，通过制度创新，改变传统的以个体为单位的参保原则，实施家庭保险，分别在城市和农村构建起以家庭为参保单位的社会医疗保险制度，依据财政补贴和制度结构性调整逐步实现城乡两大制度之间源参保人以及联保家属一体化的保障待遇，最终达成制度结果的整合。这也可以进一步表述为“形式有差异但结果统一”的整合模式。

所谓“形式差异”，并非意味着制度停留在城乡二元的格局下而无所作为，而是在充分尊重城乡参保群体的天然差异性的前提下，对医疗保险制度体系进行重新梳理和结构性调整。首先，核心在于将家属连带参保的家庭保险方案作为去除制度碎片化或使制度碎片化最小化的突破口。新的整合方案将分别在城市和农村创新构建起以家庭为参保单位的家庭医疗保险制度。尤其对于城市而言，家属依托源参保人（职工）实现连带参保，同时也使职工医保与居民医保的整合顺理成章、水到渠成。家庭保险计划可以使我国医疗保险制度体系演变成为城市家庭医疗保险和农村家庭医疗保险两项制度（具体制度设计将在本书第 8.3.4 节进行详述）。家庭是最主要的、最基本的社会单元，微观上家庭内部的“去碎片化”对于宏观上的“去碎片化”将有很大助益。其次，实现城乡家庭医疗保险制度的强制参保和“量能缴费”。再次，实现城乡所有参保家庭的平等化、一体化待遇给付。最后，提高统筹层次，“去地域化”，在一体化待遇的前提下提高统筹层次，提取中央统筹调剂金，实现地区间的基金整合以及地区间的政策连接。

而在“有差别的统一”中，所谓“统一”则意指结果公平。医疗保险制度整合成功的关键在于以城乡家庭医疗保险两项制度为平台真正实现保障结果统一的城乡一体化，尤其是城乡一体化的待遇给付。可见，“有差别的统一”强调形式差异下的结果统一，而非形式统一下的“一体多元”。尽管城乡家庭医疗保险制度的分别设立与目前的整合方式相比可能并不具有形式上整合城乡的意涵，但是对于民生而言，真正实现城乡所有国民平等化、一体化的医疗保障将比执拗于制度形式到底是一元化还是二元化更为实际。总之，在低城镇化率、高农业人口比重的现实国情下，彻底消除城乡医疗保险制度外在形式上碎片化的时机尚未成熟。与许多采取社会医疗保险模式的国家一样，我们完全可以在二元化的制度体系下通过家庭保险对制度进行结构性调整和梳理，实现城乡居民医疗保险政策结果的“统一”，真正实现参保机制、筹资机制以及待遇给付机制的公平整合。

最后，关于城乡二元格局下“有差别的统一”模式还有一点需要补充说明：在我国尚未实现高城镇化率之前，城乡二元的家庭医疗保险格局可能将长期存在。随着城镇化率的提升，当达到同发达工业化国家相似的近乎 80%甚至 90%的城镇化率时，再以彼时的社会背景为依据讨论二元制度是否并作一元的问题。

8.3　家庭联保方案

8.3.1　家庭联保——家庭内部去阶层化

在城市，改变职工医保的个人参保方式，实行以家庭为单位的参保方式，将职工家属全部纳入统一的城镇家庭医疗保险制度。根据有关制度文件，现行职工医保是一项同时覆盖城镇正规就业者和非正规就业者的制度。而城镇居民基本医保则主要覆盖未就业的“一老一小”和其他未就业人员。从制度设计上看，职工个人和职工家属分别由职工医保和居民医保两项制度覆盖。而通过家庭连带保险，可以直接将两大制度合并为一项城镇家庭医疗保险（见图 8-1）。与整合后的城乡居民基本医疗保险制度中城镇居民与农村居民天然的内在异质性不同，城镇家庭保险主导下的职工医保与居民医保的整合在参保群体上具有直接的内在联系。家庭保险不仅有助于缓解家庭内部的碎片化，而且能够以相对较低的成本实现医保整合。

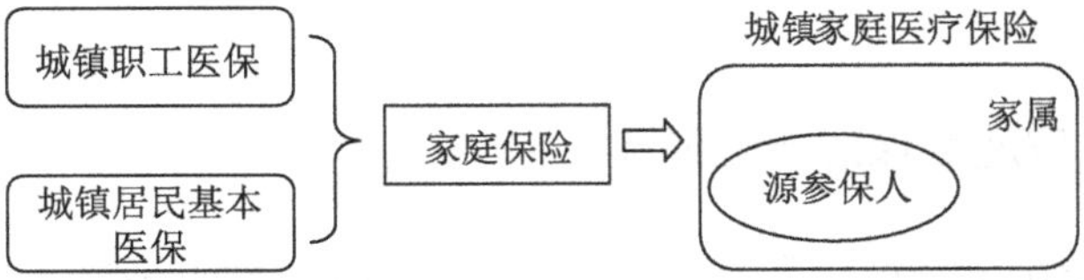

图 8-1　家庭保险下城镇职工医保与城镇居民基本医保整合示意图

以家庭为基本参保单位符合医疗保险的互助共济原则，只是需注意一点，与我国计划经济时期“福利型”劳保医疗的家属联保不同，家庭保险要坚持社会保险模式，职工家属也要履行缴费义务。由于现行城镇居民基本医疗保险已经是一项强调权利和义务对等的社会医疗保险制度，所以施行家属的参保缴费并不会遇到特别大的阻力。城镇居民基本医疗保险作为一年期的短期保险，其主要的参保对象——“一老一小”在履行缴费责任之后才能获得一年期的保障。缴费一旦终止，待遇自动终止。因此将缴费型的居民医保通过家属联保的方式纳入职工医保，并由职工医保的源参保人一并履行缴费责任，在筹资环节上不会产生强烈的改革疏离感。家属联保之后为了实现源参保人与家属统一的待遇给付，在筹资环节的改革主要表现为逐步实现“量能缴费”，逐步由定额缴费过渡到以家庭收入为基础的按比例缴费。同时财政要强化对低收入家庭，尤其是低收入的多人口家庭的参保补贴。改革后的城镇家庭医疗保险在筹资环节上将更加注重公平与可持续。此外，实现家庭成员间无差别的待遇给付还需要其他方面的改革合力，具体见第 8.3.4 节的阐述。

农村的改革思路与城市大体相似，继续巩固以家庭为单位的参保方式，将现有制度逐步建设成为农村家庭社会医疗保险制度，实现制度属性的转变。具体改革建议包括：首先，在筹资环节中探索“量能缴费”，目前定额的缴费方式存在筹资上的累退性，与医保公平原则相悖；其次，依托制度创新和财政投入逐步提高制度给付水平，实现与城镇家庭医疗保险平等的待遇给付（具体见第 8.3.4 节）。最后，不仅要消除城市居民及农村居民家庭内部的保障待遇差别，而且要打破城乡家庭间的待遇差别，实现所有城乡居民一体化的待遇给付，真正以家庭这一基本社会单元为载体，实现医疗保险制度的实质整合，构建起一个真正普惠全民、全民共享的医保制度。

8.3.2 家庭联保的历史经验

家庭联保在我国并不是完全意义上的新事物，计划经济时期的家属联保是我国家庭联保的最初尝试，新农合的家庭参保也具有家庭联保的意味。

8.3.2.1 劳保医疗时期的家属联保

早在计划经济时期我国的劳保医疗就已实行家庭联保的做法。劳保医疗是面向城镇国营企业和集体企业职工的一项医疗福利政策。劳保医疗的各项费用一部分由企业直接支付，另一部分由企业提取的劳动保险金支付。劳动保险金的提取比例并非一成不变，不同阶段也有调整。在 1953 年以前，劳保医疗经费全部由企业行政负担，1953 年改为根据行业性质分别按工资总额的 5%~7%提取，但绝不允许在职工的工资中进行扣除，全部由企业支付。1969 年之后财政部发文，调整为按工资总额的 11%提取职工福利基金，其中福利费和医疗费各占一半，主要用于职工的医疗卫生费和福利费开支。提取后的劳动保险金不仅为职工本人提供近乎免费的医疗福利，而且职工的家属不需要缴费同样可以获得连带的保障。

1951 年，原政务院颁布的《中华人民共和国劳动保险条例》第十三条规定："工人与职员供养的直系亲属患病时，可在该企业医疗所、医院、特约医院或特约中西医师处免费诊治，手术费及普通药费，由企业行政方面或资方负担二分之一，贵重药费、就医路费、住院费、住院时的膳费及其他一切费用，均由本人自理。"

1953 年颁布的《中华人民共和国劳动保险条例实施细则修正草案》对可以享受半费医疗的职工家属的范畴做出了如下界定：主要生活来源依靠工人职员供给的直系亲属，包括父母、祖父母、子女、配偶、兄弟姐妹、孙子女等均可依托职工享受劳动保险待遇。

1966 年，劳动部、全国总工会又联合发布《关于改进企业职工劳保医疗制度几个问题的通知》，对家属劳保待遇做出细微调整："按照劳动保险条例规定享受医疗待遇的职工供养直系亲属患病医疗时，除了手术费和药费仍然执行半费外，挂号费、检查费、化验费等均由个人负担。"

作为计划经济时期企业福利的一项基本内容，家庭联保有效地分担了职工家庭医疗费用，对于消除职工家庭的医疗后顾之忧、充分调动职工的生产热情和工作积极性发挥了重要的作用。然而伴随着公费劳保医疗时期的医疗费用膨胀，家属半费医疗自 20 世纪 90 年代末期开始明显松动，福利型的家庭联保政策在许多困难企业中由于面临资金问题而难以为继。劳保医疗改革时期，理论界大多从医疗费用的膨胀、企业劳保负担以及需求方道德风险方面阐释劳保医疗的弊病。家庭联保作为一项免费的职工福利，其合理性也饱受批评和质疑。设计新的职工医疗保险制度，取消家庭联保也在意料之中。然而反思这一政策抉择，劳保医疗制度下的家庭联保存在问题，并不代表家庭联保本身有问题，我们完全可以按照社会保险原则来实施家庭联保。1998 年，城镇职工基本医疗保险制度建立，选择以职工个体为参保单位，家属从职工医保系统中剥离出来。2007 年，面向职工家属的社会保险型的城镇居民基本医疗保险制度建立，对于被剥离下来的职工家属，我们选择以单独建制的方式令其获得保障，而且实行有差别的筹资机制和待遇给付机制。

如前所述，1998 年新出台的城镇职工基本医疗保险并没有提及职工家属半费医疗的问题。“半劳保”悬而未决，终将面临“不再执行”的“缺憾”①。其实，彼时部分地区也曾经探索过家属半费医疗的政策延续问题。例如，大连市政府在2000年4月颁布的《大连市城镇职工基本医疗保险实施办法》中明确规定：“大专院校在校学生或企业职工供养的享受半费医疗的直系亲属，医疗费用仍按原有关规定执行。”镇江创新性地提出依据社会保险原则实施家属住院统筹。2000年，镇江市出台的《职工子女及学生住院医疗费用统筹暂行办法》，改变了传统家属医疗半费劳保不缴费的做法，根据权利和义务对等的原则，职工子女需要缴纳一定的费用，其中50%的缴费由企业补贴。筹集资金跨企业统筹，重点保大病和住院，根据实际发生医疗费用的数量等级给予65%~95%不等的报销比例。待遇水平明显高于劳保医疗时期的家属半费医疗。这些地方探索解决职工家属的医保问题，以及延续劳保医疗中的家属联保做法，都具有非常积极的示范意义。然而地方的试点经验终究没有形成全国范围内的普遍推广。随着城镇职工基本医疗保险的实施、原劳保医疗的废止，家属联保的做法也逐渐被取消。

8.3.2.2 新农合制度中的家庭参保与家庭账户

2003年，新农合制度建立。政府文件明确其制度属性为“以大病统筹为主的农民医疗互助共济制度”②。与职工医保的强制参保原则不同，制度要求“农民以家庭为单位自愿参加新型农村合作医疗”③。学界因此将“新农合”界定为“自愿医疗保险”④。自愿原则虽然不利于全面覆盖，然而自愿参保的政策选择却是在宏观政策背景下所做出的权衡。结合为农民“免除农业税”和“工业反哺农业”的发展方向，自愿参保原则更能防止农村居民产生集资摊派感。此外，考虑实行自愿参保原则还出于改革开放后旧合作医疗“春办秋黄”导致的农民对制度的信任危机。从学理上看，只要是自愿保险就难以避免参保中的逆向选择难题，因此我国采取的是以家庭为单位的自愿参

---

① 官波．镇江市职工子女及学生住院医保改革探析［J］．中国卫生经济，2004（5）：15-17.

②③ 参见《国务院办公厅转发卫生部等部门关于建立新型农村合作医疗制度意见的通知》（国办发〔2003〕3号）。

④ 顾昕，方黎明．自愿性与强制性之间——中国农村合作医疗的制度嵌入性与可持续性发展分析［J］．社会学研究，2004（5）：1-18.

保，一定程度上规避了逆向选择的发生，使制度具有隐性强制性。

家庭参保，即所有家庭成员连带缴费纳保，不论年龄段、健康状况，均需一致选择是否参保，不允许家庭成员个体的自主选择，避免了家庭内部的逆向选择。虽不允许农民以个体身份选择是否参保，却保留了家庭整体参保的自愿性，使新农合在自愿原则下实现了全面覆盖。截至 2015 年底，全国参加新型农村合作医疗的人口达 6.7 亿人，参合率为 98.8%①。

新型农村合作医疗的筹资办法是按家庭人数定额缴费。从全国来看，2015 年人均筹资 490 元②，其中各级财政对新农合的人均补助标准达到 380 元③，平均每一位家庭成员自付 110 元。实践中新农合个人缴费部分还得到了村集体的扶持，政府文件规定“对于有条件的乡村集体经济组织应对新农合制度给予适当扶持”④，各地区结合财政能力自行确定扶持标准，进一步减轻农民家庭的缴费负担。

除实行家庭筹资纳保之外，在待遇给付上，制度实施初期为了扩大参加新农合的农民的受益面曾大力推广门诊“家庭账户”模式。所谓“家庭账户”，即以家庭为单位为参加新农合的农民建立起专门用于偿付其家庭成员门诊医疗费用的基金账户，分为自筹式和共筹式⑤⑥。其中自筹式家庭账户是将农民家庭自己缴纳的一部分费用纳入家庭账户，另一部分纳入社会统筹；共筹式家庭账户则是将农民家庭全部缴费以及政府补贴的一部分均纳入账户。共筹式家庭账户比自筹式家庭账户规模大，但是由于对社会统筹基金过于侵占，所以各地区主要采取自筹式家庭账户⑦。

自 2009 年开始，大部分地区逐步探索建立起了待遇给付水平更高的门

---

①② 参见《2015 年我国卫生和计划生育事业发展统计公报》。

③ 参见卫计委、财政部《关于做好 2015 年新型农村合作医疗工作的通知》（国卫基层发〔2015〕4 号）。

④ 参见《国务院办公厅转发卫生部等部门关于建立新型农村合作医疗制度意见的通知》（国办发〔2003〕3 号）。

⑤ 左延莉，胡善联，刘宝，等．新型农村合作医疗门诊统筹模式与家庭账户模式的比较研究［J］．中国卫生经济，2006（12）：19-21.

⑥ 邹珺，游茂．对新型农村合作医疗设立家庭账户的保险经济学分析［J］．中国卫生经济，2005（6）：21-23.

⑦ 左延莉，胡善联，刘宝，等．新型农村合作医疗门诊统筹模式与家庭账户模式的比较研究［J］．中国卫生经济，2006（12）：19-21.

诊统筹制度以取代“家庭账户”模式。作为过渡阶段的制度模式——家庭账户体现了制度对家庭内部互助共济理念的注重。理论界曾经将职工医保的个人账户与新农合的家庭账户进行对比，认为家庭账户模式更能够发挥家庭内部的互助共济作用，而且“不必对家庭成员间借用个人账户的行为进行监管……鼓励家庭对于家庭成员的健康承担更多责任，赋予家庭在医疗保健决策中更多的自主权”①。因此许多学者建议将职工医保个人账户发展成为家庭账户②③④，甚至已出现了地方先行先试。例如，2008 年盐城和深圳就开始了职工医保家庭账户的试点⑤，2009 年镇江市职工医保个人账户向家庭账户的转变⑥，2016 年浙江省出台职工医保个人账户家庭共用的政策，“结余资金可以支付近亲属（配偶、子女、父母等）的医疗保健费用”⑦。此外，2016 年义乌市⑧也开始建立家庭型个人医保账户，允许职工医保个人账户与近亲属共用。家庭账户将社会保险的互济属性发挥到了家庭的层面，是社会福利领域对家庭政策理念的重视和应用。

8.3.2.3 城镇居民基本医疗保险制度的家庭缴费

2007 年，面向城市未就业人员尤其是家庭中“一老一小”群体的城镇居民基本医疗保险制度建立。同新型农村合作医疗制度一样，城镇居民基本医疗保险制度也具有一定程度的家庭保险特色。关于参保筹资，制度要求“以家庭缴费为主”“政府适当补贴”“有条件的企业要对职工家属缴费进行补贴，国家对企业补助部分实行税收优惠”⑨。虽然政策上倡导家庭

① 杨同卫．新农合家庭账户、城镇职工基本医保个人账户的作用分析［J］．中国医学伦理学，2012（2）：216-218.

② 胡启良．职工医疗保障制度改革新思路——建立家庭医疗账户［J］．卫生经济研究，1998（5）：35-36.

③ 芦静，蒲晓红．城镇职工基本医保建立家庭账户的可行性［J］．经济导刊，2009（7）：109-110.

④ 杨同卫．新农合家庭账户、城镇职工基本医保个人账户的作用分析［J］．中国医学伦理学，2012（2）：216-218.

⑤ 芦静，蒲晓红．城镇职工基本医保建立家庭账户的可行性［J］．经济导刊，2009（7）：109-110.

⑥ 李芃．镇江医保探路：个人账户向家庭账户过渡［J］．就业与保障，2009（7）：40-41.

⑦ 林莉．浙江医保个人账户可家庭共享［N］．健康报，2016-07-18.

⑧ 张国亮．义乌建立家庭型个人医保账户可与近亲属共用［EB/OL］．（2016-06-22）［2019-12-13］．http：//m. cnr. cn/news/20160622/t20160622_ 522465996. html.

⑨ 参见《关于建立城镇居民基本医疗保险制度的决定》（国发〔2007〕20 号）。

缴费，但是由于家庭中的就业者主要参加城镇职工基本医疗保险，所以实际中主要是家庭成员中没有医保待遇的“一老一小”进行纳保缴费，因此家庭参保只流于形式，并没有得到更进一步的发展。随着近年来医疗保险制度整合的推进，也有学者注意到整合之后的城乡居民医疗保险在家庭参保单位上是否应该取齐。新农合“管理到户”，而城乡居民医疗保险则是“精确到人”①。如何将不同参保模式的两项制度整合到一起，这也是城乡医保整合主要面临的难题。

8.3.3　家庭联保政策的理论基础

8.3.3.1　家庭政策内涵

西方国家 19 世纪末就出现了现代意义上的家庭政策，正式展开对家庭政策规范研究是在 20 世纪 40 年代。关于家庭政策的内涵，西方理论界认为有广义和狭义之分。广义家庭政策概念的代表是由卡梅尔曼和卡恩（Kamerman & Kahn，1978）提出的外显性（explicit）和内隐性（implicit）的家庭政策②。其中，外显性的家庭政策是指具有直接而明确的家庭目标，并以家庭为对象的政策；内隐性家庭政策是指没有明确的家庭目标但对家庭会有影响的政策。在 Kamerman 和 Kahn（1978）看来，广义上的家庭政策就是社会政策。此外，又有学者提出狭义家庭政策的概念，Moss 和 Sharpe（1979）认为家庭政策与社会政策的区别体现在家庭政策主要针对的是家庭中的个人或者说是承担家庭角色的个人，政策目标关注的是家庭福利和个人从家庭获得的福利③④。Zimmerman（1995）也认为家庭政策和社会政策并无本质区别⑤，唯一差别体现在家庭政策把重点放在家庭和个人的家庭角色上⑥。Chiara Saraceno 等（2012）认为家庭政策指的是“以

① 宫强，胡京，陈莉．城乡居民医保应建立家庭账户吗［J］．中国社会保障，2013（6）：82.

② KAMERMAN S B，KAHN A J. Family policy：Government and families in fourteen countries [M]. New York：Columbla University Press，1978：5.

③ MOSS P，SHARPE D. Family policy in Britain ［A］ //BROWN M，BALDWIN S. The year book of social policy in Britain [M]. London：Routledge and Kegan Paul，1979.

④ 陈卫民．我国家庭政策的发展路径与目标选择［J］．人口研究，2012（7）：29-36.

⑤ ZIMMERMAN S. Understanding family policy：Theories and applications ［M］. London Sage，1995.

⑥ 陈卫民．我国家庭政策的发展路径与目标选择［J］．人口研究，2012（7）：29-36.

家庭为对象，以提高有子女家庭的福利为目标的一系列立法措施、财政补贴和服务”①。综上，西方理论界普遍认为家庭政策与社会政策有着天然的联系，只是与社会政策相比，家庭政策更加强调政策对家庭的直接影响和干预。

西方福利国家对家庭政策极其看重，更是将福利国家的政策目标定位于旨在通过社会福利分担和替代部分家庭责任以弥补工业化和市场化环境下家庭功能的不足，并在构建福利国家过程中侧重以家庭为载体的福利政策，如子女津贴、家庭税收优惠、医疗卫生服务提供、住房补贴等。20世纪90年代以后，作为社会政策的主要研究领域，家庭政策越来越受到关注，并且成为福利国家应对福利危机的一个有效手段。不论自由主义福利国家还是社会民主主义福利国家，都出现了从消极福利向积极福利的转型，即从提高工人的福利水平转向提高工人的就业能力；从帮助工人寻求市场之外的保护转向推动工人积极参与市场；从去商品化转向再商品化②。对有就业者的家庭进行政策倾斜，如家庭联保、税收减免、儿童津贴等，此类制度设计能够在一定程度上增加和促进就业，是积极福利理念的延伸。

中国的家庭政策研究始于20世纪80年代③。国内部分学者对家庭政策的界定也沿袭了西方的理论传统。胡湛、彭希哲（2012）认为家庭政策主要是指政府用于稳定家庭和承担家庭功能而针对家庭所推行的社会政策。刘继同（2016）指出家庭政策是现代社会的产物，现代家庭政策的本质属性是社会福利政策。吴帆（2012）认为家庭政策应以家庭整体为对象，旨在增强家庭发展能力、替补与完善家庭功能、提升家庭成员福利水平。而国家层面家庭政策主要是国务院及各部委制定并推行以家庭整体为目标对象的各项法律法规条例及社会项目与行动的总和。在实践层面，我国的家庭政策目前仍然主要是补缺式，重点体现在对问题家庭的扶持

---

① SARACENO C，LEWIS J，LEIRA A. Families and family policies [M]. Cheltenham：An Elgar Research Collection，2012.

② 李姿姿．国际社会政策研究近期发展综述：理论、领域和视角 [J]．甘肃行政学院学报，2014（1）：60-73.

③ 祝西冰，陈友华．中国家庭政策研究：回顾与相关问题探讨 [J]．社会科学研究，2013（4）：111-119.

上，如城市贫困家庭、残疾人家庭、农村五保家庭等，而非问题家庭几乎无法获得任何家庭福利。对于普通家庭我国的家庭政策长期处于缺位的状态，中国福利模式缺乏家庭政策的相关内容①。在整个社会政策领域中，家庭甚至是一个少被提及的概念②。从某种程度上讲，在社会转型期，家庭政策的缺位导致家庭脆弱性增强。计划经济时期，单位是主要的福利供给源，经济体制改革之后，保障的责任主体从单位下沉至家庭。家庭承担起了保障成员所有生活风险的重担，而社会对家庭的支持却非常有限。部分高给付水平的社会保险项目均以就业为准入门槛，家庭中除了正规就业者，大部分成员无法获得这些社会保险待遇。个人本位性的社会保险制度使家庭整体保障不足。家庭政策的缺失使每一个家庭都成为潜在的弱势群体，一旦遭遇较大风险，生活即陷入瓶颈。在医疗领域家庭灾难性医疗支出即是一例。此外，子女的教育问题、家庭的住房问题、养老问题等均使家庭步履维艰。

针对这一问题，学者们建议强化我国社会政策领域的家庭政策设计。社会治理的最佳层次、最基本单元和最佳介入点、最佳结合部、最佳落脚点是家庭③，应“明确将家庭作为基本福利对象”④，确立“以家庭为导向”的社会政策价值基础⑤，提高以家庭为单位的福利保障水平⑥。政府通过家庭政策对社会成员进行福利输送，有利于扩大福利的受益面。在社会保险领域，我们可以尝试以家庭为单位的社会保险制度，尤其是医疗保险制度，应该实现家庭成员之间的互济和一体化。我国有着家庭保障的传统，对家庭责任的重视是儒家文化传统。养老保险领域一直强调家庭养老与社会养老的结合。家庭本位的社会保险制度既契合我国儒家思想中家庭

① 岳经纶，斯坦·林根，陈泳欣．中国正在建立怎样的福利国家［J］．中国公共政策评论，2013（7）：1-20.

② 张秀兰，徐月宾．建构中国的发展型家庭政策［J］．中国社会科学，2003（6）：84-96.

③ 刘继同．中国现代家庭福利政策的基础性、战略性地位［J］．社会政策研究，2016（1）：98-110.

④ 胡湛，彭希哲．家庭变迁背景下的中国家庭政策［J］．人口研究，2012（2）：3-10.

⑤ 吴帆．我国家庭政策体系现状及发展路径［N］．中国人口报，2012-01-23（003）．

⑥ 陈卫民．我国家庭政策的发展路径与目标选择［J］．人口研究，2012（7）：29-36.

本位的伦理文化[①]，也符合国际规范和国际趋势。

8.3.3.2 各国（地区）医疗保险制度中的家庭联保

欧美福利国家是家庭政策的先行者，各国（地区）在社会福利建设过程中积累了大量的发展家庭福利制度的经验。医疗卫生是家庭政策的一个重要方面，大部分国家都将家庭政策理念融入医疗保险的制度建设中。1995年美国社会保障署编写的《全球社会保障》中统计[②]，在165个国家和地区中，有64个国家和地区没有建立医疗保障，其余101个建立医疗保障的国家和地区中有66个采取了社会保险型的医疗保险模式，26个建立了卫生服务型医疗保障，以及仅有2个有个人储蓄账户型（新加坡和马来西亚）。而在66个采取社会保险型的医疗保障模式的国家和地区中，有43个实行家属联保（约占65%），其中40个国家和地区规定参保人家属不需要缴费，待遇给付水平与源参保人一致；另有3个国家和地区虽然实行家属联保，但是需要家属个人缴费，强调权利和义务的对等（中国台湾、阿根廷和法国）。除社会保险模式外，几乎所有采取国家卫生服务模式的国家和地区都以税收为基础对包括家属在内的全体民众实行统一的医疗保障，因此在26个实行国家卫生服务模式的国家和地区全部实现了医疗保障对所有家庭成员统一而公平的覆盖。至此，我们会发现世界各国（地区）的医疗保障不论采取何种模式，实行家庭联保是政策主流。本书第7章中除了重点阐释构建社会保险型医疗保险制度的中国台湾、日本以及韩国在推进全民医保以及医保整合过程的经验教训之外，我们还详细了解到这些国家和地区医疗保险制度均采取家庭联保方式。日本社会医疗保险体系分为职域保险和地域保险两大类，前者覆盖正式部门雇员，后者覆盖非正规就业者及农民，两大制度都实行家庭联保。职域保险中家属不需要缴费即可以获得同源参保人一样的待遇；地域保险则要求以家庭为单位筹资参保。缴费时要考虑家庭结构和规模，对于多人口家庭，政府还会有相应的筹资优惠。最终，职域保险和地域保险的所有参保人都可以获得一致的待

---

① 曹永福，范瑞平．建立中国“家庭医疗账户”的伦理论证：儒家的家庭伦理、“爱有差等”及卫生改革［J］．伦理学研究，2011（1）：27-31.

② 王超群，李珍，刘小青．中国医疗保险制度整合研究［J］．中州学刊，2015（10）：69-73.

遇给付。韩国的家庭联保与日本具有很大的相似性。韩国 2003 年实现了医保整合，以一体化的健康保险制度覆盖全民，但是对不同的参保人仍然制定了不同的筹资办法。正式部门雇员以收入为基础“量能缴费”，雇员家属不需缴费就可以连带获得参保资格。非正规就业者以及农民同样实行家庭参保，家庭缴费水平考虑家庭收入和资产情况以及以家庭规模为依据，最终所有的源参保人及家属都可以获得平等一致的待遇。中国台湾的全民健保同样是家属联保，只是与日本和韩国不同，雇员家属获得联保资格也需要履行缴费的义务。全民健保制度把所有的纳保人分为六类十四目，每类人群按规定可申报若干位无职业的家庭眷属参保。超过三口者，以三口计。眷属人口越多的家庭缴费负担越轻。眷属的保险费由源参保人一并缴纳。对于部分低收入群体还可以获得不同程度的财政补贴。同日韩一样，中国台湾的全民健保也实现了结果公平，制度赋予了包括家属在内的所有纳保人平等一致的待遇给付。除本书所选取的东亚地区实行社会医疗保险模式的几个典型代表外，欧美大部分国家不论采取国家卫生服务型还是社会保险型也都选择了家庭联保，典型的如英国、加拿大、德国、法国以及北欧福利五国等。结合欧美国家悠久的家庭政策传统，医疗保障中的家庭联保也是普遍选择的政策模式。

8.3.3.3　对我国的启示

家庭联保是我国与成熟医疗保险制度国家在制度体系中最主要的区别之一。个人本位的参保机制结合“问题导向”下补缺式的制度设计思路，使我国的医疗保险制度呈现多元碎片化的态势。20 世纪末，精英主义导向的社会保险制度优先覆盖城镇正规就业者，并提供了相对高水平的保障。直至现在，非正规就业者、未就业者以及农民的医疗保障待遇仍难以望其项背。个人本位的医疗保险导致家庭应对疾病风险能力的减弱。即使家庭中的主要劳动力参加了城镇职工医疗保险，但是其保险待遇无法正当合理地在家庭成员之间转移共享，其家属患病时或是处于无保障状态，或是在低给付水平的城镇居民医疗保险项目中寻求有限的补偿。结合家庭政策的理论启示，社会政策应该有助于家庭成员履行家庭义务、分担家庭责任和风险。在现代社会，家庭仍旧是最基本的单元，家庭成员的疾病风险并非冲击个人，而是影响家庭。从这个角度看，未就业家庭成员的疾病风险直接演变成家庭主要就业者的支付风险，也就等于是整个家庭的支付风险。尤其对于那些没有任何收入来源的“一老一小”群体，在面临疾病风险时没有任何的自我保障能力，只能依附于有收入的赡养者或抚养者。为了提高家庭的抗风险能力，医疗保险制度需要为他们的家属提供一份连带的保障。医疗保险待遇给付不能仅仅面向就业者，应遵循家庭联保的思路，从家庭这一基本社会单元入手，实现所有家庭成员的公平共享。而且，对于我国碎片化的医疗保险制度，家庭联保还有助于缓解阶层碎片化。去阶层意义上的碎片化，首先从整合家庭内部医保碎片开始。以家庭为单位统一纳保，遵循社会保险的原则进行统筹运作，逐步实现国民的平等待遇，很大程度上将助力医保整合。

8.3.4 家庭联保政策下的整合方案设计

不论从家庭政策的有关学理上，还是从我国医疗保险制度已有的家庭保险经验上，不难发现家属连带参保政策对于提高每个家庭的风险应对能力以及增强社会互助共济功能都具有非常积极的作用。尤其时下各地先行探索的职工医保家庭账户更凸显我国正在逐渐强调家庭保险的意涵。不仅如此，依托家属联保还可以实现城镇职工医疗保险与城镇居民基本医疗保险的制度整合。与现有城乡居民医疗保险整合方案单一追求城乡户籍整合的思路不同，家属联保主导下的城镇职工医疗保险和城镇居民基本医疗保险制度整合，结合对农村居民家庭参保的强化，为我国的医保整合事业提供了一个新视野和新路径。

8.3.4.1 城镇：家庭联保下职工医疗保险与居民基本医疗保险的整合

(1) 参保对象与覆盖范围。

从覆盖范围上看，城镇所有居民可通过家属联保将原来家庭内部分立的两大制度——职工医疗保险和居民基本医疗保险整合为一。在城镇，只要家庭中有就业者，不论是正式部门就业者通过单位参保，还是非正式部门就业者以个人身份参保，都将其未就业的家属一并纳保。我国的职工医疗保险制度运行已经比较成熟，不论单位参保还是以个人身份参保都有一套完整的参保平台、基金管理平台以及待遇发放平台。将职工家属一并纳入，现有制度具有技术上以及管理上的能力，完全能够提供一个良好的制度支撑。关于家属的界定可以结合我国新农合家庭参保的范畴并借鉴国际经验，建议主要限定为三代以内的直系血亲和二代旁系血亲以及配偶及配偶的父母等，具体包括被保险者的配偶、子女和父母以及兄弟姐妹乃至岳父母等。在这一家属的范畴界定下，大部分家庭至少都有一位就业者，而只要具有一位就业者就可实现全家连带参保，不仅扩大了制度覆盖范围，而且具有一定的就业激励和就业促进作用。对于完全无就业家庭或低收入家庭，政府将进行参保补贴。

（2）筹资政策。

家庭联保眷属需要缴费吗？对比国内外经验，德国家属联保不缴费，法国则需缴费；中国台湾的全民健保家属需要缴费（但至多按三口人征收）；日本职域健康保险的家属不需要交费，而地域健康保险则针对家庭收费（多人口家庭会适当得到财政补贴），同时政府对家庭缴费给予资助；韩国职业保险家属不缴费，地区保险要视家庭结构缴费。结合我国的社会基础、制度基础及财政能力，城镇实施家庭保险之后职工与家属均应缴费。由于城镇居民医疗保险建立之初就是一项缴费型的社会保险而非福利型制度，所以对城镇居民（主要是“一老一小”群体）实行缴费纳保不会有较大的制度阻力和变革压力，且基本保持原有的缴费水平不变，企业和政府对家属参保适当给予财政支持。只是与现行均等化的财政补贴不同，家庭保险之后政府扶持力度要与家庭规模和家庭收入情况相关。对高收入家庭降低补贴标准，对多人口家庭以及低收入家庭可以适当增加政府补贴。财政扶持的结构性调整，目的在于更加注重向弱势群体的政策倾斜，充分发挥制度亲贫效应。在不增加政府支出总量的前提下，结构性调整有助于实现财政资金总效用的最大化。随着制度走向成熟，以及我国个人收入申报系统的完善，筹资机制逐步向更加公平的“量能缴费”机制过渡，以具有累进性的“量能缴费”代替家属的定额缴费办法。源参保人与家属均以家庭收入及资产为基础按比例缴费以及按比例获得政府补贴，筹资机制将更加公平及可持续。

（3）家庭成员间平等的待遇给付。

关于待遇给付，首先，实行家属连带参保之后城镇家庭医疗保险实行统一的“门诊统筹+住院统筹”的基金运作模式。取消职工医保个人账户，改为门诊统筹。其次，基于我国的现实国情以及制度总体的资金能力和保障能力，在待遇给付上仍需注意以下两点：一是保留门诊段和住院段的起付线和封顶线；二是注重结果公平，在待遇给付环节实行统一的起付线、封顶线和共付比例。

关于起付线和封顶线，国际经验和惯例是保留一侧。大部分国家在待遇给付机制中只设置起付线，或只设置封顶线。因为在对医疗服务需求方进行费用控制的同时还要保证制度能够切实减轻参保人的医疗费用支付负担，不会出现由支付能力低导致的减少医治或放弃医治的现象。甚至在一些高福利国家同时取消起付线和封顶线，统筹基金实行零门槛，并且在封顶线的设置上也具有和我国制度完全不同的内涵。我国的封顶线是统筹基金的封顶线，封顶线以上的部分将全部由个人自付；而在这些高福利国家，封顶线则为个人支付的封顶线，一旦超过此线，全部医疗费用均由医疗保障供给。国际经验让我们看到了医疗保险领域的高福利，只是我国现在还不具备构建同等水平医疗福利的条件。但是经济发展结果终将惠之于民，未来高水平福利将是全社会和全体国民的期许。时下，鉴于我国的经济发展水平，整合之后的城镇家庭医疗保险仍需保留起付线和封顶线，但源参保人和家属的具体标准要一致。不论起付线、封顶线还是报销比例，城镇家庭医疗保险的所有纳保人均实行统一的标准（关于可行性将在后面章节具体论证）。随着制度保障能力的提升和国家财政实力的强大，还要逐步探索对家庭中易患病群体，如6岁以下儿童以及80岁以上老人实行特殊优待，适当增加制度支付比例，降低个人自付的部分。此外，还要适当加强对贫困家庭的制度扶持和财政补贴。贫困家庭应对疾病风险的能力较弱，因此制度也要注重对这部分家庭的特殊优待。总之，在待遇给付水平全民统一的前提下，适度向婴幼儿群体、高龄老年人群体以及贫困家庭倾斜。

（4）管理经办。

与整合城乡居民医疗保险可能伴随的管理经办机构之争不同，家庭保险方案下城镇职工医疗保险与城镇居民基本医疗保险的整合并不存在管理经办的矛盾。目前两大制度全部由人社部门主管，整合之后继续由原部门一并管理城镇家庭医疗保险则顺理成章。统一经办的争议小，阻力小。通过家庭保险实现职工医保与居民医保的整合，两制并作一制，可以节省大量的行政管理成本。而且将家庭作为基本参保单位比个人参保更易管理，更能实现互助共济和基金统筹①。

以上是针对城镇家庭保险方案制度设计的几个主要方面所做出的重点阐述。在城镇整合为一体化的制度之后，农村地区的医疗保险制度将如何实现整合？或者说是否应该把农村的制度与城镇的制度进行整合，以及如何整合？下文的论述除主要回答这些问题外，还会针对时下理论界的“一元化”制度体系之争给出一些具体意见。

8.3.4.2　农村：家庭联保下的社会保险属性转变及待遇提升

农村地区要继续强化家庭参保机制，与城镇家庭医疗保险制度一致，此外，还要强调合作医疗制度属性向社会医疗保险制度属性的转变，真正构建起以家庭为单位纳保的农村社会医疗保险制度。

（1）新农合向社会医疗保险制度的转变。

新农合制度逐步向社会医疗保险制度转变。这种转变不仅仅是制度名称上的更迭，更意味着要以社会保险的原则调整、规范和完善制度。

首先，变准强制参保为强制参保，而且是以家庭为单位进行参保。大部分实行社会保险模式的国家，其医疗保险制度都遵循强制参保原则，即使为农民群体单独建制，也仍是强制参加。社会保险的强制原则能够彻底有效地防范逆向选择，保证制度的可持续性。我国新农合制度自愿参保改变难，不仅在于制度理念，更在于有着深刻的社会背景和历史渊源。我国自 2000 年开始试点减征或免征农业税的惠农政策，2003 年在全国推广农业税费改革，2006 年 1 月 1 日，国家正式通过立法全面取消农业税，终结了沿袭 2000 年之久的一项传统税收。结合全面为农民“减负”和“工业反哺农业”的发展方针，自愿参保原则更能防止农村居民产生集资摊派感。新农合制度初建时在筹资机制上选择自愿原则也是在宏观政策背景下所做出的权衡。此外，自愿原则还与制度建立初期农民参加新农合的意愿相关。1998 年全国卫生服务调查结果显示，愿意参加合作医疗者仅占

① 参见世界银行发布的《中国卫生政策报告系列三：中国通向综合的医疗保险体系之路》。

51%，不愿意参加合作医疗的农民群众仍占相当比例①。自1978年农村集体经济改革导致传统合作医疗迅速瓦解后，合作医疗制度恢复重建走过了一个愈加艰难的历程。各地农村多次尝试恢复重建，几经起落，由于缺乏稳定的筹资来源，"春办秋黄"的现象多见。为了打破信任危机的瓶颈，赢取更多农民的制度认同和制度信任，新农合建立之初在筹资机制设计上采取自愿原则并强调政府财政扶持。然而，随着制度的运行完善，农民对制度的认同感以及社会保险意识逐渐增强，自愿参保的合作医疗蜕变为强制参保的社会医疗保险时机终将成熟。

其次，逐步将定额缴费调整为以收入为基础的"量能缴费"。根据社会医疗保险的公平原则，以收入为基础的"量能缴费"才是公平的。对农村居民的社会医疗保险进行"量能缴费"改革要逐步展开。我国现在农民群体内部出现了多元分化（见表8-1），数据显示，一方面，东部发达地区的农村居民年收入甚至远高于内陆部分省份的城市居民年收入；另一方面，部分地区富裕农民的收入水平甚至超过了同地区城市居民的收入水平。2012年，华中师范大学中国农村研究院发布的《中国农民经济状况报告》和中国社科院发布的《2012年农村绿皮书》都对2011年中国农村居民内部收入的基尼系数进行了测算，数据分别为0.3949和0.3897，已经接近国际预警线。对于一部分先富起来的农民，完全具备缴费能力。对于这部分农民，要逐步降低财政赋予的缴费补贴，而将有限的财政资源更多地向低收入农民以及贫困山区或贫困地区的农村进行倾斜。

表8-1　农村居民按收入五等分分组的人均可支配收入　　单位：元

组别	2013年	2014年	2015年
低收入户	2877.9	2768.1	3085.6
中等偏下户	5965.6	6604.4	7220.9
中等收入户	8428.3	9503.9	10310.6
中等偏上户	11816.0	13449.2	14537.7
高收入户	21323.7	23947.4	26013.9

资料来源：《中国统计年鉴（2016）》。

① 王保真．我国农村合作医疗制度的发展与完善［J］．中国卫生经济，2000（12）：13-14.

时下，政府对农民参保的财政补贴具有平均主义趋势。中央财政仅以东中西部区域划分作为补贴标准、划分依据的做法难以实现“精准”；地方财政对同一地区参保人“一视同仁”式的均等化补贴办法，既进一步降低了高收入农户的缴费负担，又无法实现对低收入农户的重点扶持。未来财政补贴应结合家庭实际收入水平适当做弹性的调整。除财政补贴的低精准性外，定额缴费还使筹资机制具有累退性，高收入农户的实际缴费率偏低，低收入农户实际承担的缴费负担更重。按收入阶层划分，最高收入组的实际缴费率仅为 0.42%，而最低收入组却达到了 3.56%（见表 8-2 和表 8-3）。

表 8-2　按地区划分的新农合实际缴费比（2015 年）

地区	农民人均可支配收入/元	新农合实际缴费比/%
东部	14297.4	0.77
中部	10919.0	1.01
西部	9093.4	1.21
东北部	11490.1	0.96
全国	11421.7	0.96

表 8-3　按收入五等分分组的新农合实际缴费比（2015 年）

组别	农民人均可支配收入/元	新农合实际缴费比/%
低收入户	3085.6	3.56
中等偏下户	7220.9	1.52
中等收入户	10310.6	1.07
中等偏上户	14537.7	0.76
高收入户	26013.9	0.42

注：以上两个表格中农民人均可支配收入均从《中国统计年鉴（2016）》获得；新农合实际缴费比为笔者收集数据自行计算获得，公式为 2015 年全国新农合人均个人筹资额÷农民人均可支配收入。

从根本上讲，“量能缴费”的筹资原则是农村社会医疗保险的发展趋势，是权利和义务对等的社会保险制度的必然要求。随着我国城镇化率的提升、农业劳动者比例的降低以及农民收入水平的提高，“量能缴费”将是实现制度公平、可持续发展的有力保障。只是结合我国农村地区内部差异化以及整体相对落后的发展现状，需要逐步向“量能缴费”过渡，一些相对发达地区的农村可以先行试点“量能缴费”，取得经验后逐步在全国推广，伴随我国社会保险费改税的改革，“量能缴费”原则下的社会医疗保险筹资也更具可行性。总之，未来新农合制度要把握时机，适时转变观念，逐渐向真正意义上的农民社会医疗保险转变。强制参保与“量能缴费”也是我们应该随时准备迎接的重要转变。

（2）稳步提高待遇给付。

世界上大部分国家都对农民的医疗保险进行了不同程度的财政扶持。即使高城镇化率的发达国家，农业已经蜕变为农场（农业企业）集约经营，农场中的雇佣工人同产业工人一样参保雇员医疗保险，而农场主家庭成员，包括配偶以及一起劳作经营的直系血亲则需要加入农民的医疗保险。大部分国家农民医疗保险按年缴费，并且可以获得来自政府的财政扶持，依托财政能够达到同雇员医疗保险一致的待遇水平。借鉴国际经验，我国新农合制度在建立之初也明确了财政对农民参保的扶持。新农合在2003年开始试点时首次明确强调中央和地方各级财政每年要安排一定专项资金予以支持。这是我国政府历史上第一次为解决农民的基本医疗保障问题而进行大规模的财政投入。2016年各级财政对新农合人均补助标准总计达到420元①。除财政扶持外，制度还规定有条件的集体经济组织对制度给予适当扶持。但是由于农村集体经济组织收入来源的不确定性和不稳定性，从全国来看其尚未成为新农合稳定的筹资渠道。

因此从筹资结构来看，新农合待遇的提高主要依托个人缴费水平的提高以及政府扶持力度的加大。实现新农合与城镇居民基本医疗保险的平等待遇有两种路径：一是诉诸经济发展和城镇化率的提升。随着我国经济的增长以及农民收入水平的提高，新农合基金日渐庞大。在我国的共享发展理念下，城乡医保待遇一致必定指日可待，缺点是短时间内恐怕无法快速实现。二是通过一些制度创新和制度改革实现待遇提升，具体建议有：适当追加部分财政投入、提高统筹层次以及适当增加缴费。时下，我国医疗

---

① 参见国家卫生计生委、财政部联合印发的《关于做好2016年新型农村合作医疗工作的通知》（国卫基层发〔2016〕16号）。

卫生支出占 GDP 的比重偏低，为提高农村居民医保待遇，适度追加一部分财政投入应具有一定的空间。此外，对农民进行“量能缴费”也能增加一笔可观的资金收入，两改并作一举，能够在短时期内实现城乡居民医保待遇的一体化。关于可行性将在第 8.4 节专门阐述。

8.4　一体化待遇给付的经济可行性思考

城乡医保整合后，将会有近 10 亿人口参加整合后的制度，如果全靠政府财政补贴来实现与职工医保相同的待遇给付确实是难行也几乎是不可行的。而通过家庭联保模式，职工作为源参保人履行缴费的责任，其家属作为连带参保人获得保障，同时探索“量能缴费”模式改革筹资基金，再结合财政扶持力量的结构性调整，这与囿于城乡整合的思路和方案相比，在经济上更可行，在参保意愿上也更可行。

8.4.1　城镇家庭内部一体化待遇给付的经济可行性

关于统一的起付线、封顶线尤其是关于统一的制度支付比例，也许会有人质疑我国是否具备对职工和家属实行统一待遇的条件。基于职工医保待遇的刚性，两者的统一只能通过提高家属待遇来实现。目前整合城乡医保的试点在目标定位上只能将制度支付比例统一至 75%①，尚且无法消除与职工医保（85%~95%）制度支付比例之间的鸿沟。而本书提出的家庭联保整合方案力图将职工与家属的医保待遇拉平，这是否具有经济上的可行呢？这其中 10%~20%的待遇差如何消除呢？本书认为，在医保基金有限的情况下，如果我们无法大规模追加财政扶持，那么只能诉诸制度创新以及制度结构调整来实现待遇提升。

第一，鉴于职工医保个人账户的诸多弊端，本书主张取消个人账户，实行统一的门诊统筹。家庭联保整合后取消职工个人医疗储蓄账户，直接将其并入门诊统筹，既充实统筹基金，又可以节省原个人账户的管理成本。

---

① 参见《国务院关于整合城乡居民基本医疗保险制度的意见》（国发〔2016〕3 号）。

第二，家庭联保方案实施之后，职工医保与居民医保两制并作一制，同样可以节省可观的制度管理成本。

第三，家属联保可以扩大制度的覆盖面。家庭中只要有一位就业者就可以实现全家联保，与原制度（居民医保）相比，家属作为连带参保人非但不增加缴费，还可以获得统一水平的待遇给付。如此的制度设计与旧制度相比具有较强的吸引力，不仅可以扩大覆盖面，而且会对整个社会形成就业激励。依据社会保险学理，大数法则下，更广泛的覆盖面意味着更广域的社会互助共济和更充足的基金供给，并最终兑现为更高水平的待遇给付。

第四，逐步探索以家庭为单位的“量能缴费”，取代定额缴费的筹资办法，使筹资机制更为公平，具有累进性和再分配效应。

第五，在公平、共享的理念下，顺应经济增长之势，政府财政适当追加对城市低收入家庭的参保补贴。

第六，不断提高统筹层次，“去地域化”的同时，通过地区之间医保基金的统筹调剂进一步提高医保基金的保障能力。

8.4.2 城乡之间一体化待遇给付的经济可行性

借鉴各国（地区）的经验，大部分医疗保险体系成熟的国家（地区）都对非正式部门就业者尤其是农民的医疗保险进行了不同程度的财政补贴。因此，家庭联保整合方案实施之后如何实现城市家庭医疗保险与农村家庭医疗保险之间的一体化待遇给付，建议可主要从适度追加政府财政补贴以及逐步实现“量能缴费”两方面入手。

首先，总体上看我国医疗卫生支出占 GDP 的比例一直偏低，未来还有很大的提升空间（见表 8-4）。根据世界银行的统计数据，2014 年，我国卫生支出占 GDP 的比重为 5.5%，明显低于中等收入组的均值（5.8%）、东亚与太平洋地区的均值（6.9%）以及全球的均值（9.9%）。目前我国已经迈入中等收入国家行列。2010 年我国人均收入为 4260 美元，按照世界银行 2010 年的标准，我国已达到中等偏上收入国家①。接下来我们就以 2014 年的数据为例进行论证，2014 年，全国卫生费用总支出达到 35378.9 亿元②。同期新农合全年筹资总额达 3025.3 亿元，人均筹资 410.9 元，全国新农合基金支出 2890.4 亿元。以 2014 年的 GDP 数据（635910 亿元③）为基础，若将我国卫生支出占 GDP 的比重提高至中等收入国家的平均值 5.8%，预计将会增加 1908 亿元的资金投入，约相当于同期新农合年筹资额的 63%和年基金支出额的 66%。追加如此规模的财政资金势必将转化成相当于原待遇水平 60%左右的待遇给付提升。以 2014 年全国新农合 50%的门诊报销比例和 75%的住院报销比例为例进行计算④，经过相当于原待遇水平 60%左右的待遇给付提升，完全可实现与城镇职工医疗保险相同的待遇给付。

表 8-4　世界各国（地区）卫生费用对比　（%）

项目	卫生支出占GDP的比例（2014年）	政府卫生支出占卫生总费用的比例（2014年）	个人卫生支出占卫生总费用的比例（2014年）	政府卫生支出占政府总支出的比例（2011年）	社会保障性卫生支出占政府卫生总支出的比例（2011年）	自付费用占个人卫生支出的比例（2014年）
英国	9.1	83.1	16.9	16.0	—	57.7
德国	11.3	77.0	23.0	19.1	88.6	57.3
法国	11.5	78.2	21.8	15.9	92.3	29.1
瑞典	11.9	84.0	16.0	15.1	—	88.1
美国	17.1	48.3	51.7	20.3	86.0	21.4
加拿大	10.4	70.9	29.1	17.4	2.0	46.8
阿根廷	4.8	55.4	44.6	21.7	64.1	68.9
澳大利亚	9.4	67.0	33.0	17.2	0	57.1
日本	10.2	83.6	16.4	19.4	87.6	84.8
韩国	7.4	54.1	45.9	13.5	78.9	78.5

① 中国已列入中等收入国家［EB/OL］.(2012-11-29)［2019-12-13］. http://www.guancha.cn/Macroeconomy/2012_11_29_111908.shtml.

② 参见《2014 年我国卫生和计划生育事业发展统计公报》。

③ 参见国家统计局公布的 2014 年 GDP 最终核实数据。

④ 参见《国家卫生计生委部署 2014 年新农合工作》。

续表

项目	卫生支出占GDP的比例（2014年）	政府卫生支出占卫生总费用的比例（2014年）	个人卫生支出占卫生总费用的比例（2014年）	政府卫生支出占政府总支出的比例（2011年）	社会保障性卫生支出占政府卫生总支出的比例（2011年）	自付费用占个人卫生支出的比例（2014年）
中国	5.5	55.8	44.2	12.5	67.0	72.3
低收入组	5.7	42.4	57.6	9.2	4.3	64.5
低中等收入组	4.5	36.4	63.6	8.1	16.4	87.6
中等收入组	5.8	52.1	47.9	—	—	75.3
高中等收入组	6.2	55.2	44.8	11.8	50.3	71.9
高收入组	12.3	62.3	37.7	17.0	65.4	35.4
全球均值	9.9	60.1	39.9	15.2	60.6	45.5
东亚与太平洋地区	6.9	66.2	33.8	—	—	74.2

资料来源：《世界卫生统计年鉴（2014）》；世界银行公开数据，http：//data.worldbank.org.cn/。

除合理追加财政投入外，还可对新农合筹资机制做适度调整。2015年全国新农合人均筹资490.3元①，其中各级财政补贴为380元②，全国平均个人缴费标准为每人每年约110元。以2015年分地区以及收入五等分分组的农民人均可支配收入为基数可以计算得出新农合实际缴费比（见表8-3）。按地区划分，东部地区这一比例为0.77%，西部地区达到1.21%，而全国水平为0.96%（见表8-2）。与职工医保（企业6%、个人2%）的缴费比例相比，新农合实际费率非常低。而且按收入阶层划分来看，定额缴费的累退性十分明显。按照收入五等分法，在表8-3中，全国收入最低的农户，新农合实际缴费高达3.56%，而收入最高组，新农合缴费仅占收入的0.42%，甚至远低于全国水平。可见我国新农合的缴费水平不仅明显偏低，还具有显著的累退性。目前，学界围绕合理的新农合筹资水平展开了广泛的研究，学者们通过分析论证都给出了关于新农合适当缴费水平的制

① 参见《2015年我国卫生和计划生育事业发展统计公报》。

② 参见《关于做好2015年新型农村合作医疗工作的通知》（国卫基层发〔2015〕4号）。

度设计构想。孙淑云（2013）建议农民人均参保额最低按全国农民人均收入的1%~6%测算，并且全国均按统一额度缴纳。穆念河等（2003）认为个人筹资额以当地上年度农民人均纯收入的一定比例来确定比较合理，其标准一般为1%~3%。现实情况是实际缴费率远低于理论界所提出的制度设想。仅以职工医保个人缴费率的一半计（即3%），按此费率计新农合将增加一笔可观的筹资总额。筹资环节增加的资金再结合适度追加的财政补贴，对于新农合的待遇给付将带来很大的提升。随着农民收入水平的提高以及社会保险意识的增强，在预期高待遇给付的前提下，广大农村居民应该有能力也有意愿接受新的筹资办法。总之，新农合筹资机制应该进行结构性调整，均等化的财政补贴以及定额缴费机制具有累退性，不符合医疗保险制度的公平性。

关于筹资机制的调整还体现在筹资环节上的试行农村家庭医疗保险的“量能缴费”。与定额式的缴费方式相比，“量能缴费”将是更加公平和可持续的发展方向。日韩两国农村医疗保险都将缴费水平与家庭收入相挂钩，甚至在日本部分地区还通过征税的方式筹集保险金，明确参保家庭的税基，强化了收入水平与缴费水平的正相关。这些经验值得我们学习和借鉴。

最后，除上述筹资机制的改革举措外，还要不断提高统筹层次，扩大基金池，在更广阔的范围内分散疾病风险，在更高层级上调剂资金资源，这样既能提高保障标准，又可以降低制度运行的财务风险，增强制度的可持续性。

综上，合理追加财政补贴，适当增加农民缴费甚至探索“量能缴费”以及不断提高统筹层次都会给制度带来红利。多改并举，有望在短期内显著提高农村居民的医疗保险待遇水平。

8.5　家庭整合方案与城乡整合方案的对比分析

对比家庭整合与城乡整合两大方案（见图 8-2、图 8-3 和表 8-5）发现，与城乡整合方案中城镇居民与农村居民存在的天然异质性不同，家庭整合方案充分依托家庭内部成员之间的天然联系和同质性，将职工作为源参保人，改变家属单独列保的传统做法，实行家属联保。职工医保与居民医保两大制度整合为一项城镇家庭医疗保险，不论源参保人还是家属，都被纳入同一制度，获得统一的待遇给付，实现家庭内部的去碎片化。而城乡整合方案并不能从根本上消除家庭内部的制度碎片和待遇碎片。此外，与城乡医保整合方案中延续定额缴费以及“一制多档”形成鲜明的对比，家庭联保整合方案中的“量能缴费”和一体化待遇给付更符合医疗保险制度公平与可持续的发展方向。另外，根据家庭联保整合方案，家庭中只要有一人就业就可以实现家属纳保，这将会形成就业激励，而关于这方面，城乡整合方案并不具有明显的效用。

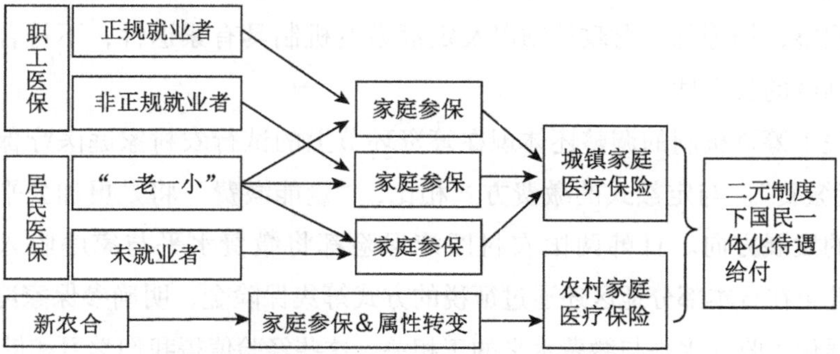

图 8-2 “家庭保险”下的医保整合方案示意图（1）

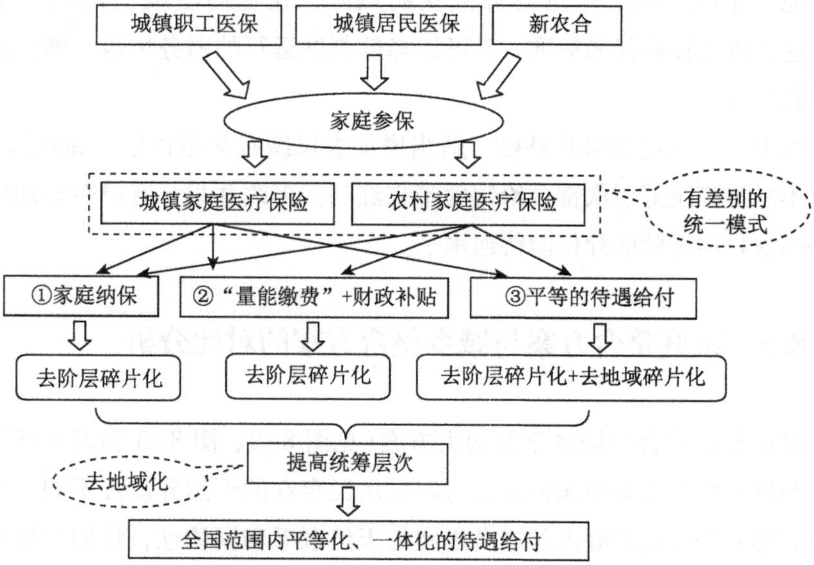

图 8-3 “家庭保险”下的医保整合方案示意图（2）

表 8-5　两大整合方案优劣对比

	家庭整合	城乡整合	
优势	整合人群的内在天然联系	整合人群的内在差异性	劣势
	家庭内部实现整合	家庭内部保留碎片	
	整合后按家庭缴费，单亲家庭、多子女家庭以及残疾人家庭等弱势群体会适当得到照顾	按人头缴费，对家庭参保无特别倾斜政策	
	整合后准强制参保	整合后自愿参保	
	整合后“量能缴费”	整合后定额缴费	
	同属一个部门主管经办	分属两部门带来的管理经办争论	
	节省制度行政管理成本	无明显节省管理成本	
	家属联保具有就业激励	无明显就业激励	
劣势	整合前制度的异质性	整合前制度的相似性	优势

一方面，家庭保险能够有效促成城镇职工医疗保险与城镇居民医疗保险的整合，使两大制度平台整合为几乎面向所有城镇居民的城镇家庭医疗保险。另一方面，在农村，新农合的制度属性应逐步向社会医疗保险转变，最终真正蜕变为以家庭为参保单位的农村社会医疗保险。两大制度并行，并不意味着我国将长期延续二元分化的制度，也并不意味着在现有的国情下继续维持城乡二元分化的医疗保险制度具有合理性。城乡家庭医疗保险制度的分别设置，完全是从参保人的属性出发，从方便管理、方便参保的角度出发。例如，农民与企业职工在收入来源和收入形式上存在天然的异质性，对职工可按月筹集医疗保险费用，对农民可能并不一定最适用。世界上大部分实行社会医疗保险制度的国家倾向于为农民单独建立一项制度，实行家庭联保，并且按年缴费。因此作为一个农业大国，2018 年我国仍具有约 5.64 亿农村人口，其占总人口的 40.42%①，单独建制可能是最为便利的选择。另一个关键的问题是，二元制度并不一定意味着二元分化或不公平，我们可以实现“有差异的统一”。首先，打破城乡户籍壁垒，参保人可以在两大制度之间自由选择，如农村居民进城务工的可以参加城镇家庭医疗保险。而且近年来流动人口开始从个体流动向家庭整体流

① 参见《中国统计年鉴（2016）》。

动转变[①]。流动到城市的家庭仍可以家庭为单位参保。其次，制度之间待遇平等。前文（第8.4节）已从经济可行性的角度论证，通过多改并举可以实现两大制度之间的统一待遇，此处不再赘述。最后，不断提高统筹层次，实现“去地域碎片化”。在统一待遇给付这一前提下，逐步提高统筹层次到省级，最终实现全国统筹。结合新医改背景下的“三医联动”方略，实现医疗保险制度整合以及医疗体制改革效果的最优。关于城镇家庭医疗保险和农村家庭医疗保险两大制度体系的并行具体将持续多久的问题，随着我国城镇化率的提升、农业人口比重的降低，参加农村家庭医疗保险的人数将会越来越少，预计当我国城镇化率达到70%以上时可以再来讨论农村医疗保险是否并入一元化制度的问题。

8.6 余论

8.6.1 关于财政补贴

众所周知，社会保障属于再分配领域，国家财政是其基础。福利国家危机、欧债危机都说明当一国财力不足以支撑社会福利事业时将产生巨大的负面影响。财力是基础，福利国家往往是财力雄厚的发达国家，但是财力雄厚的发达国家却不一定是福利国家，美国就是一个典型的例子。2007年美国卫生总费用占GDP的16%，人均卫生费用为7290美元，为全球最高，但仍有4500万美国人没有任何医疗保障[②]。2014年美国卫生费用占GDP的比重高达17.1%，依旧没有实现全民医保。

财力是基础，并不意味着一切以财力“唯命是从”“马首是瞻”。也有很多并不发达的国家和地区曾经或正在实现着“慷慨的福利”。世界卫生组织2013年的报告中显示，全球有62个国家的国民在发生医疗卫生开支时自付费用占卫生总支出的比例小于20%。虽然这62个国家中大多数是高收入国家，但其中也有阿尔及利亚、不丹、古巴、莱索托和泰国等不发

① 郭江平．农村人口流动家庭化现象探析［J］．理论探索，2005（3）：56-58.

② 胡晓义．我国基本医疗保障制度的现状与发展趋势［J］．行政管理改革，2010（6）：23-28.

达国家。这些国家的政府向我们表明了在财政能力有限的情况下，如何通过有效的制度设计保护最贫困的人群免受灾难性卫生支出的威胁①。我国在 20 世纪 50 年代依托制度创新也成功建立起了比较全面的医疗保障体系，尤其计划经济时期农村合作医疗的经验还得到了国际社会的广泛认可和高度评价。

可见，有些制度短板需要依靠政府的财政补贴，而且政府也具有义不容辞的责任，而有些制度短板完全可以通过制度创新和科学合理的制度设计来“扬长避短”。所以制度设计的优化还是要放在首位，不能举凡难题都依靠政府补贴，能够通过制度设计巧妙规避的，定能节省不少财力，并将节省下来的财政开支真正用到贫困地区和贫困居民身上，实现财政补贴的“精准”。如果一味地强调追加财政补贴，而不顾及制度改革和财政投入的结构调整，那么高额财政负担非但不可行，更有可能导致低效。

家庭联保下的整合方案有助于我们从以下几个方面节省成本：①取消个人账户之后节省的管理成本；②职工与家属联保之后，城镇职工医疗保险与城镇居民基本医疗保险两制并作一制所节省的管理成本；③制度整合后去除因重复参保而形成的重复财政补贴和重复报销的成本。此外，实现“三医联动”，医疗卫生体制的改革也会给医疗保险制度整合创造更好的运行环境，如通过缓解药价虚高问题、实现分级诊疗等可控制一部分医疗成本。最后，还可以从以下几个方面做制度调整以扩大基金规模和增强基金保障能力：不断提高统筹层次，注重地区间医疗基金统筹调剂，通过区域整合推动实现互助共济，在不增加缴费负担的前提下增强基金的安全性和保障能力；逐步改变定额缴费，实现“量能缴费”，在增加医保基金收入的同时，使筹资机制更具累进性。

8.6.2　关于“量能缴费”

医保整合，不仅体现在待遇给付的平等上，更体现在筹资机制上的“量能缴费”改革上。“量能缴费”旨在让整合后的城乡家庭医疗保险按照家庭收入和资产进行缴费，届时低收入家庭、多成员家庭不仅将降低缴费

---

① 参见世界卫生组织发布的《2013 年世界卫生报告》。

负担，而且会得到更多的财政补贴。

我们应适时反思，对农民实行定额缴费是否公平合理？时下，随着收入阶层的分化，农村居民中高收入阶层的年收入甚至比部分城镇企业职工的还要高，对高收入农民定额缴费，对低收入职工按照工资比例缴费，是否符合筹资的公平性？而且医保整合后势必会不断提高待遇水平，最终实现城乡居民的一体化的待遇给付。但是，如果继续保持农民定额缴费的筹资机制不变的话，那么我们是不是要建立一个类似福利国家模式的慷慨的农民医疗福利呢？城乡之间是否会形成新的医保不公平？平等的待遇应该建立在不同收入阶层的"量能缴费"基础上，否则即是在塑造新的不公平。让农民"量能缴费"，才能将有限的财政资源集中、精准地应用于贫困农民、贫困村、贫困县的医疗保障上。

"量能缴费"的阻力主要来源于参保人对增加保费的顾虑。事实上，"量能缴费"的确会涉及一部分人的缴费额度升高，但是对于低收入者或者弱势家庭，缴费不会增长，他们还会得到与家庭收入水平相挂钩的财政补贴，符合再分配意义上的公平原则。"量能缴费"更像是一项制度的结构改革。在现行制度下提高缴费难，然而若在同等给付这一制度预期的前提下实行"量能缴费"并非一定会迎来巨大的改革难度和阻力。所谓同等给付，即在城市，家属与源参保人同等待遇；在农村，"量能缴费"对应的是实现和城镇居民同等的待遇。相信随着社会保险理念日渐被人们所接受，一项适度提高缴费却同时有着理想制度回报率的医保制度应该能够为人们所接受。

8.6.3 再谈一体化待遇给付

我国医保整合最核心的问题莫过于缴费机制和待遇给付机制。世界上实行社会医疗保险模式的国家的制度经验表明，以收入为基础的"量能缴费"以及不与个人缴费相关的平等待遇是大多数拥有成熟医疗保险制度的国家对医保公平原则的主要判定和政策选择，其公平性和可持续性也经受了时间的考验。相反，目前我国大部分地区医保城乡整合后实行的"一制多档”正在塑造着待遇给付与收入正相关的“一体多元”①，从本质上看这与原城乡二元制度下的碎片化和不平等待遇给付无异。

没有证据能够表明，在医疗服务市场上农村居民和非正规就业者群体的医疗费用及医疗成本比城镇职工或公费医疗群体低，所以也没有理由让前者只获得低水平保障，或者说为前者提供低水平的保障待遇就是不合理的。统一、平等的待遇给付是社会医疗保险的国际发展趋势。同中国的医保整合命题相似，韩国也在 2003 年实现了医疗保险制度的全面整合，最终选择一元化的制度覆盖全民。在整合之前，韩国自 1989 年开始就实现了医疗保险制度的全民覆盖，而且是待遇平等化的全民医保。只是受经济发展和财政实力所限，韩国选择的是低水平的全民统一。直到现在韩国国民健康保险的保障水平在 OECD 国家之中仍属偏低。日本与之不同，1960 年实现全民医保，但是雇员保险一直具有相对优越的待遇给付，直到 2003 年日本才实现全体国民医保待遇的平等化。雇员健康保险和国民健康保险的制度支付比例全民统一为 70%。中国台湾的整合经验与韩国具有相似性。1995 年以一元化的全民健保整合了之前职业分离、城乡分离的旧制度体系，制度整合还实现了岛内居民的统一待遇……总之，在制度发展趋势下，继续待遇给付差异化的制度并不可行。

同财政扶持和“量能缴费”一样，平等的待遇给付同样会受到经济上是否可行的质疑。建立这样一个制度模式，面临的首要问题就是政府和企业是否能负担、个人是否能负担，以及是否与我国的经济发展水平相适应。虽然前文（第 8.4 节）论证了一体化待遇给付的经济可行性，但是仍要在此处补充说明，经济基础并不是平等化待遇给付的唯一决定性条件。

曾经有学者做过对比（李珍、赵青，2014），计划经济时期的劳保医疗与城镇职工基本医疗保险相比，不论在保障的深度、广度上还是在宽度上前者都存在优势，两者之间几乎同样的缴费负担却兑现了不同水平的保障待遇。劳保医疗 6.04%② 的缴费率能够做到惠及家属，而职工医保 8.00%左右的缴费率却将职工家属这一庞大群体排除在外。通过对比，不

①② 王超群，李珍，刘小青．中国医疗保险制度整合研究［J］．中州学刊，2015（10）：69-73.

难发现，计划经济时期依据当时的人均 GDP 水平和财政收入水平我们可以构建起来的制度，为什么到了经济发展水平更高的时期就构建不起来了呢？影响因素和个中缘由很多，但是我们首先可以从中反思经济发展水平对医保制度的绝对支配性作用。学者们也围绕这一主题展开了探讨。关信平（2016）指出高福利必然阻碍经济发展的判断实际上是没有依据的，如果非要说社会福利可能会对经济发展产生消极影响，那这种影响也并非简单源自福利水平的高低，关键还要看福利结构、福利机制以及待遇水平是否适合经济的发展。无独有偶，国内学界曾经有过一次关于城乡双轨医疗保障应不应该长时间存在的争论。首发文者提出过渡时期提倡全民医保存在误导："在相当长的时期里，城乡差距还是会存在。在过渡时期，只能实行城乡双轨的医疗保障体系。"① 之后有学者专门针对其论点，发表文章做出针对性的辩论，"囿于财力实行城乡双轨医保体系或许是现阶段的一种无奈""但绝不能以此寻求理论上的合理性"②。可见，制度建设立足国情，但不能过于迁就现实。如前所述，国际上不乏落后地区成功实现全民医保的典型案例，我国计划经济时期农村合作医疗的探索也在财力十分有限的前提下取得了举世瞩目的成绩。如果说经济发展水平具有绝对的主导作用，为什么率先完成工业革命的英国只建立起了济贫制度，而工业化后发的德国却率先建立起了社会保险制度？又如，经济发达的美国为什么至今尚未建立起全民医保体系？可见，一定的经济基础是实现全民医保平等化待遇给付的有益助力，但不是决定性条件，我们完全可以通过制度创新和结构性调整构建起一个平等待遇给付的制度。

一体化待遇给付还是医疗保险制度实现地域整合的关键前提。实现"去地域化"，提高统筹层次，打破地区界限，实现基金全国统筹，并最终实现全国异地就医等一系列的相关改革举措，如果没有一体化的待遇给付作为前提只会"好心办坏事"，将会导致更广泛的跨地域的逆向再分配效应和医保不公平。所以一体化待遇给付是提高统筹层次的首要关键，在推进制度地域整合之前一定要提前实现或同步实现国民的统一待遇。平等化

---

① 李剑阁. 过渡时期提倡全民医保存在误导［J］. 东北之窗，2008（1）：17.

② 魏文彪. 城乡双轨医疗保障不应长时间存在［J］. 人民政坛，2007（2）：46.

待遇给付也有一个关键的前提，那就是筹资环节的“量能缴费”，否则也是在制造新的不平等。总之，平等的、一体化的待遇给付是全国统筹的前提，而平等待遇给付也与“量能缴费”是互为前提的，并是紧密联系的一体。

此外，我们还要破除一个“迷信”，待遇给付平等并不一定意味着高水平的待遇给付平等，待遇给付平等也不是要在我国构建医疗保险领域的“福利国家”。借鉴韩国的经验，我们完全可以尝试先构建一个“低水平的平等”作为起点。也许制度是低给付的，但却是普惠全民的，并且所有纳保人在“量能缴费”的基础上获得的待遇水平是平等的。如果有差异，也是基于正义的差异，即政策向医疗弱势群体倾斜，如家庭中的高龄老人或未成年子女会有适当的政策倾斜。以“低水平的平等”为起点，在依托经济发展和制度创新的基础上逐渐合理适度地同步提高全民的待遇给付水平，最终构建起“高水平的平等”。

8.6.4 关于统筹层次

统筹层次与保障能力及基金安全性成正比，应逐步提高统筹层次，短期为省级统筹，长期为全国统筹。依据大数法则，统筹层次提升能够在不增加缴费负担的情况下，增强基金抗风险能力、提高待遇。但是提高统筹层次必须和一体化待遇给付同时进行，特别是提升低收入群体的待遇，增强制度的“亲贫性”，否则只会在更广泛的范围内出现“低收入者补贴高收入者”的逆向再分配效应。正如前文所述，一体化待遇给付是不断提高统筹层次的关键前提。

提高统筹层次也可增强地区间医疗保险计划的可转移性和衔接性，有利于规范异地就医。只是全国统筹与异地就医也有一个关键前提，就是要与医疗资源在城乡间、地区间的均衡配置以及和逐级转诊制同步进行，否则也会出现医疗无序以及医疗资源浪费和就医拥挤等一系列问题。

结 论

在全国城乡医保整合步伐加快的背景下，本书从医保碎片化的学理出发，深刻剖析了医保阶层碎片化、家庭碎片化与地域碎片化的表象与本质。并以此为理论工具，一方面重新反思了时下业已逐步推广的医保整合实践，另一方面在几个国家（地区）成熟的社会医疗保险制度中寻求医保整合的有益经验。关于整合碎片化的医疗保险制度，本研究得出结论如下：

第一，“碎片化”的概念常用来表征一项制度被割裂的状态。医疗保险碎片化意味着制度多元化、差异化以及孤立封闭的状态。碎片化是对医疗保险制度体系的状态所进行的一种客观描述，本身并不具有价值判断的内涵。如果以公平的理论审视制度碎片化，尤其是以结果公平的视角来看，医疗保险碎片化可以分为结果公平和结果不公平两大类型。前者我们界定为虽然制度体系具有碎片化特征，但是制度结果是公平的，这种也被视作积极的碎片化。而后者则是制度体系碎片化的同时还伴随结果不公平，这种是消极的碎片化。我国的医疗保险制度碎片化属于后者，这也是我国医疗保险制度亟须整合的症结所在。

第二，与“碎片化”相对应的另一个重要概念是“整合”。它意味着对碎片化制度体系的终结。需要明确的是，亟须整合的对象往往是那些结果不公平的碎片化。医疗保险制度整合过程中始终要以公平性为指导和准绳。整合不是简单地给制度体系做减法，不是单纯的制度合并，实质上的整合远比形式上的整合更重要。另外，整合也并不意味着一元化的制度体系就是最优，整合要结合实际国情和实际需要，在经济成本最小化的前提下将碎片化程度降到最低，并且最为关键的是整合最终要实现分配结果的公平。因此，基于我国城乡与区域发展的不平衡、低城镇化率等现实国情，强调结果公平的“有差异的统一”模式可能是首选。

第三，城乡碎片仅仅是制度碎片化中的一个典型表现。阶层碎片化与地域碎片化是从纵向和横向上对制度碎片化做出的综合界定。结合我国近年来愈加复杂多元的社会阶层分化，医疗保险领域出现了多元福利分层。差别不仅体现在城乡二元制度之间，同一制度内部不同参保群体也存在福利差别。此外，我们还要注意到家庭内部碎片化是宏观阶层碎片化现象的微观体现，表现为一家人“医保不同源、待遇不同等”，它提示我们制度的碎片化已经渗透至家庭。而地域碎片化则表现为医疗福利的地区分割。地区间经济发展水平和财政能力的差异将主要依托地方财政的医疗保险制度分割成一个个地区碎片，碎片之间的封闭性和差异性形塑出“地方性公民权”。地区之间的制度难兼容、基金孤立，既不利于公平也不利于制度的可持续发展。

第四，从综合阶层碎片化和地域碎片化的视角反思我国各地的城乡医保整合实践，大部分地区选择的“三保合二”及“一制多档”整合方案存在着使制度走向“再碎片化”的隐患。一项旨在促进整合的改革可能使医疗保险制度出现新的分化，待遇给付水平与个体收入呈正相关，进而导致不同收入阶层之间制度回报率的多元分层。两档甚至三档的待遇给付机制是以制度内部的阶层差异取代原有的制度之间的户籍差异，医疗保险的碎片化格局依然存在，而且愈加体现出收入对个体获得医疗保障程度的直接决定作用。我们无法证明在同一医疗市场上低收入群体的医疗成本更低廉，或者我们无法证明低收入人群的健康人力资本价值更低，因此在同一制度体系内，低收入人群只能获得低水平的医疗保障便是不合理的。除收入阶层意义上的“再碎片化”之外，医保整合仍然延续地方试点先行的政策模式。鼓励地方创新的同时，不同的整合方案、不同的待遇水平以及不同的管理经办等多样化的制度设计与选择，使原有的地域碎片化格局更为明显。未来医保整合应该从“去阶层化”和“去地域化”两个方面入手，医保整合不仅仅是对制度做减法，实质上的整合远比形式上的整合更重要。

第五，在地方整合试点中不乏有益经验和先进理念的尝试，当然也存在不符合制度发展规律的问题与不足。首先，地方试点依托制度创新赢取改革红利。例如，太仓试点增强制度弹性，强化制度转换衔接的制度设计；镇江借助“上行通畅、下行严控”的转移接续机制形成制度的内在驱动力，使制度最终达到城乡整合；等等。其次，除整合城乡之外，部分地区已经先行先试探索职工医疗保险与城乡居民医疗保险的整合。如镇江、太仓、昆山等地进一步放开制度壁垒，允许城乡居民自主选择参加职工医疗保险。诚然，地方试点方案中存在的问题与不足仍有待规范和完善。首先，其发展理念要从地方政绩回归到制度理性。部分地区在整合过程中“缴费就低、待遇就高”的做法明显是忽视制度可持续性的短视政策，而一制多档中的“低缴费、低待遇，高缴费、高待遇”则明显与制度应具有的亲贫性和再分配功能不符。其次，从注重效率到注重公平的转变。医疗保险属于再分配领域，促进公平是其本质要求。改革开放以来，精英主义和效率优先的理念在医疗保险领域影响深远，随着我国公平、共享发展理念的提出，医疗保险制度发展理念也开始转变为更加注重公平。

第六，除本土化的探索外，医保整合还可以从各国（地区）成熟的医疗保险制度体系那里寻求发展经验。本书主要选取了几个典型的实行社会医疗保险模式的东亚国家和地区进行了比较深入的制度发展规律和发展经验的探索。与欧美国家相比，所选取的国家及地区在医疗保险制度各因素上与我国更具相似性。从总体上看，这些国家（地区）的医保整合都具有以下几个明显的特点：制度发展都经历了从正式部门向非正式部门扩面的过程；不同程度地强调对农民以及非正规就业者的财政扶持以实现制度扩面；采取家庭保险的模式，通过家庭联保实现对源参保人及其眷属的全面保障；构建“量能缴费”的筹资机制，非正规就业者及农民大多按照家庭收入和资产情况进行缴费，政府对低收入家庭以及多人口家庭实施补贴；在待遇给付机制上，实行统一的待遇给付，国民获取医疗服务不以支付能力为准，而是依据参保人疾病治疗的实际需要；保障待遇向弱势群体倾斜，例如老人与未成年人可以获得较高的制度支付比例；实行个人支付的封顶线，封顶线以上的部分全部由保险基金支付；实现基金的全国统筹以及制度的高便携性和异地就医；并非所有的国家都通过一元化的制度实现医保整合，日本始终保持职域保险和地域保险二元化的制度体系，但是却保证了国民公平统一的待遇给付，实现了实质上的整合。

第七，与现有的城乡医保整合方案不同，本书提出了一个通过家庭联保将城镇居民和城镇职工两大群体的医疗保险制度进行整合的思路和方案。时下的城乡医保整合使城市家庭内部仍然存在医疗保险的碎片化问题。家庭联保是大多数国家医疗保险制度采用的参保模式。与个人本位的参保办法不同，以家庭为单位进行参保，微观上有利于“去家庭内部碎片化”，宏观上有助于实现阶层意义上的“去碎片化”。

第八，与一元化的制度构想不同，基于覆盖人群的内部异质性、城镇化率、区域发展差异等诸多现实因素，本书创新性地提出家庭联保方案下的整合构想，即在城乡各自构建以家庭为参保单位的家庭医疗保险制度，并最终实现两者的一体化待遇给付。其中，延续城乡二元的制度体系并不意味着要维持城乡二元制度间的碎片和差距。二元化制度平台分别为城镇家庭医疗保险与农村家庭医疗保险，依托制度创新和财政补贴短期内尽快实现两大制度间的“量能缴费”和统一待遇，并从根本上取消制度参保壁垒，流动人口可按居住地或工作地参保，而非受到户籍限制。结合我国社会保险费改税的改革，新制度体系的筹资机制将更加公平透明，进而能够有力保证医保基金的可持续性和安全性。

第九，对于制度整合而言，公平且可持续的筹资机制和待遇给付机制是制度设计的核心。通过研究，本书提出筹资上的“量能缴费”改革建议，鉴于筹资中的累退性，建议改变定额筹资办法。而在待遇给付环节则是通过制度创新和财政补贴实现一体化的统一的保障，力求在二元化制度平台上实现实质意义上的制度整合。

参考文献

中文部分

[1] 赵为. 医疗保险城乡统筹仍在路上——访中山大学社会保障与社会政策研究所彭宅文 [J]. 中国人力资源社会保障，2016 (2)：37-38.

[2] 孙淑云. 顶层设计城乡医保制度：自上而下有效实施整合 [J]. 中国农村观察，2015 (3)：16-23.

[3] 顾昕. 防止制度碎片化 [J]. 中国社会保障，2007 (5)：37.

[4] 赵斌. 农民工医疗保险制度碎片化困境及其破解 [J]. 中国卫生政策研究，2009 (11)：41-46.

[5] 申曙光，侯小娟. 我国社会医疗保险制度的"碎片化"与制度整合目标 [J]. 广东社会科学，2012 (3)：19-25.

[6] 邓大松，赵奕钧. 我国全民医保的构建逻辑与发展路径 [J]. 求索，2013 (12)：242-244.

[7] 徐义海. 我国基本医疗保障制度碎片化及其整合研究 [J]. 中国卫生经济，2013 (3)：33-35.

[8] 叶蓓，蔡娟. 城乡医疗保障碎片化及解决思路——以武汉市为例 [J]. 中国卫生事业管理，2014 (4)：248-251.

[9] 刘俊，赵同松. 医保三项制度如何实现衔接 [J]. 中国社会保障，2008 (5)：76-77.

[10] 花亚洲. 医保制度"碎片化"探源及整合建议 [J]. 广西财经学院学报，2015 (4)：33-37.

［11］郑功成．中国社会保障 30 年［M］．北京：人民出版社，2008.

［12］张国英，吴少龙．基本医疗保险重复参保：碎片化、理性选择与官僚行政——基于 CLDS 数据的实证研究［J］．甘肃行政学院学报，2015（3）：81-88.

［13］张贵峰．医保“碎片化”，“重复参保”难免［N］．广州日报，2010-09-08（002）.

［14］岳林琳，管理定，王小敏，等．基本医疗保障制度“碎片化”的伦理困境与出路［J］．中国卫生事业管理，2016（5）：350-355.

［15］张引，魏来．碎片化医保制度设计弊端与农民工医保模式路径选择［J］．社会保障研究，2010（5）：5-10.

［16］顾昕．走向全民健康保险：论中国医疗保障制度的转型［J］．中国行政管理，2012（8）：64-69.

［17］周婷．市场经济时代我国医疗保障制度的碎片化及其成因分析［J］．知识经济，2016（8）：12-15.

［18］施世骏．社会保障的地域化：中国社会公民权的空间政治转型［J］．台湾社会学，2009（18）：1-32.

［19］郑秉文．中国社会保险“碎片化制度”危害与“碎片化冲动”探源［J］．社会保障研究，2009（1）：209-224.

［20］邵红，毛树义．黑龙江省医保定点医院管理模式调查及管理整合思考［J］．中国医院管理，2006（9）：36.

［21］徐玮，王伟．建立城乡统筹医保制度　整合政府经办管理资源［N］．中国劳动保障报，2007-12-14.

［22］孟庆普．整合医保资源归卫生部门管理［N］．健康报，2008-03-10.

［23］王保真，徐宁，孙菊．统筹城乡医疗保障的实质及发展趋势［J］．中国卫生政策研究，2009（8）：32-35.

［24］王春花，周绍明．整合卫生资源　促“全民医保”［N］．湘声报，2007-11-02.

［25］张化本．资源整合　全民医保　包费到人［N］．光明日报，2007-05-17.

[26] 何文炯，杨一心，刘晓婷. 整合城乡居民医保制度贵在顺势而为[J]. 中国医疗保险，2009 (9)：32-34.

[27] 吴伟平. 推动新农合与居民医保二险合一：构建城乡居民一体化医疗保险体系 [J]. 社会保障研究，2009 (5)：28-33.

[28] 朱俊生."扩面"与"整合"并行：统筹城乡医疗保障制度的路径选择 [J]. 中国卫生政策研究，2009 (12)：19-22.

[29] 王庆彬. 关于我国医疗保障制度城乡整合的思考 [J]. 中国卫生事业管理，2010 (2)：95-96.

[30] 仇雨临，翟绍果，郝佳. 城乡医疗保障的统筹发展研究：理论、实证与对策 [J]. 中国软科学，2011 (4)：75-87.

[31] 王保真. 统筹城乡医疗保障制度的难点和原因分析 [C]. 社会政策国际论坛，2011：16-26.

[32] 李珍. 城乡医保整合思路不妨放宽些 [N]. 健康报，2013-04-27.

[33] 赵东辉，汪早立. 我国基本医疗保障制度整合路径探析——从覆盖人群特征分析 [J]. 卫生经济研究，2013 (5)：9-13.

[34] 王超群，李珍，刘小青. 中国医疗保险制度整合研究 [J]. 中州学刊，2015 (10)：69-73.

[35] 申曙光，彭浩然. 全民医保的实现路径——基于公平视角的思考[J]. 中国人民大学学报，2009 (2)：18-23.

[36] 刘继同. 构建全民医疗保险制度须社会共识 [J]. 中国医疗前沿，2006 (6)：12-16.

[37] 王俊华，柏雪. 全民基本医疗保险制度的可行性思考与路径构想[J]. 苏州大学学报（哲学社会科学版），2015 (5)：46-52.

[38] 赵永生. 日本医疗保障的特征及其借鉴 [J]. 中国医疗保险，2010 (1)：60-63.

[39] 党敏恺，吴忠. 国外医疗保障城乡衔接模式借鉴研究 [J]. 内蒙古社会科学（汉文版），2009 (11)：114-117.

[40] 孙永勇. 中国医疗社会保险改革面临的基本问题 [J]. 中国卫生经济，2002 (11)：1-3.

[41] 胡大洋. 全民医保：我们准备好了吗 [J]. 南京医科大学学报（社

会科学版)，2011（12）：427-430.

［42］熊先军.整合城乡居民医保意在公平［J］.中国医疗保险，2016(10)：36.

［43］高和荣，夏会琴.去身份化和去地域化：中国社会保障制度的双重整合［J］.哈尔滨工业大学学报（社会科学版），2013（1）：40-44.

［44］李路路，朱斌，李才香.走向成熟的经验研究——写于《社会学研究》创刊三十周年［J］.社会学研究，2016（6）：25-48.

［45］［丹麦］考斯塔·艾斯平-安德森.福利资本主义的三个世界［M］.郑秉文，译.北京：法律出版社，2003.

［46］［英］理查德·蒂特马斯.蒂特马斯社会政策十讲［M］.江绍康，译.长春：吉林出版集团有限责任公司，2011.

［47］［英］哈特利·迪安.社会政策学十讲［M］.岳经纶，温卓毅，庄文嘉，译.上海：格致出版社，2009.

［48］［丹麦］考斯塔·艾斯平-安德森.福利资本主义的三个世界［M］.苗正民，滕玉英，译.北京：商务印书馆，2010.

［49］董海军，郭云珍.中国社会福利分层：一个多维结构视角的分析［J］.中共天津市委党校学报，2010，12（1）：85-88.

［50］杨伟民.当前中国的社会保险在社会分层中的作用［J］.社会学研究，2005（5）：125-153.

［51］韩克庆.社会安全网：中国的社会分层与社会福利建设［J］.社会科学研究，2008（5）：115-118.

［52］杨立雄.社会保障与社会分层［J］.中国社会保障，2013（4）：30.

［53］汪华，汪润泉.社会分层、制度分割与社会不平等——一项关于中国养老金制度的福利社会学研究［J］.学术界，2015（1）：47-60.

［54］宋宝安，李艳艳.论社会分层与社会福利制度的关系［J］.社会保障研究，2009（1）：35-42.

［55］丁纯.德英两国医疗保障模式比较分析：俾斯麦模式和贝弗里奇模式［J］.财经论丛，2009（1）：22-27.

［56］杨一帆.对德国社会保险制度与政策的回顾和评析［J］.保险研究，2010（7）：118-127.

［57］托马斯·格林格尔，罗尔夫·施姆克，苏健．德国医疗保险体系的渐进式制度变迁——渐行渐远的“俾斯麦模式”［J］．江海学刊，2013（5）：31-36.

［58］郑秉文．扩大社保制度覆盖范围：国际经验与教训［J］．思想工作，2009（8）：18-20.

［59］娄宇．德国法定医疗保险中的家庭保险制度——兼与中国城镇居民基本医疗保险相关制度之结构性比较［J］．研究生法学，2011（1）：171-178.

［60］郑功成．国际经验要借鉴，财政结构调整要向民生［EB/OL］．（2009-03-04）［2019-12-13］．http：//www. chinadaily. com. cn/zgzx/zb_zhenggongcheng/2009-03/04/content_7536629. htm.

［61］郑秉文．机关事业单位养老金并轨改革：从“碎片化”到“大一统”［J］．中国人口科学，2015（1）：2-14.

［62］劳动和社会保障部社会保险研究所．贝弗里奇报告——社会保险和相关服务［M］．北京：中国劳动社会保障出版社，2004.

［63］关信平．西方“福利国家之父”——贝弗里奇——兼论《贝弗里奇报告》的诞生和影响［J］．社会学研究，1993（6）：71-79.

［64］中国商务部国际司．英国社会保障制度概述［EB/OL］．（2017-01-10）［2019-12-13］．http：//gjs. mof. gov. cn/pindaoliebiao/cjgj/201304/t20130409_813504. html.

［65］HAINES A．为何力推英国 NHS 体系［J］．中国医疗前沿，2006（11）：12.

［66］ALLSOP J，彭华民，孙安．英国医疗卫生体系问题与医疗卫生政策改革研究［J］．社会工作，2007（3）：5-8.

［67］WILSON B，华亭．英国国家医疗系统：完美的制度［J］．世界博览，2012（18）：23.

［68］郑秉文．法国高度“碎片化”的社保制度及对我国的启示［J］．天津社会保险，2008（3）：43-46.

［69］舍曼·富兰德，艾伦·C. 古德曼，迈伦·斯坦诺，等．卫生经济学（第三版）［M］．王健，孟庆跃，译．北京：中国人民大学出版社，2004.

［70］宋金文．日本医疗的公平与效率及其对中国的启示［C］//健康安

全与保障——面对人类关注的健康问题学术会议论文或提要集，2006.

［71］田庆丰，李小芳，李中琳．新型农村合作医疗的受益公平性研究［J］．医学与哲学，2006（8）：8-9.

［72］胡金伟，谢显训，庄国宁．农村居民参加新型农村合作医疗意愿及受益公平性分析［J］．卫生软科学，2008（2）：99-102.

［73］申曙光，孙健，刘巧，等．新型农村合作医疗制度公平性研究——以广东省为例［J］．人口与经济，2009（5）：84-90.

［74］刘飞跃．底线公平论阈下新农合筹资政策的公平性［J］．湖南社会科学，2014（6）：125-128.

［75］吕传波．我国"新农合"制度显失公平与合作不足问题［J］．中国保险，2010（7）：8-14.

［76］方丽霖，袁兆康，肖云昌，等．新型农村合作医疗实施前后卫生服务利用公平性的比较研究［J］．中国农村卫生事业管理，2006（5）：6-8.

［77］任苒，金凤．新型农村合作医疗实施后卫生服务可及性和医疗负担的公平性研究［J］．中国卫生经济，2007（1）：27-31.

［78］王卫忠．实施新型农村合作医疗前后农村居民卫生服务利用公平性比较研究［J］．中国卫生事业管理，2008（2）：111-113.

［79］李晓梅，董留华，王金凤，等．新型农村合作医疗卫生服务利用的公平性研究［J］．中国卫生经济，2008（11）：44-46.

［80］刘平，李跃平，张晓萍，等．用正义分配理论分析我国城镇职工基本医疗保险的公平性［J］．中国全科医学，2007（13）：1086-1088.

［81］曾益．我国城镇职工基本医疗保险个人账户公平性研究［J］．上海财经大学学报，2012（1）：77-84.

［82］王超群．城镇职工基本医疗保险个人账户制度的起源、效能与变迁［J］．中州学刊，2013（8）：80-86.

［83］李珍，赵青．制度变迁视角下的城镇职工基本医疗保险公平性评估［J］．北京社会科学，2014（7）：31-37.

［84］官海静，刘国恩，熊先军．城镇居民基本医疗保险对住院服务利用公平性的影响［J］．中国卫生经济，2013（1）：42-44.

［85］徐伟，许正圆，曹晶晶．基于公平性的我国城镇居民基本医疗保险

筹资结构研究［J］. 中国卫生经济，2015（11）：24-26.

［86］陆安静，董朝晖，陈斌斌，等. 我国城镇居民基本医疗保险医疗服务利用公平性研究［J］. 中国卫生政策研究，2015（6）：8-12.

［87］仇雨临，黄国武. 从三个公平的视角认识医疗保险城乡统筹［J］. 中国卫生政策研究，2013（2）：4-7.

［88］熊先军. 如何理解医保制度的结果公平［J］. 中国社会保障，2014（5）：84.

［89］王欢. 全民医保目标下医疗保障制度底线公平研究［D］. 武汉：华中科技大学，2009.

［90］杨华. 我国基本医疗保险制度公平性的规范比较［J］. 长春市委党校学报，2012（1）：59-62.

［91］景天魁. 底线公平概念和指标体系——关于社会保障基础理论的探讨［J］. 哈尔滨工业大学学报（社会科学版），2013（1）：21-34.

［92］王晶. 中国农村医疗筹资公平性研究——基于全国八个农业县医疗筹资系统的实证研究［J］. 社会学研究，2008（5）：160-185.

［93］沈世勇，李全伦. 我国医保基金收支中的公平性分析：基于制度可持续的视角［J］. 求实，2014（10）：58-64.

［94］林枫. 谈谈社会医疗保险的几个基本问题［J］. 卫生经济研究，2002（12）：15-17.

［95］张太海，董炳光，申曙光，等. 城镇职工基本医疗保险制度运行质量评价初论［J］. 中国卫生事业管理，2004（7）：410-413.

［96］赵文龙，郑美雁，路小亮. 对我国城镇职工基本医疗保险评价指标体系的研究［J］. 中国医学伦理学，2005（2）：76-78.

［97］孙慕义. 医学伦理学［M］. 北京：高等教育出版社，2004.

［98］毕天云. 论普遍整合型社会福利体系［J］. 探索与争鸣，2011（1）：51-54.

［99］胡苏云. 中国农村人口医疗保障：穷人医疗干预视角的分析［J］. 中国人口科学，2006（3）：30-37.

［100］郑功成. 理性促使医保制度走向成熟——中国医保发展历程及“十三五”战略［J］. 中国医疗保险，2015（12）：9-13.

[101] 王世玲. 产权改革慎　全民医保好——两部委卫生考察团东欧归来话医改 [J]. 医药产业资讯, 2005 (19): 34-35.

[102] 杨红燕. 全民医保的国际经验及启示 [J]. 人口与经济, 2008 (5): 76-80.

[103] 陈鹏军. 我国全民医保制度构建理论研究综述 [J]. 襄樊学院学报, 2011 (10): 54-59.

[104] 王东进. 共享发展理念是全民医保之魂——学习十八届五中全会精神的体会与思考 [J]. 中国医疗保险, 2016 (1): 5-8.

[105] 李路路. 社会结构阶层化和利益关系市场化——中国社会管理面临的新挑战 [J]. 社会学研究, 2012 (2): 1-19.

[106] 兰敏. 当下中国社会阶层结构及阶层弥合政策分析 [D]. 成都: 四川社会科学院研究生院, 2014.

[107] 陆学艺. 当代中国社会十大阶层分析 [J]. 学习与实践, 2002 (3): 55-63.

[108] 李唐宁. 全国医保重复参保人数超一亿 [N]. 经济参考报, 2014-08-15 (003).

[109] 李亚青. 社会医疗保险财政补贴增长及可持续性研究——以医保制度整合为背景 [J]. 公共管理学报, 2015 (1): 70-83.

[110] 世界银行. 中国卫生政策报告系列三: 中国通向综合的社会保险之路 [R]. 2010.

[111] 高爱娣. 中国工人运动史 [M]. 北京: 中国劳动社会保障出版社, 2008.

[112] 柳可白, 王玫, 阎春芝. 当代工人阶级地位与作用 [M]. 北京: 中国工人出版社, 2007.

[113] 包志国. 社会转型期我国工人阶级内部阶层分化解析 [J]. 内蒙古农业大学学报 (社会科学版), 2012 (6): 215-217.

[114] 杨文伟. 转型期中国社会阶层固化探究 [D]. 北京: 中共中央党校, 2014.

[115] 严振书. 转型期中国农民阶层分化问题研究述评 [J]. 河北青年管理干部学院学报, 2012 (2): 35-38.

[116] 陆学艺. 重新认识农民问题——十年来中国农民的变化 [J]. 社会学研究，1989 (6)：1-14.

[117] 卢福营. 转型时期的大陆农民分化——以浙江四个村为典型案例分析 [J]. 中国社会科学季刊 (香港)，2000 (春季卷)：1-13.

[118] 林娣. 宏观视角下农民工医疗保障制度研究 [D]. 上海：复旦大学，2012.

[119] 刘冬梅，王晖，龚双燕，等. 中国流动人口重复参加基本医疗保险现状及影响因素 [J]. 中国公共卫生，2016 (1)：62-65.

[220] 朱铭来，宋占军. 大病保险对家庭灾难性医疗支出的风险分散机制分析 [J]. 中国卫生政策研究，2012 (12)：4-7.

[121] 胡鞍钢. 中国：推动公平的经济增长 · 序 [M]. 北京：清华大学出版社，2004.

[122] 蔡红英. 中国地方政府间财政关系研究 [M]. 北京：中国财政经济出版社，2007.

[123] 贾军. "统筹范围" 对养老保险制度建设的影响 [J]. 中国社会保障，2002 (12)：18-19.

[124] 樊士德，路秋菊，董宏伟，等. 长三角地区流动人口医疗保险政策研究 [J]. 人口学刊，2016 (1)：35-48.

[125] 李孜，杨洁敏. 我国城市流动人口医疗保障模式比较研究——以上海、成都、北京、深圳为例 [J]. 人口研究，2009 (3)：99-106.

[126] 孙方. 上海、成都、北京、深圳四地农民工医疗保险制度比较 [J]. 中国社会保障，2006 (10)：43-45.

[127] 王健，郑娟，王朋，等. 中国的迁移与健康：解决流动人口医疗卫生服务政策目标与现实的差距 [J]. 公共行政评论，2014 (4)：29-45.

[128] 杜毅. 统筹城乡视角下农民工医疗保险实践的考察——基于重庆市1600位农民工的调查 [J]. 哈尔滨商业大学学报 (社会科学版)，2014 (2)：18-24.

[129] 曾凡富，陈继国，赵传启，等. 87 家乡镇企业劳保医疗状况分析 [J]. 湖北省卫生职工医学院学报，1991 (2)：47-49.

[130] 谢友雪，李秀生，李家骥，等. 关于国营企业劳保医疗制度改革的

几个问题［J］. 中国劳动科学，1988（11）：10-13.

［131］杜世源. 一位县长的医保改革观——必须因地制宜稳步推进［J］. 中国社会保障，2000（6）：38-39.

［132］周寿祺，杨焕乐. 改革职工医疗保障制度刻不容缓——苏州市公费、劳保医疗制度的调查报告［J］. 中国卫生事业管理，1994（7）：347-349.

［133］高迪. 浅谈公费医疗改革——从历史沿革、存在问题和引发的讨论热点分析［J］. 学理论，2015（25）：93-94.

［134］包先康. 我国社会政策碎片化与民生困境［J］. 安徽师范大学学报（人文社会科学版），2016（4）：515-522.

［135］托尼·赛奇，周凤华. 中国社会福利政策迈向社会公民权［J］. 华中师范大学学报（人文社会科学版），2012（4）：24-31.

［136］郑功成，王延中，孙炳耀，等. 中国医改何去何从——写在医改话题讨论之后［J］. 中国社会保险，1998（12）：10-13.

［137］岳经纶，斯坦·林根，陈泳欣. 中国正在建立怎样的福利国家［J］. 中国公共政策评论，2013（7）：1-20.

［138］孙中山. 建国方略［M］. 北京：中华书局，2011.

［139］姚俊. 社会政策的学术分析维度与研究策略——基于本土化的视角［J］. 学海，2011（6）：87-91.

［140］岳经纶. 社会政策视野下的中国民生问题［J］. 社会保障研究，2008（1）：1-11.

［141］潘善棠. 我国城镇职工医疗保险制度改革［EB/OL］.（2001-03-21）［2019-12-13］. http：//www. people. com. cn/GB/jinji/34/167/20010321/422440. html.

［142］顾昕. 从"养供方"到"补需方""补供方"［N］. 社会科学报，2009-05-28.

［143］杨燕绥. 由人社部门统一管理城乡居民医保是经过实践检验的正确选择［J］. 中国医疗保险，2016（9）：30.

［144］李长远，张举国. 城乡医疗保险制度整合对参保居民待遇水平的影响——基于三种典型整合模式的比较［J］. 求实，2016（2）：75-82.

［145］柴志凯. 我国整合城乡三项基本医保制度试点分析［J］. 中国农村

卫生事业管理，2013（10）：1097-1099.

［146］袁涛，仇雨临. 从形式公平到实质公平：居民医保城乡统筹驱动路径反思［J］. 社会保障研究，2016（1）：55-60.

［147］刘继同，陈育德.“一个制度、多种标准”与全民性基本医疗保险制度框架［J］. 人文杂志，2006（3）：7-13.

［148］申曙光，易沛，瞿婷婷. 社会医疗保险制度整合模式与制度运行效率研究——来自A市的微观证据［J］. 金融经济学研究，2014（5）：57-66.

［149］彭浩然，岳经纶. 东莞医改与神木医改：地方社会政策创新的经验与挑战［J］. 中山大学学报（社会科学版），2012（1）：165-171.

［150］霍海澎. 免费医疗，北看神木［N］. 陕西日报，2013-05-13.

［151］《社会福利》编辑部. 聚焦：中国社会政策十大创新［J］. 社会福利，2010（1）：4.

［152］牛奔，刘志远. 浅析“神木医改”［J］. 中国卫生事业管理，2013（9）：646-679.

［153］毛瑛，杨昌国，党静萍，等. 陕西省神木县“全民免费医疗”医改运行机制评价［J］. 中国卫生政策研究，2010（9）：25-30.

［154］顾昕.“全民免费医疗”还是“全民医疗保险”［J］. 中国社会保障，2009（8）：13-15.

［155］顾昕，朱恒鹏，余晖.“神木模式”的三大核心：走向全民医疗保险，医保购买医药服务，医疗服务市场化——神木模式系列研究报告之二［J］. 中国市场，2011（29）：4-8.

［156］任苒. 对神木医改举措的评述与思考［J］. 医学与哲学（人文社会医学版），2011（3）：60-63.

［157］雷晓康，杜智民，史张宇. 强制首诊和双向转诊——神木“全民免费医疗”的下一步［J］. 社会保障研究，2011（1）：81-91.

［158］胡琳琳. 建立公平、可持续的全民医保——陕西省神木县“全民免费医疗”制度的实践和启示［J］. 行政管理改革，2010（8）：63-66.

［159］姜涛. 城乡一体化医疗保障成渝模式下城乡居民受益公平性分析［D］. 武汉：华中科技大学，2011.

［160］张晓，胡汉辉，张文杰，等. 对城乡居民医保制度整合实施“一制

多档”的分析［J］. 中国医疗保险，2014（5）：15-17.

［161］武唯. 宁夏全区实现统筹城乡居民医保［N］. 中国劳动保障报，2011-04-07.

［162］孙晓军，包慧军，张博. 宁夏城乡医保整合彰显经办管理效率［J］. 中国医疗保险，2013（2）：40-42.

［163］马惠兰，段洪铸. 民族地区统筹城乡医疗保险宁夏模式研究［J］. 中南民族大学学报（人文社会科学版），2015（9）：136-140.

［164］官波. 镇江市新型农村合作医疗制度改革实践之浅析［J］. 当代医学，2005（12）：90-93.

［165］王翔. 镇江市建立城乡一体化新型农村合作医疗保险制度的研究［J］. 中国卫生经济，2005（11）：26-27.

［166］王雄军，张冰子. 我国医保改革的地方经验评述与启示［J］. 中国党政干部论坛，2016（5）：58-62.

［167］王雷，邵晨. 我市医保关系跨地区自由转续提前实现［EB/OL］.（2010-07-08）. http：//hrss. zhenjiang. gov. cn/ywgz/shbx/201304/t20130419_882262. htm.

［168］王翔. 镇江：建立转换升级通道［J］. 中国医疗保险，2009（7）：14-15.

［169］陈群. 江苏省医疗保险一体化体系构建研究［D］. 苏州：苏州大学，2012.

［170］胡大洋. 统筹城乡医保的效果与难点——基于江苏省的实践分析［J］. 中国医疗保险，2012（4）：41-44.

［171］昆山在国内率先全面实施农民基本医疗保险［EB/OL］.（2004-04-09）. http：//www. ks. gov. cn/xwnr？id=653.

［172］金健宏，谢云龙，程和健，等. 昆山市实施农村居民基本医疗保险的探索与思考［J］. 中国农村卫生事业管理，2006（8）：12-14.

［173］李珍，王平. 新型农村合作医疗的社会保险学分析［J］. 华中师范大学学报（人文社会科学版），2010（5）：8-13.

［174］徐晓兰，牛琪. 我国新型农村合作医疗制度属性探讨和完善［J］. 河南社会科学，2014（2）：118-122.

[175] 赵晓勇，袁开建，仇党玉，等. 兴化实施城乡一体化医保[N]. 新华日报，2009-02-23.

[176] 李逢云. 海西州整合城乡居民医保的成效与思考 [J]. 中国医疗保险，2016 (4)：32-34.

[177] 李长远. 我国城乡医疗保障制度整合的典型实践模式及优化策略[J]. 经济与管理，2015 (5)：37-41.

[178] 高秋明，朱恒鹏，陈晓荣. 城乡医保并轨与财政投入——基于已整合城市的分析 [J]. 中国财政，2016 (5)：50-54.

[179] 孙淑云，柴志凯. 新农合与多层次医保衔接的法律规范 [J]. 中国农村卫生事业管理，2013 (1)：1-3.

[180] 郑功成. 从整合城乡制度入手建设公平普惠的全民医保 [J]. 中国医疗保险，2013 (2)：8-10.

[181] 李亚青. 医疗保险制度整合是否有利于弱势群体——基于双重差分模型的实证分析 [J]. 财经科学，2013 (2)：81-90.

[182] 周靖. 中国居民与收入相关的健康不平等及其分解——基于 CGSS 2008 数据的实证研究 [J]. 贵州财经大学学报，2013 (3)：52-57.

[183] 潘屹. 西方福利国家的普遍主义整合及中国福利元素——中国社会福利体系再结构的原则和基础 [J]. 社会福利（理论版），2012 (1)：18-23.

[184] 李莲花. 医疗保障制度发展的“东亚道路”：中日韩全民医保政策比较 [J]. 河南师范大学学报（哲学社会科学版），2010 (1)：1-7.

[185] 曹克奇. 新型农村合作医疗参保人的身份认定：从参合农民到参合居民 [J]. 晋阳学刊，2012 (6)：44-47.

[186] 吕学静. 改革与借鉴——从日本医疗保险制度改革谈起 [C] //社会主义和谐社会构建与社会保障国际论坛论文集，2007：261-269.

[187] 崔万有. 日本社会保障研究 [D]. 大连：东北财经大学，2007.

[188] 宋金文. 日本医疗保险体制现状与改革 [J]. 日本学刊，2005 (3)：59-75.

[189] 赵永生. 日本国民健康保险制度的构建——统筹城乡医保体系的启示 [J]. 中国卫生政策研究，2009 (12)：23-26.

[190] 刘晓梅，楚廷勇. 日本社会医疗保险全覆盖的经验——兼评我国的

医改方案［J］. 探索与争鸣，2010（7）：63-67.

［191］刘晓莉，冯泽永，方明金，等. 日本医疗保险制度改革及对我国的启示［J］. 医学与哲学（人文社会医学版），2008（11）：43-45.

［192］田多英范，郭晓宏. 日本的全民医疗保险与全民年金体制［J］. 社会保障研究（北京），2005（2）：104-111.

［193］宋健敏. 日本健康保险的供与需［J］. 中国医院院长，2014（6）：78-90.

［194］曹原. 日本医疗费创十二年来新高［J］. 中国医院院长，2015（19）：31.

［195］侯立平. 日本医疗保险制度：绩效、问题与改革［J］. 上海保险，2011（1）：57-59.

［196］吕学静. 日本医疗保险筹资与费用控制措施［J］. 中国医疗保险，2014（5）：68-70.

［197］贾嘉. 日本医疗保险制度的建设及对我国的启示［J］. 山西大同大学学报（社会科学版），2008（2）：72-75.

［198］王国辉. 英日韩三国社会保险个人缴费减免政策及启示［J］. 北京航空航天大学学报（ 社会科学版），2014（7）：1-7.

［199］张再生，陈军. 医疗保险制度改革的国际比较［J］. 天津大学学报（社会科学版），2007（1）：40-44.

［200］周绿林，师文，和田康纪. 日本高龄者医疗保险制度的改革及借鉴［J］. 中国卫生经济，2015（7）：93-96.

［201］宋健敏. 稳妥的日本健康保险制度［J］. 中国医院院长，2014（6）：84.

［202］吕学静，刘育志. 日本社会保障改革状况及发展趋势［J］. 社会保障研究，2016（1）：37-46.

［203］Youngsoo Shin. 韩国的健康保险制度［J］. 中华医院管理杂志，1994（5）：315-318.

［204］李国鸿，金安娜. 韩国医疗保险模式的特点与评价［J］. 国外医学（卫生经济分册），2004（1）：1-6.

［205］孙菊. 全民覆盖视角下的韩国医疗保险制度研究［J］. 武汉大学学

报（哲学社会科学版），2013（11）：83-89.

[206] 常峰，纪美艳，路云，等. 韩国医疗保障体系及其运行方式研究[J]. 中国卫生政策研究，2015（12）：41-46.

[207] 李莲花. 韩国与台湾地区医疗保险政策的历史比较：后发地区的工业化、民主化与社会政策[J]. 社会保障研究（北京），2007（2）：81-104.

[208] 李莲花. 后发地区的医疗保障：韩国与台湾地区的全民医保经验[J]. 学习与实践，2008（10）：144-151.

[209] 黄罗一，金珍沫，金镜河. 韩国健康保险的现状与发展课题[J]. 社会保障研究，2009（2）：79-95.

[210] 胡爱娣. 韩国医疗保险如何实现全民覆盖[J]. 中国社会保障，2004（12）：24-27.

[211] 郭金龙，段家喜. 韩国社会医疗保险制度的特点及改革措施[J]. 红旗文稿，2007（21）：33-34.

[212] 刘春平. 韩国医疗保障发展中的社会历史文化因素探析[J]. 郑州轻工业学院学报（社会科学版），2015（2）：77-81.

[213] 孙笑竹，王国辉. 韩国社会保险缴费减免政策及对中国的启示[J]. 理论界，2016（4）：72-78.

[214] 金钟范. 韩国国民健康保险[J]. 中国医院院长，2014（11）：80-81.

[215] 金钟范. 韩国医疗保障制度演进[J]. 中国医院院长，2014（11）：78-79.

[216] 丁雯，张录法. 韩国医疗保险制度借鉴[J]. 经济视角，2010（9）：57-59.

[217] 金钟范. 韩国医疗给付兜底[J]. 中国医院院长，2014（11）：82-83.

[218] 董晓. 台湾健保制度蜚声国际[EB/OL].(2009-03-27)[2019-12-13]. http://news.xinhuanet.com/tw/2009-03/27/content_11083511.htm.

[219] 汪兆平. 台湾健保僵局[J]. 中国医院院长，2013（2）：52-58.

[220] 刘娟，李系仁，周士金，等. 中国台湾地区全民健康保险制度运行16年的经验及启示[J]. 卫生软科学，2012（2）：104-107.

[221] 林姗姗. 台湾"全民健保"制度改革走向：从"一代健保"到"二代健保"[J]. 台湾研究，2011 (2)：57-64.

[222] 宋玉秀. 台湾全民健康保险制度之借鉴 [J]. 卫生经济研究，2011 (11)：20-22.

[223] 翟方明，汪莉. 中国台湾地区医疗保险制度研究——暨台湾地区健康保险筹资制度变迁启示 [J]. 价格理论与实践，2014 (12)：55-59.

[224] 冉密. 全民健保：最实惠的台湾奇迹 [J]. 中国社会保障，2013 (2)：78-79.

[225] 沈惠平. 台湾"全民健保"制度分析 [J]. 台湾研究，2010 (6)：50-55.

[226] 周菊香，姚书韵，方谦谦，等. 台湾全民健保制度基本情况及启示 [J]. 医院管理论坛，2014 (1)：62-64.

[227] 余文心，周锐. 医疗服务和创新药物的未来——台湾医药体制调研有感 [EB/OL].(2015-09-14) [2019-12-13]. http：//www. yiyuan. name/biz/32385. html.

[228] 蔡贞慧，林美雀. 健保欠费、中断与 2003 年健保特赦条款 [J]. 台大社会工作学刊，2010 (6)：115-152.

[229] 牟彦秋. 台湾健保费率降至 4. 69% 每月平均少缴 73 元 [EB/OL].(2015-11-20) [2019-12-13]. http：//www. taiwan. cn/taiwan/tw_ FinancialNews/201511/t20151120_ 11068 762. htm.

[230] 吴将. 德国 2016 新政 每一条都在打钱的主意 [EB/OL].(2016-01-02) [2019-12-13]. http：//www. 360doc. com/content/16/0328/01/30458787_ 545768710. shtml.

[231] 张辰剑. 经济学人：中国台湾医疗支出占 GDP 比重亚洲居首 [EB/OL]. (2010-03-30) [2019-12-13]. http：//www. taiwan. cn/taiwan/tw_ FinancialNews/201003/t20100330_ 13012 89. htm.

[232] 宋占军. 台湾地区全民健康保险制度考察 [J]. 中国医疗保险，2015 (2)：68-70.

[233] 胡晓义. 我国基本医疗保障制度的现状与发展趋势 [J]. 行政管理改革，2010 (6)：23-28.

[234] 赵大海. 我国医疗保障制度改革走向的论证 [J]. 江西社会科学，2014 (4)：189-193.

[235] 关信平. 论我国社会保障制度一体化建设的意义及相关政策 [J]. 东岳论丛，2011 (5)：5-12.

[236] 张祖华. 论社会主义初级阶段差异性社会的生成 [J]. 求实，2012 (4)：71-74.

[237] 张晓冬，雷江平. 关于企业职工供养直系亲属半费医疗制度执行情况的调查及建议 [J]. 天津市工会管理干部学院学报，2002 (1)：33-35.

[238] 官波. 镇江市职工子女及学生住院医保改革探析 [J]. 中国卫生经济，2004 (5)：15-17.

[239] 顾昕，方黎明. 自愿性与强制性之间——中国农村合作医疗的制度嵌入性与可持续性发展分析 [J]. 社会学研究，2004 (5)：1-18.

[240] 左延莉，胡善联，刘宝，等. 新型农村合作医疗门诊统筹模式与家庭账户模式的比较研究 [J]. 中国卫生经济，2006 (12)：19-21.

[241] 邹珺，游茂. 对新型农村合作医疗设立家庭账户的保险经济学分析 [J]. 中国卫生经济，2005 (6)：21-23.

[242] 杨同卫. 新农合家庭账户、城镇职工基本医保个人账户的作用分析 [J]. 中国医学伦理学，2012 (2)：216-218.

[243] 胡启良. 职工医疗保障制度改革新思路——建立家庭医疗账户 [J]. 卫生经济研究，1998 (5)：35-36.

[244] 芦静，蒲晓红. 城镇职工基本医保建立家庭账户的可行性 [J]. 经济导刊，2009 (7)：109-110.

[245] 李芃. 镇江医保探路：个人账户向家庭账户过渡 [J]. 就业与保障，2009 (7)：40-41.

[246] 林莉. 浙江医保个人账户可家庭共享 [N]. 健康报，2016-07-18.

[247] 张国亮. 义乌建立家庭型个人医保账户可与近亲属共用 [EB/OL]. (2016-06-22) [2019-12-13]. http：//m. cnr. cn/news/20160622/t20160622_ 522465996. html.

[248] 官强，胡京，陈莉. 城乡居民医保应建立家庭账户吗 [J]. 中国社会保障，2013 (6)：82.

[249] 陈卫民. 我国家庭政策的发展路径与目标选择 [J]. 人口研究, 2012 (7): 29-36.

[250] 李姿姿. 国际社会政策研究近期发展综述: 理论、领域和视角 [J]. 甘肃行政学院学报, 2014 (1): 60-73.

[251] 祝西冰, 陈友华. 中国家庭政策研究: 回顾与相关问题探讨 [J]. 社会科学研究, 2013 (4): 111-119.

[252] 胡湛, 彭希哲. 家庭变迁背景下的中国家庭政策 [J]. 人口研究, 2012 (2): 3-10.

[253] 刘继同. 中国现代家庭福利政策的基础性、战略性地位 [J]. 社会政策研究, 2016 (1): 98-110.

[254] 吴帆. 第二次人口转变背景下的中国家庭变迁及政策思考 [J]. 广东社会科学, 2012 (2): 23-30.

[255] 张秀兰, 徐月宾. 建构中国的发展型家庭政策 [J]. 中国社会科学, 2003 (6): 84-96.

[256] 吴帆. 我国家庭政策体系现状及发展路径 [N]. 中国人口报, 2012-01-23 (003).

[257] 曹永福, 范瑞平. 建立中国"家庭医疗账户"的伦理论证: 儒家的家庭伦理、"爱有差等"及卫生改革 [J]. 伦理学研究, 2011 (1): 27-31.

[258] 王保真. 我国农村合作医疗制度的发展与完善 [J]. 中国卫生经济, 2000 (12): 13-14.

[259] 中国已列入中等收入国家 [EB/OL].(2012-11-29) [2019-12-13]. http: //www. guancha. cn/Macroeconomy/2012_11_29_111908. shtml.

[260] 孙淑云. 新型农村合作医疗制度的自愿性与强制性 [J]. 甘肃社会科学, 2013 (2): 131-135.

[261] 穆念河, 高登义, 靳峰. 农村健康保障制度筹资机制构想 [J]. 中国农村卫生事业管理, 2003 (7): 25-27.

[262] 郭江平. 农村人口流动家庭化现象探析 [J]. 理论探索, 2005 (3): 56-58.

[263] World Health Organization. 2013 年世界卫生报告 [R]. 世界卫生组织, 2013: 12.

[264] 关信平. 论当前我国社会政策托底的主要任务和实践方略 [J]. 国家行政学院学报，2016 (3)：50-55.

[265] 李剑阁. 过渡时期提倡全民医保存在误导 [J]. 东北之窗，2008 (1)：17.

[266] 魏文彪. 城乡双轨医疗保障不应长时间存在 [J]. 人民政坛，2007 (2)：46.

外文部分

[1] DIAMOND P A, ORSZAG R. Saving social security [J]. The Journal of Economic Perspectives, 2005, 19 (2): 11-32.

[2] GOUGH B I. The political economy of the welfare state [M]. London: Palgrave Macmillan, 1980.

[3] GOULD A. The salaried middle class in the corporatist welfare state [J]. Policy & Politics, 1981, 9 (4): 401-418.

[4] HOLLIDAY I. Productivist welfare capitalism: Social policy in East Asia [J]. Political Studies, 2000, 48 (4): 706-723.

[5] GERLINGER T, SCHMUCKER R. A long farewell to the Bismarck system: Incremental change in the German health insurance system [J]. German Policy Studies/politikfeldanalyse, 2009, 5 (1): 3-20.

[6] PALIERB. A long goodbye to Bismarck? The politics of welfare reform in continental Europe [M]. Amsterdam: Amsterdam University Press, 2010.

[7] HALL P A, THELEN K. Institutional change in varieties of capitalism [J]. Socio-Economic Review, 2009, 7 (1): 7-34.

[8] KNIEPS F. The general situation and the existed problems of the medical insurance in Germany [J]. Social Security Studies, 2005 (1): 159-165.

[9] BECKER U. The development of German statutory health insurance—background, content, results of reforms and current reform proposals [J]. Social Security Studies , 2006 (1): 40-52.

[10] DEFERT D. "Popular Life" and insurance technology in the foucault

effect: Studies in governmental retionality [M]. London: Harvester Wheatsheaf, 1991.

[11] SMART A, SMART J. Local citizenship: Welfare reform urban/rural status, and exclusion in China [J]. Environment and Planning A, 2001, 33 (10): 1853-1869.

[12] COOK S. From rice bowl to safety net: Insecurity and social protection during China's transition [J]. Development Policy Review, 2002, 20 (5): 615-635.

[13] YIP W C, HSIAO W C. Medical savings accounts: Lessons from China [J]. Health Affairs, 1997 (16): 244-251.

[14] 我が国の医療保険制度について [EB/OL].(2008-07-11). http://www. mhlw. go. jp/bunya/iryouho-ken.

[15] 北村庄吾. 医療保険の基本と仕組み [M]. 东京: 株式会社秀和システム, 2007.

[16] KAMERMAN S B, KAHN A J. Family policy: Government and families in fourteen countries [M]. New York: Columbia University Press, 1978.

[17] MOSS P, SHARPE D. Family policy in Britain [M] // Brown M, Baldwin S. The year book of social policy in Britain. London: Routledge and Kegan Paul, 1979.

[18] ZIMMERMAN S. Understanding family policy: Theories and applications [M]. London Sage, 1995.

[19] SARACENO C, LEWIS J, LEIRA A. Families and family policies [M]. Cheltenham: An Elgar Research Collection, 2012.

后 记

时光荏苒。六年前，我怀揣对中国人民大学的向往和对博士学习生涯的期许，开始了梦寐以求的博士研究生学习生活。虽自忖质拙，但我同许多青年教师一样对学科领域的研究工作充满热情。我在内蒙古大学多年的教学与科研工作中积累了丰富的经验，也积攒了大量有待破解的难题。这些难题关于知识体系，苦于研究视角，但更源于方法论。带着这些问题，我开始了在人民大学校园的求学生涯。在论文即将完成之际，回首往昔，曾经的难题和疑问不知不觉间似乎都有了答案。博士生涯六寒暑，无数生活过往、无数记忆碎片、无数个日夜的专注和辛苦，凝结成纸上的字字句句。于我来讲，这不仅仅是一篇博士论文，更是人生的一个重要阶段。

“饮其流者怀其源，学其成时念吾师。”感谢我的老师们，感谢他们的答疑解惑，感谢他们言传身教，帮助我为心中的谜题找到答案。感谢潘老师，在论文选题过程中，太多属于老师的课余闲暇时间被我占用以讨论可能的研究主题。潘老师对于做学问的认真、严谨和高要求让我更进一步端正了学习态度和科研态度，并把这种学风延续到了我的课堂上，去影响更多的学子。感谢老师在我论文的写作过程中时时给予的指导，与您的每次畅谈都带给我无限的启迪。感谢仇雨临老师，虽非入门弟子，但老师对我的参访求教给予了无私的、耐心的解说和开导。依稀记得每次促膝长谈，仇老师对学生各种学术疑问的点拨都成为我博士学习生涯中的美好回忆。感谢王延中老师，从最初在学术文献中探寻老师的观念、见地，到博士入学后多次与老师的学术接触，王老师做学问的方法和理念更直观、更鲜活地影响着我。此外，感谢我的硕士生导师刘晓梅老师，虽已毕业多年，但针对学生所遇学术难题的求教，刘老师仍然会在第一时间给予最详细、最全面的指导，让我深深体会到了何谓“一日为师、终身为师”。最后还要感谢人民大学劳动人事学院社会保障专业的孙树菡教授、郑功成教授、韩克庆教授、杨立雄教授等。感谢诸师课堂上精彩的教学，生活中的谆谆教诲，“学为人师、行为世范”，每一位老师用其言传身教，教诲我们如何做一名新时代的教育工作者。

“学贵得师，亦贵得友。”除了老师的传道授业，还有同学之间的探讨、切磋和共勉。感谢我的同窗，我的同门。每次晚课后同行时的激烈讨论、每周末举行的读书会，六年时间结下深厚的情谊，已成为宝贵的人生财富。

“梦魂不惮长安远，几度乘风问起居。”感谢父母的养育之恩。如今我也身为人母，更加深刻体会到父母的恩情和对子女的挂念。感谢父母在我撰写博士论文期间所给予的无微不至的照顾。没有他们分担我的生活琐事，我就不会有坐下来仔细雕琢论文的充沛时间。感谢我的爱人，分担我的压力和焦虑，他的理解与支持是我坚强的后盾。感谢我的儿子，他的到来让我感受到生命的欢欣，让我一度中断的事业又有了继续下去的动力。我也希望把这部凝结时间与心血之作献给他们。

提笔写完后记，论文写作暂告一段落。万分之一的轻安之后，更多的是内心的惴惴与惶恐。六年成一文仍待品评。学术之路漫漫，关于做学问，是个学无止境的命题。

宋 娟

2017年2月8日（农历正月十二）

于故乡赤峰

